주식시장 X파일

사기가 판치는 세상

이 도서의 국립중앙도서관 출판예정도서목록(CIP)은 서지정보유통지원시스템 홈페이지(http://seoji.nl.go.kr)와
국가자료공동목록시스템(http://www.nl.go.kr/kolisnet)에서 이용하실 수 있습니다.
CIP제어번호: CIP2017021601

주식시장

| 사기가 판치는 세상 |

임우택 지음

X 파일

차례

07 지울 수 없는 범죄 흔적, 공시

08 상장폐지를 면하는 100가지 기술

09 비상장사의 딜레마

이 책은 주로 사주들의 사기꾼과도 같은 만행이 초래하는 주식시장의 문제점을 다루고 있다. '주식에 투자하지 말라'는 의미가 아니라 '주의를 기울여 당하지 말라'는 목적으로 쓴 글이다. 그러기 위해서는 많이 알아야 한다. 고시 공부하듯이 '상법'과 한국거래소, 금융감독원의 규정을 최소한 한 번은 읽어봐야 한다. 자신이 투자하는 회사에 관한 사업보고서를 면밀히 읽어보고, 등기 이사는 몇 명인지 사외 이사는 누가 들어와 있는지 아는 것이 힘이다. 공시된 내용을 액면 그대로 믿을 수는 없지만 예상외로 큰 정보를 얻기도 한다. 회사에서 주식이든 채권이든 공모를 통해 자금을 조달한다면 반드시 투자 설명서가 공시된다. 여기에는 주간사가 면밀히 작성한 회사의 모든 것이 들어 있다. 이런 세부 사항에 대해서는 증권사 직원에게 묻지 말고 직접 읽어보고 중요한 내용은 기록해두어야 한다. 증권사 직원들은 투자 설명서를 읽지 않는다. 예를 들어 전환사채에 투자한다면 전환 가격, 전환 기간, 만기, 풋옵션(put option)을 수첩에 적어두어야 하고, 전환 가격이 조정(refixing)될 때마다 현재 주가와 어느 정도 차이가 나는지 알고 있어야 실수하지 않는다.

드라마나 영화에서 기업에 대한 내용이 나올 때 빈번히 틀리는 부분이 있다. 바로 주주총회와 이사회의 구분이다. 회사를 경영하는 입장에서 이 두 기구가 가장 중요한 양대 산맥인데, 작가들은 두 기구의 기능을 곧잘 혼동한다. 주주총회에서는 이사를 선임하거나 해임하고 이사회에서는 이사들이 모여 대표이사를 선출하는데, 이런 내용이 뒤죽박죽되어 방송된다. 재미로 보는 것이니 크게 문제될 리는 없지만 말이다. 투자가의 입장에서는 자기가 투자하는 기업의 영업과 재무뿐만 아니라 기업의 기본 구조를 아는 것은 큰 힘이 된다. 상장사의 임원이라고 명함을 주는 사람이 실제로 등기 임원인지 집행 임원인지 확인해야 한다. 그런 사항은 차후 계약에 문제가 생겼을 때 책임 소재를 따지는 데 결정적인 증거로 작용한다. 또 내부 정보는 모르더라도 공시되는 내용은 빠짐없이 알고 있는 것이 투자가의 기본자세다. 투자를 잘하는 친구가 옆에 있어 그를 따라한다고 해도 규정이나 공시 내용은 직접 숙지해 친구에게 도움이라도 주어야 좋은 정보를 얻어들을 수 있다. 세상에 공짜 점심은 없다.

책의 내용을 읽어가면서 '설마 이 정도는 아니겠지?'라고 생각하는 독자가 많을 것이다. 하지만 오산이다. 실명을 거론하고 싶은 마음이 굴뚝같지만, 그렇게 하지 않는 것은 대주주나 경영진이 무서워서가 아니라 법인에 대한 제재가 강해져 결과적으로 개인투자가들에게 피해가 가는 것을 막기 위해서다. 엉터리 기업가들은 여러분이 생각하는 것보다 훨씬 더 많다. 해외에 현지법인을 세운 기업가 대부분이 자녀의 유학 자금 정도는 다 빼돌려 놓았고, 돈이 한창 잘 벌릴 때 별장 한 채 정도는 소유한다. 코스닥 대주주들이 모이면 회사를 어떻게 하면 잘 경영할지 논의할 것이라고 추측한다. 이것도 엄청난 착각이다. 어떻게 주가를 올리고 어떻게 한탕 해먹을지가 이들의 주요 관심사다. 직원들은 자신들에게 부를 가져다줄 때만 가치가 있을 뿐이며, 도움이 되지 않는다고 판단되면 냉정히 해고하는 사람들이다. 하청 업체에 대해서는 가혹하리만치 납품가를 낮추고 무한 경쟁을 유도한다. 현대사회에서는 그런 자세가 기업을 유지하고 경쟁에서 뒤처지지 않는 방법이기도 하다. 결론적으로 착한 기업가는 세상에 없다. 성공한 기업가라면 잔인하거나 사기꾼이거나 둘 중 하나다.

그래도 창업자들은 사명감도 있고 자신이 키운 회사에 애착이 있다. 하지만 그런 회사를 인수한 기업사냥꾼들은 직원들 앞에서조차 부끄러움이 없다. 투자가들은 안중에도 없다. 자신의 부를 위해서라면 무엇이든 할 사람들이 많다. '자식을 키우면서 어떻게 저럴까? 자식에게 어떻게 살라고 얘기할까?' 궁금할 정도다. 그런 사람들이 주말이면 교회에 나간다. 아마도 기도할 때 '하나님, 사기를 잘 칠 수 있도록 도와주세요'라고 할 것이 분명하다. 이들은 죽어서도 염라대왕에게 사기를 칠 사람들이다. 뻔뻔하고 양심이 없으며, 누구에게도 미안한 마음이 없다. 채권자에게는 한 시간 뒤에 돈을 주겠다고 해놓고 나타나지 않는다. 그러면서 기업가의 탈을 쓰고 다니는 나쁜 사람들이다.

지난 2년간 이 시장을 알아보기 위해 수많은 사람들을 만났다. 그러고 나서 내린 결론을 모두 이 책에 담았다. 모두가 진실이고 사실이다. 사채시장에는 불법 도박 사이트를 운영하는 사람의 돈, 보이스피싱 업주의 돈, 밀수업자의 돈도 있고, 우리가 잘 아는 정치인, 변호사, 의사, 기업가의 돈도 있다. 꼬리표가 없는 돈은 수익을 좇아 주식시장을 귀신보다도 빠르게 맴돌고 있다. 돈의 냄새는 개보다 잘 맡고 한번 문 먹이는 절대 놓치지 않는다. 여기에는 돈이 있기에 많은 사람들이 모인다. 환상이기도 하지만, 그렇다고 아주 허무맹랑하지만도 않은 꿈을 찾아 오늘도 이 회장, 김 회장, 최 회장은 강남 바닥을 전전하고 있다. 여러분이 공시에서 매일 접하는 회장, 이사회 의장, 대표이사, 사장 중 상당수는 이와 같은 시장 바닥의 사람들이다.

2017년 10월
임우택

01

이 회장, 김 회장, 최 회장

커피숍에 차려놓은 1인 사무실

　강남 가로수길 대로변에 위치한 3층짜리 대형 커피숍 '콩다방'은 아침 아홉 시에 문을 연다. 직원들이 분주히 영업을 준비하는 사이 중년의 한 남자가 커피 한 잔을 들고 3층으로 올라가 자리를 잡는다. 그리고 마치 개인 사무실이라도 되는 듯 4인석 테이블 하나를 차지하고 여기저기 서류 뭉치를 꺼내놓는다. 그렇다. 이날은 이곳이 그의 개인 사무실이 된다. 커피 한 잔을 시켜놓고 하루 종일 있어도 뭐라고 할 사람도 없고, 평일이니 점심시간을 제외하고는 사람도 별로 없다. '사무실을 구하는 데 굳이 뭐 하러 돈을 쓰냐'라고 자위하지만, 실상은 돈이 없어 사무실을 구하지 못하는 처지다.

　사람을 만날 일이 있으면 이리로 부르면 되고 어디로 오라고 하면 그리로 가면 그뿐이니, 이 얼마나 좋은 장소인가. 한 가지 걱정은, 커피숍이 장사가 너무 안 되어 문을 닫을까 그것이 우려가 된다. 이 회장이 잘

다니는 곳은 이렇게 2, 3층으로 되어 있어 종업원의 눈치를 살필 필요가 없는 대형 커피숍이나 여러 사람들이 들락거리는 소호 사무실의 휴게실이다. 이런 사람은 뒷골목의 작은 커피 전문점에는 절대로 가지 않는다. 반드시 커피를 시켜야 하고 오래 머무를 수 없는 장소는 아무리 좋은 곳이라고 해도 기피 대상이다. 드물지만 포스코 커뮤니티 센터처럼 넓고 커피 값이 저렴한 대형 건물의 홀도 이용한다.

 휴대폰의 깨진 액정 화면

오전 10시 17분, 안주머니에서 휴대폰을 꺼내 밤새 새로운 뉴스가 있는지 검색하던 그에게 반가운 전화가 걸려왔다.

"어이, 최 회장!"

호기 있게 전화를 받는 그의 첫마디다. 그리고 5분간 계속된 대화에서 나오는 '회장'이라는 단어가 귀를 솔깃하게 한다. 회장이라면 계열사 몇 개를 거느린 재벌이라고 생각해왔는데, 20년쯤 되어 보이는 허름한 외투의 중년 남자 주위에 웬 회장이 그리 많은지 놀라울 뿐이다. 그렇다. 이 남자는 이 회장이고, 그가 만나고 다니는 사람들 모두가 회장이다. 경기도 부천의 집을 나와 한 시간 반 동안 버스를 타고 그의 아지트에 도착한 뒤 꺼내든 휴대폰은 액정이 깨져 있어 볼썽사납지만 그도 회장 명함을 들고 다닌다. 명함에는 '(주)○○ 파트너스 대표이사 회장'으로 되어 있고, 사무실 주소는 강남이지만 실제로는 친구 사무실 주소를 빌렸을 뿐 출근은 하지 않는다.

M&A(인수·합병) 시장에서 흔히 만날 수 있는 이런 브로커들은 처음 만날 때도 좀처럼 명함을 주지 않는다. 본인의 이력이 깨끗하지 않기 때문에 처음 만나는 사람을 대체로 꺼리는 편이다. 일이 잘못되면 본인의 명함이 부메랑이 되어 돌아올지 모른다는 강박관념이 있어 그렇기도 하다. 한번은 자주 만나 좀 친해진 사람과 다른 업계 사람을 만나러 가는데, 그가 "절대 명함을 주지 마세요"라고 한 적도 있다. 이것은 좀 다른 이유 때문인데, 자신이 아는 인맥을 남들과 공유하고 싶지 않아서 그렇다. 이 바닥에서의 승부는 결국 인맥에 의한 정보 싸움인데 모든 인맥이 노출되면 본인의 희소가치가 떨어진다고 대부분의 브로커들이 생각한다. 특히 돈을 가진 쩐주(錢主)는 절대 다른 사람에게 소개하지 않는 것이 업계의 철칙이다. 이런 사람들의 또 한 가지 특징은 서너 명이 함께 만나도 결코 커피를 시키는 일이 없다는 것이다. "오늘 10잔이나 마셔서 저는 괜찮습니다"라고 둘러대지만 마신 것은 아침에 주문한 한 잔이 다일 뿐, 실상은 커피값이 아까워서 그렇다. 이렇게 한 명이 마시지 않겠다고 하면 나머지 사람들도 굳이 나서서 커피를 살 일이 없으니 모두가 마시지 않는 것으로 정한다. 그런데 이들의 대화가 가관이다.

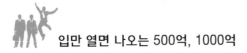

입만 열면 나오는 500억, 1000억

주위 사람들은 들어도 무슨 내용인지 알 수 없는 대화를 하지만, 군데군데 귀에 쏙쏙 들리는 단어가 있다. '억 원'이다. 그것도 300억 원, 500억 원이 입에서 술술 나오고, 가끔은 1000억 원을 얘기하기도 한다.

이들은 M&A 시장에서 활동하는 브로커들인데, 가끔 부동산 시행에 아르바이트로 발을 담그기도 한다. 하지만 전문 분야는 역시 기업 인수에 특화된 사람들이다. 이들이 얻는 정보의 출처는 물론 인맥이다. 수단과 방법을 가리지 않고 최대한 정보를 많이 얻어야 유능한 브로커다. 본인이 가진 돈도 없고 직장을 그만둔 지 십수 년이 지났다면 좋은 인맥을 확보할 수 없는 것이 당연하다. 그래도 옛날 직장 동료, 후배, 친인척을 있는 대로 동원하고 업계에서 만난 사람들과 수시로 통화하면서 최신 정보를 주고받는 것이 하루의 일과다. 만약 주위에 코스닥 상장사를 인수한 사람이라도 있다면 큰 자산이 된다. 그 회사의 새로운 사업 추진, 기업 분할, 사업부 매각, 신규 투자 등 각종 기업 활동에 관한 정보가 무기가 되어 사람들을 만날 때 유리하다. 운이 좋으면 거기에 발을 담가 용돈을 챙기기도 한다. 그래서 이 업계 사람들은 인맥 유지와 정보 습득을 위해 하루 종일 전화하고 사람들을 만난다. 점조직으로 이루어진 이곳은 사람을 알지 못하면 아무 정보도 얻을 수 없고 할 수 있는 일도 없다.

그래서 비록 사무실은 없지만 밖에서 머물 거점으로 물색하는 곳이 대형 커피숍이다. 그것도 정기적으로 출근하는 메인 사무실을 하나 정해놓고 강남역, 삼성역 등 주요 지하철역 근처에도 하나씩 정해놓는다. 요즘 커피숍은 아침에 커피 한 잔만 시키면 하루 종일 눈치 볼 일이 없으니 최적의 사무실이 아니겠는가. 사정이 더 어려운 사람은 커피숍 종이컵을 몇 번이나 재탕하는 진풍경을 연출하기도 한다. 그리고 모든 연락은 휴대폰으로 한다. 하루에 100통 이상은 주고받아야 하고 인터넷 정보도 모두 휴대폰으로 얻는다. 데이터 요금을 아끼기 위해 어느 장소에 있든 와이파이 사용은 필수다. 워낙 전화 사용량이 많아 보조 배터리를 최소한 하나는 들고 다녀야 안심이 되고, 그래도 혹시 몰라 조그만 서류 가방 안에는 충전기가 들어 있다.

이런 사람들은 전화벨이 울리면 절대 바로 받지 않는다. 상대방이 누군지 확인한 뒤 받을지 말지를 판단하고, 때로는 할 일이 없어 놀면서도 "회의 중이니 마치는 대로 전화드리겠습니다"라는 문자를 보내기도 한다. 이런 방식도 하나의 자기 관리다. 고객(대부분 비슷한 처지의 사람이지만)의 전화를 놓치면 일을 그르칠 수 있으니 다급하기는 하지만, 그것은 상황을 보고 판단할 문제다. 이들은 전화를 받아도 절대 조용히 얘기하지 않는다. 남에게 방해가 될지언정 큰 목소리로 자신감이 넘치는 표정을 지으며 서서 통화한다. 딜(deal: 거래)이 진행되는 동안에는 수도 없이 미팅을 하는데, 중간에 피(fee: 수수료)라도 몇 푼 받으려면 계속 참석해 발을 담그고 있는 것이 원칙이다. 별로 중요하지 않은 미팅이라도 몇 번 빠지면 딜에서 완전히 배제되고 돈 한 푼을 못 받는 경우가 종종 생긴다. 특히 투자가와 매도측이 직접 만나는 자리에서는 딜의 일정과 가격, 수수료 등 주요 조건이 논의되는 경우가 많으므로 만사를 제쳐놓고 참석하는 것이 기본이다.

천부적인 친화력

이런 사람들의 장점은 친화력이다. 처음 보는 사람이라도 돈이 있겠다 싶으면 바로 '회장님' 아니면 '대표님', '사장님'이라고 부른다. 게다가 나이가 한 살이라도 위면 '형님' 소리가 바로 나온다. 이 바닥에서는 관계가 생명이고 정보가 무기이므로, 한 사람이라도 자기편으로 만들기 위해 처절하게 노력한다. 비록 집에는 돈을 가져다주지 못해 마누라에게 구박받는 처지지만, 밖에서 활동하는 것을 보면 안쓰럽기도 하다. 있는 척해야 하고 거들먹거리기도 해야 하지만 이들의 감춰진 실상은 너무나 초라하다.

하지만 이런 사교성은 타고난 것이 아니다. 하나라도 딜을 성사시켜 수수료를 받아야 하기에 나이 마흔을 넘어 후천적으로 터득한 재주일 뿐이다. 돈만 있다면 스무 살이 어린 고객도 상관없다. 상대가 무슨 얘기를 해도 사장님 앞의 신입 사원처럼 공손하게 미소를 짓고 고개를 끄덕이는 것이 철저히 몸에 배었다. 골프장에서 캐디가 '사장님 나이샷!'이라고 외치는 듯한 분위기다. 이런 일이 처음부터 쉽지는 않았다. 하지만 인생의 밑바닥을 경험해본 이 회장은 더는 내려갈 곳이 없다는 생각에 이미 오래전에 자존심을 다 버렸다.

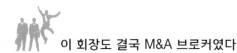

이 회장도 결국 M&A 브로커였다

M&A 시장의 사람들이 추구하는 것은 물론 돈이다. 하지만 이른바 시드 머니(seed money: 종잣돈)가 없는 사람들은 매물로 나온 회사의 정보를 돈이 있는 사람과 연결해주고 수수료를 받는 브로커 역할을 한다. 그런데 개인들이 매물 정보를 얻기는 어렵다. 매도인이 이 바닥에서 활동하는 브로커 수천 명을 만나 일일이 정보를 얘기해봐야 입만 아프고 실제로 거래가 성사될 확률은 거의 없기 때문이다. 특히 정식으로 매도 대리

인 계약을 맺는 금융 투자회사, 법무 법인, 회계 법인 등은 이런 개인들을 절대로 만나지 않는다. 그래서 이런 부류의 사람들은 돈이 많은 회장이라고 자신을 소개한다. "내가 200억 원을 들고 있는데 그 물건에 관심이 있다"라고 해야 간신히 매도 대리인을 만나고, 그렇게 얻은 정보를 들고 여기저기 돈 있는 사람들을 설득하러 다니는 것이 하루 일과다. 하지만 인맥에 한계가 있다 보니 만나는 사람들도 모두 돈 없는 브로커들뿐이다. 그래서 한번 브로커에게 정보가 들어가면 하루, 이틀 만에 서울 전역에 소문이 퍼진다.

업계에서 활동하는 브로커들의 경쟁자를 굳이 꼽자면 상장사 경영진, 증권회사, 회계 법인이나 법무 법인의 FAS(financial advisory service: 금융 자문) 팀 등 제도권 사람들이다. 한마디로 인맥이나 정보의 질, 자금력에서 천지 차이를 보이는 상대들이다. 하지만 양쪽은 경쟁 관계이면서 때로는 서로 정보를 공유하고 공생하는 관계로 발전하기도 한다. 왜냐하면 제도권에서는 전혀 접근할 수 없는 정보를 브로커들에게서 쉽게 얻는 경우가 많기 때문이다. 실상은 기업사냥꾼이 인수했지만 전면에 나서지 않으면 외부에서는 잘 알지 못한다. 이들은 때로 이면 계약으로 경영권을 양·수도한다. 그리고 공모 유상증자를 추진한 다음 증자 대금이 납입되면 그때 경영권 양·수도를 공시하고 임시 주주총회를 열어 이사진을 교체하기도 한다. 이런 구조의 M&A는 매도측의 협조와 신뢰가 없으면 성사되기 어려우므로, 대개 아는 사람들끼리 진행하는 것이 관례다.

1년에 100장씩 쓰는 '자문계약서'

이런 브로커들은 천신만고 끝에 일을 성사시켜도 돈을 받기 어렵다. 매도측과 개인적으로 친한 것과는 별개로 거래에서 가장 중요한 맨데이트(mandate: 매도 위임장)가 없기 때문이다. 맨데이트를 가지고 있는 매도 대리인과 최종 매수자 사이에 브로커가 10여 명 끼여 있다면 커미션(commission)을 나누는 것도 보통 일이 아니다. 이런 커미션을 업계에서는 딜 피(deal fee: 수수료)라고도 하는데, 매도인과 매수인 중 어느 쪽에서 받을지도 큰 논쟁거리다. 통상 돈을 받는 매도인에게 피를 받는 것이 상식이지만, 이곳에서는 그런 상식이 통하지 않는다. 너무 많은 사람들이 관계되어 있기 때문이다. 그래서 매수인에게도 일단 피를 받는 조건으로 딜을 소개하게 된다. 그렇게 투자가라고 행세하며 나타난 최 회장과 자문계약서에 날인하고 수수료를 약정하지만 공염불이 되고 만다. 최 회장이라는 사람도 실제로는 돈이 없고 결국에는 투자가를 찾아야 하는 브로커였던 것이다.

6개월에 걸친 미팅과 조율 끝에 딜이 성사된다고 해도 돈을 받는 것은 결코 쉽지 않다. 매도자는 기업이고 큰돈이 들어왔으니 줄 만하지만, 매수인의 입장은 또 다르다. 매수인의 위치에서 수수료를 주는 것은 관행과 다르고 요구하는 금액이 너무 커서 그렇기도 하다. 일단 주머니를 탈탈 털어 잔금을 치러야 하는, 한 푼이 아쉬운 마당에 몇억 원이나 되는 돈을 쉽게 내주는 것은 탐탁지 않다. 그래서 반 이상 깎는데 그나마 주면 다행이다. 최 회장처럼 정보를 얻으려는 목적으로 돈이 있는 척하면서 계약서를 써준 사람은 줄 처지가 아니고, 결과적으로는 투자가에게 직접 수수료를 받는 사람과 나누어야 하는데 중간에 있는 사람들이 많으면 많을수록 금액은 적어질 수밖에 없다.

통상 자문계약서를 쓰게 되면 매수·매도의 본계약을 하는 날 수수료의 2분의 1을 받고, 경영권의 양·수도가 완성되는 임시 주주총회일에 나머지 잔금을 받도록 한다. 거의 모든 M&A에서 매수자는 부족한 투자금을 보충하기 위해 자신의 주식을 담보로 업자에게 돈을 빌리는데, 이를 '주담(주식담보)'이라고 한다. 엄청나게 비싼 이자를 감수하고 딜은 마무리되었지만, 일은 지금부터 시작이다. 주가조작을 통해 아주 단기간에 주가를 올려야 이자 부담이 줄고 빌린 돈도 빨리 갚을 수 있다. 또 주가조작을 하기로 정해 어느 정도 주가가 오르는 것을 아는 이상 주위 사람을 동원해 주식을 사 모아야 하는데, 그 시점에 몇억 원이나 되는 수수료를 지급하는 것은 사실 매수측의 사정과 부합하지 않는다. 이 시장에서는 "1년에 딜을 100건 주선하면 한 건 성사될까 말까 한다"라고 말한다. 그러니 일이 조금이라도 진척되어 자문계약서를 쓴다고 가정하면 1년에 계약서만 100여 장을 쓴다. 99퍼센트 부질없는 짓이지만, 혹시 계약이 마무리되었는데 돈을 받지 못하면 더 큰 낭패이니 귀찮더라도 쓰는 것이 이곳의 불문율이다.

'변호사법' 위반?

만약 투자가가 약조한 수수료를 제때 지급하지 않는다고 해도 이 회장으로서는 별반 대책이 없다. '변호사법'에는 이와 같은 중개 행위를 통해 금전적 이득을 취하는 것을 금지하고 있기 때문이다. '변호사법' 제34조(변호사가 아닌 자와의 동업 금지 등) 5항에 "변호사가 아닌 자는 변호사가 아니면 할 수 없는 업무를 통하여 보수나 그 밖의 이익을 분배받아서는 아니 된다"라고 명시되어 있는데, 변호사 업무를 보호하기 위해 이를 너무 포괄적으로 해석하는 경우가 많다. 또 같은 법 제109조 1호에서는 "그 밖의 법률사무를 취급하거나 이러한 행위를 알선한 자"를 법 위반으로 보고 있어, 문제가 발생해 소송으로 발전하면 이른바 '법조계 취향'대로 결론이 나버린다. 즉, 돈을 준 사람이 고발하면 돈을 받은 사람은 감옥에 가도록 되어 있다. 이때 정상참작이라도 받으려면 받은 금액을 반환하고 선처를 호소하는 수밖에 없으니, 일이 성사된 뒤에 돈을 달라고 너무 떼를 쓰다가는 낭패를 보기 십상이다.

원래 법의 취지는 '소송과 같은 법률행위를 대리하고 이익을 취하는 것'에 한정되지만, 실제로는 이를 확대 해석해 상장사의 투자 유치를 성사시켜 돈을 받은 사람이 구속된 사례도 있다. 이러니 이 회장으로서는 투자가가 수수료 지급을 차일피일 미루면 그저 목줄을 맨 강아지처럼 끌려다니는 수밖에 없다. 소송을 하면 본인이 처벌받을 테니 이도 저도 못하고, 돈을 줄 사람의 처분만 기다려야 한다. 그래서 받기로 한 대금의 일부만 받고 포기하는 경우가 흔히 발생한다. 그래도 좋은 관계로 끝나 다음 일을 기약하면 다행인데, 금액이 아주 크면 대판 싸움으로 번지기도 한다. 결론적으로 이 바닥에서는 안 주면 못 받는다.

브로커가 약자가 될 수밖에 없는 또 하나의 이유는, 투자가가 코스닥 상장사를 인수했으니 이제는 큰 고객이 되었다는 점이다. 수수료만 받고 물러나는 경우가 더 흔하지만 그동안 관계가 돈독해졌다면 사무실 하나는 공짜로 얻어 쓸 수도 있다. 또 잘만 얘기하면 회사의 이사 자리를 하나 얻거나, 회사와 연관된 각종 심부름을 하며 돈을 받는 기회가 많아진다. 훗날 회사를 매각하면 그때는 정식으로 매도 맨데이트를 받아 움직일 수도 있으니 당장 돈 몇 푼에 싸움박질하지 않는 것이 본인에게도 이익이다.

이 회장으로서는 이렇게 매각 주선이 성공적으로 마무리되고 목돈을 만지면 그때부터 준(準)투자가의 위치에서 일을 추진할 수 있게 된다. 주가를 올리기 위한 작전의 노하우도 익힌 마당이니, 수수료로 받은 돈을 투자해 두세 배로 불릴 기회도 찾을 수 있다. 또 그동안 잘 몰랐던 쩐주나 사채업자와도 줄이 닿으면서, 훗날 본인이 직접 투자가로 나설 수 있는 연결 고리를 조금씩 완성해갈 수도 있다. 금액이 비록 적어도 돈을 받는 날은 모두가 즐겁다. 이 회장, 김 회장, 최 회장이 모두 모여 파전에 막걸리를 한잔하며 거나하게 취할 수 있는 날이다. 지난 6개월 동안의 무용담을 안주 삼아 밤늦도록 얘기하고, 언젠가는 직접 회사를 인수할 꿈에 취한다.

 "지치면 진다, 미치면 이긴다"

이 회장의 신조다. 남들의 부러움을 받던 번듯한 직장인에서 초라한 모습으로 전락했지만, 지금도 재기의 칼을 갈며 매일매일 되뇌는 말이다. 예전에는 번듯한 아파트도 있었고 대형 승용차도 몰았던 사람인데 일이 잘못되면서 순식간에 전 재산을 날렸다. 그런 그가 가장 싫어하는 날은 휴일이다. 특히 설날이나 추석 같은 연휴에는 죽을 노릇이다. 집에 돈을 가져다준 지도 몇 달이 되었으니 집에 오래 있으면 눈치만 보인다. 아내가 어떻게 살림을 꾸려가고 있는지 궁금하지만 좋은 소리가 나올 리 없으니 물어볼 용기도 나지 않는다. 그런 그의 처지를 남들이 알 리가 없고, 회장 명함을 들고 다니는 자신이 마음속으로는 무척 초라하게 느껴진다. 그가 고이 간직한 또 하나의 명언이 있다. "99번 시도하고 실패했으나 100번째에 성공이 찾아왔다"라는 아인슈타인(Albert Einstein)의 말이다. 그에게는 어떤 시도도 해볼 만한 가치가 있다. 그리고 될 때까지 해야만 하는 절박함을 뼈저리게 느끼고 있다.

이 회장은 휴일에도 되도록 밖으로 나오는 습관이 깊이 배어 있다. 가족의 민망한 눈초리를 피해서 좋고, 답답해서 터질 듯한 가슴도 신선한 공기를 마시면 조금 나아진다. 특별한 일이 매일 있는 것도 아니니 그에게 휴일은 사실상 의미가 없다. 특히 명절 때면 매우 곤혹스럽다. 가족 전체 모임에도 나가기 싫고 집에 있기도 싫으니 사실상 갈 곳이 없다. 즐거운 휴일을 마음속에서 지운 지 몇 년인지 이제 기억도 나지 않는다. 동창 모임에도 1년에 한 번 정도는 '혹시 일거리가 있을까' 싶어 나가보지만 매번 허탕 치기 일쑤다. 그나마 직장을 다니던 시절에 회계 업무를 한 것이 도움이 되어 지금 M&A 시장에 명함을 내미는 것을 다행으로 생각한다. 그에게 남은 유일한 취미는 전화를 거는 것과 받는 것이다. 특히 누구에게라도 전화가 걸려오면 미친 듯이 받는다. 좋은 소식을 기대하면서.

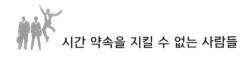

시간 약속을 지킬 수 없는 사람들

이 회장에게는 나쁜 버릇이 하나 생겼다. 직장 생활을 하던 과거에는 어떤 약속이든 5분 전에 도착해 기다리는 것을 미덕으로 여겼는데, 지금은 약속 시간을 지키는 데 그렇게 마음을 쓰지 않게 되었다. 이쪽 업계 사람들을 만나며 배운 버릇이다. 이 바닥 사람들은 약속을 지키는 것도 상대방의 비중에 맞춘다. 예를 들어 별로 중요하지 않은 B와의 미팅 시간이 다가오는데, 중요한 투자가인 A와 미팅이 길어진다면 절대로 일어서지 않는다. 중간에 늦겠다는 연락도 하지 않는 것이 불문율이다. 그리고 한 시간씩 늦어도 "미안하다"라는 말 한마디뿐인데 속으로는 별로 미안한 마음이 없다. 미팅을 시작해도 본인이 원하는 방향으로 얘기가 흘러가지 않으면 다음 약속을 위해 먼저 일어서는 것도 특징이다.

제도권에서는 상상조차 할 수도 없는 일이지만 이곳에서는 흔한 풍경인데, 하나의 생존 전략이라고 할 수도 있다. 매 순간 자신에게 이익이 되는 것이 어느 쪽인지 판단하고 무조건 이익이 되는 쪽을 택한다. 남이 나를 어떻게 생각하는지에 크게 관심을 두지 않을 정도로 이익을 추구하는 모습이 절박하다고 볼 수도 있겠지만, 좋은 습관은 아니다. 이곳의 모든 사람이 다 같지는 않겠지만 여러 사람이 그렇게 행동하는 것을 보면 아주 보편화된 처세술임을 알 수 있다. 이 회장도 처음에는 그런 사람들을 보며 욕하고 불평도 늘어놓았지만, 지금은 아주 익숙하다. 남이 그러면 그런가 보다 하고 자신도 아무 가책 없이 그렇게 행동하는 데 이미 익숙하다. 그가 최 회장, 김 회장과 오후 네 시에 만날 약속을 한다면 셋 모두 다섯 시나 되어야 한자리에 모이는 것이 관례처럼 되었다. 하지만 누구도 남을 탓하지 않는다. 내가 일찍 도착해서 기다리게 되면 기사를 검색하거나 전화 통화를 하면 된다. 부하 직원도 없이 몇 년간 홀로 일하다 보니 점심도 혼자 해결하고 어디에서나 홀로 시간을 때우는 데 이골이 났다.

02

'자금표'를 아십니까?

전문가들의 특수 용어

M&A 시장에서 자주 쓰이는 표현 중에 '자금표'라는 용어가 있다. 금융기관의 잔고 증명을 말하는데 작게는 몇십억 원에서 크게는 몇백억 원에 달하는 자금력을 입증하는 증표로 사용된다. 기업을 인수하려는 주체가 금융기관이나 큰 기업이면 이런 증빙이 필요할 리 없다. 매도측이 자금표를 요구한다면 상대방의 자금력을 믿지 못하겠다는 뜻이고, 직접 돈을 확인할 방법은 없으니 잔고 증명이라도 보여주면 미팅을 하겠다는 의미다. 즉, 돈이 없는 개인이 매도측을 만나려고 할 때 필요한 것이 바로 자금표다. 은행에서도 쓰지 않는 이 단어는 사채시장에서 출발해 지금은 기업 인수 시장에서 흔히 쓰이는 말이 되었다.

큰돈을 움직이는 쩐주들은 평소에는 주식담보 대출로, 연말에는 잔고 증명을 위한 '찍기'로 수익을 올린다. 그리고 틈틈이 자금 증명이 필요한 사람에게 증명서를 하나 떼어주면서 몇백만 원을 챙긴다. 법인 계좌의 잔고는 입출금이 수시로 오가기에 원 단위까지 표시가 되지만, 쩐주에게 빌려오는 자금표는 깔끔하게 50억 원, 100억 원, 200억 원으로 표시되는 것이 특징이다. 그것은 법인의 실제 잔고를 보일 수 없으니 일시적으로 다른 법인 명의로 정해진 액수를 보내고, 잔고 증명을 발급받은 즉시 본래 계좌로 환급하는 것이다. 몇백억 원의 자금 증빙을 해준다고 해서 꼭 돈이 많은 법인은 아니다. 이런 자금표의 발급은 입출금 규모가 큰 법인이면 어디든 가능하다. 사채시장에 눈을 뜬 대표이사나 재무담당 임원의 용돈 벌이로 이용되는 것이 바로 이 자금표다.

괜찮은 회사가 매물로 나와 매수자를 찾고 있으면 많은 사람들에게서 연락이 오는데, 거의 다 개인이다. 명함에는 '대표이사'나 '회장' 직함을 달고 있지만 개인회사인 경우가 대부분이고, 상장사 임원 명함을 가지고 있는 사람도 회사에 적만 둔 채 개인 중개업을 하는 경우가 많다. 이렇게 개인 사업을 하는 사람들이 회사를 상대로 딜을 따내는 것은 거의 불가능하다. 그래서 먼저 본인이 투자가인 것처럼 행세한다. 강남까지 지하철을 두세 번 갈아타고 나타나는데, 때로는 오래된 3G 휴대폰을 들고 있는 사람도 있다.

반대로 외제 승용차를 타고 나오는 사람도 있지만, 아주 좋은 매물이 있어서 돈이 있는 척하는 것이거나 친구의 차를 빌려 탄 것이거나 둘 중 하나다. 어쨌든 형편이 조금 나을 뿐이지 돈이 별로 없기는 매한가지다. 기업을 파는 사람도 직접 나서지 않는다. 규모가 큰 사업체라면 회계 법인이나 증권사를 이용하는데 이런 기관들은 애초부터 개인은 상대하지 않는다. 경험상 성사 가능성이 없다는 것을 잘 알기 때문이다. 하지만 소유주의 측근이 매도 대리인으로 나선다면 개인에게도 기회가 생긴다.

정식 절차를 밟아 매수 희망자를 모으기 어려우므로 주변 사람들을 상대로 투자가를 찾아서 그렇다.

이때 매도 대리인을 만나는 데 가장 중요한 서류가 바로 자금표다. 새로운 사업을 의미하는 '펄(pearl)', '인수 의향서', '인수자 프로필' 등 변죽을 울리는 여러 서류가 등장하지만, 결국 자금의 유무를 판단할 만한 증거는 이것밖에 없기 때문이다. 아는 사람을 통해 무료로 구하든 돈을 주고 구하든 간에 이 종이 쪼가리를 하나 들고 매도 대리인을 만나 '딜'의 구조를 파악하고 나면, 이 사람은 그때부터 투자가를 찾아다니게 된다. 그는 돈을 가지고 있다는 또 다른 투자가를 만나 일을 추진하고, 그렇게 만난 투자가도 돈이 없기는 마찬가지니, 또 다른 돈 많은 사람을 찾아 헤매는 악순환이 반복된다. 그래서 이 바닥은 돈 한 푼 없는 사람들끼리 모여 수백억 원, 수천억 원을 외치고 다니는 코미디 같은 시장이다.

 가진 것 없는 자들의 마이너리그

이들은 100억 원, 200억 원을 쉽게 얘기하지만 실제로 그런 돈은 본적도 없다. 실제 M&A 시장에서 활동하는 사람들을 만나보면 10억 원이 얼마나 큰돈인지 알 수 있다. 실제로 10억 원을 기업 인수에 쓰는 사람을 가정해보자. 자기 집은 한 채 있어야 하고, 당장 생활에 필요한 은행예금과 주식 투자를 위한 증권 계좌도 있어야 한다. 게다가 토지와 상가 두세 곳을 보유해 최소한 재산이 50억 원은 있어야 10억 원으로 투자에 나설 수 있다. 그것도 이곳의 생리를 잘 아는 사람만이 고려할 수 있는 것이고, 인수 대상 기업을 같이 검증하고 투자할 동료도 또한 필요하다.

　인수 대상이 상장사이든 비상장사이든 위험을 감수해야 하고 원금의 회수 기간도 짧지 않기 때문에 반드시 여유 자금을 활용해야 하는 곳이 바로 이 시장이다. 더구나 달랑 10억 원으로 살 수 있는 회사는 없다. 코스닥 상장사라면 프리미엄만 50억 원 정도를 지불해야 하고, 주식까지 사온다고 가정하면 회사를 하나 인수하는 데 100억 원 정도는 있어야 한다. 그러니 10억 원을 가진 자산가 10명을 모으는 것도 일이거니와 각자 생각이 다르니 이들의 의견을 하나로 모으는 것은 더더욱 어렵다. 이 바닥에서 뼈가 굵은 사람은 10억 원 정도로는 기업을 인수하기에 턱없이 모자라다는 것을 잘 알기 때문에 작게 돈놀이부터 시작한다. 명동의 사채업자와 거래를 트고 고리의 이자를 받는 방법도 있지만, 지식을 최대한 살리면서 거래처를 만들기 위해 직접 뛰어다니기도 한다.

　이자 수입을 올리는 전통적이고도 일반적인 방법은 유동성이 풍부한 부동산을 담보로 잡고 돈을 빌려주는 것이다. 담보 가치는 아파트가 가장 좋게 평가된다. 사양이 평준화되어 있고 거래도 활발해 유사시에 팔고 빠져나오기가 쉽기 때문이다. 만약 선순위·후순위 담보까지 잡혀 있다면 담보 가치가 없는 셈이지만, 그래도 나머지의 잔존 가치를 보고 판단할 문제다. 물론 질권설정이 전혀 없는 부동산으로 유동성까지 있다면 최고의 물건이지만, 너무 좋은 것에는 함정이 있기 마련이다. 사채시장에서 부동산에 특화된 사람은 부동산담보만 잡는다. 하지만 M&A 시장에서 활동하는 사람은 부동산보다 매각이 훨씬 쉬운 상장사의 주식을 선호한다. 물론 갑작스러운 폭락과 거래 정지 등 변수가 없지 않지만, 이는 회사의 경영 내용을 보면 어느 정도 예측이 가능하다. 최근 캐피털사와 저축은행 사이에서 스톡 론(stock loan)이라는 신종 주식담보 대출이 유행하는 것도 상장사의 주식이 그만큼 풍부한 유동성을 제공하는 담보이기 때문이다.

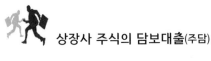

상장사 주식의 담보대출(주담)

주식을 담보로 잡는다면 99퍼센트가 상장사의 주식이다. 비상장사의 주식은 아주 드물게 담보로 잡는데, 장외에서 거래가 활발한 국내 대표 기업의 주식이어야 하고, 그것도 대여금의 세 배 이상을 담보로 제공해야 한다. 그 밖에도 부동산이나 경영권을 담보로 잡는 등 자금 회수에 어느 정도 확신이 들어야 고려 대상이 된다. 금융기관에서는 결코 담보로 잡아주지 않는 비상장주를 갖고 거래한다면 대출 조건은 쩐주 마음대로다. 기간은 3개월에 월 5퍼센트 정도가 기본 조건이다. 차주가 회사의 대주주라면 회사의 지급보증은 물론이고, 회사 자금의 에스크로(escrow: 이행을 담보하기 위한 자금 예치)를 요구하기도 한다.

이 같은 요구가 지나치다고 볼 수도 있지만 돈을 빌려주는 사람으로서는 이것도 100퍼센트 안전하지는 않다. 회사의 운명은 대주주 외에는 아무도 모르고, 대주주가 쩐주를 속이려고 들면 얼마든지 당할 수밖에 없는 구조라서 그렇다. 상장사는 상장폐지 요건이 한국거래소 규정에 나와 있으므로 어느 정도 예측이 가능하지만, 비상장사는 예측할 수 있는 것이 전혀 없다. 어느 날 갑자기 폐업하면 그 많은 주식은 모두 휴지가 되어버리고, 쩐주는 어디 가서 하소연할 길도 없다. 그래서 비상장주의 담보는 무리한 요구를 해서라도 들어주면 하고, 응하지 않으면 바로 드롭(drop: 논의를 중단하는 것)한다. 이자를 많이 받으려다가 낭패를 보느니 아예 하지 않겠다는 뜻이다. 특히 연말이 되면 무슨 이유에선지 비슷한 담보대출 제안이 상당히 많아지므로, 돈을 가진 사람은 여유롭게 가장 안전해 보이는 것만 택한다. 그래도 연말의 특수 시기에는 자금 공급이 수요를 따라가지 못한다.

상장사의 주식을 잡을 때도 피하는 시기가 있다. 12월 결산 법인이면 회계연도가 끝나고 이듬해 3월 말까지 감사보고서를 제출해야 하는데, 이를 제출하지 못하면 바로 상장폐지 된다. 따라서 연초부터 3월 말까지는 웬만하면 주식담보를 해주지 않는다. 관리대상종목(이하 관리종목)도 관리 요건 해소를 완벽히 확증하지 못하는 한 거래할 수 없다. 직전 회계연도가 적자 4년 차가 되면 이것도 기피 종목이 된다. 만약 적자로 확정되면 당해에 관리종목으로 편입되고 그 이듬해에도 영업 적자를 기록하면 바로 상장폐지 되는데, 1년 보호예수에 걸리면 주식 매도 시기가 상장폐지와 맞물리므로 빠져나올 수가 없다. 이 시기가 아니어도 연중 기피되는 기업들이 있다. 파산 신청이 접수되어 거래가 정지된 적이 있거나, 상장 금지 가처분, 대표이사에 대한 고소·고발 등이 공시된 종목은 담보 대상이 될 수 없다. 그런 징후가 있으면 장차 어떤 이유로든 거래가 정지되어 담보 주식을 처분하지 못할 상황이 올 수도 있다.

금융기관에서는 주식담보를 잡을 때 우량 종목의 경우 담보 비율을 200퍼센트로 잡는다. 예를 들어 담보 주식의 전체 시가가 100억 원이라면 50억 원만 대출하고, 가능하면 후순위라도 부동산담보를 추가로 요구하는 것이 일반적이다. 급격한 시세 하락으로 원리금의 담보 가치가 떨어지는 것을 방지하기 위해서다. 그러니 실적 악화 등에 따라 회사의 가치가 하락하면 담보 비율은 그만큼 더 올라갈 수밖에 없다. 특히 요즘같이 상한가와 하한가의 폭이 30퍼센트에 이르면 그 어떤 종목이든 50퍼센트의 버퍼(buffer: 완충장치)도 완전한 대비책이 되지 못한다.

그러니 코스닥 회사의 대주주가 주식담보를 원한다면 충분한 담보 비율을 요구하는 것이 당연하다. 사실 담보율을 300~400퍼센트로 잡아도 언제 무슨 일이 터질지 모르니, 하루 종일 공시 내용을 주시하고 시장의 소문을 수시로 점검하는 것이 일이다. 거래 금액이 크면 아예 차주 회사에 사무실을 하나 내고 상주하면서 자금 동향을 수시로 확인한다. 영화에 그려지는 사채업자의 모습은 안전한 담보를 잡고 고리의 이자를 받아가는 것이 전형적이다. 〈사채꾼 우시지마(闇金ウシジマくん)〉에서처럼 차주가 돈을 제때 갚지 못할라치면 깡패들을 동원해 몹쓸 짓을 하는 것이 그들의 실체라고 우리는 인식한다. 하지만 실상은 그렇지도 않다. 말이 사채업자지 우리나라에서 깡패를 동원해 폭력을 행사하는 것은 사실상 어렵고, 폭력을 쓴다고 해서 돈을 받아내기 쉬운 것도 아니다. 이자율 제한도 있고 돈을 받아내는 추심 활동에도 이래저래 제약이 따른다. 그래서 돈을 빌려주는 입장에서는 신원이 확실한 직장인을 제일 선호한다. 특히 고정급을 받는 대기업 월급쟁이나 공무원이라면 최고의 거래 상대다.

쩐주와 차주

차주는 돈을 받기 전까지 을의 입장이지만, 일단 돈이 건너간 순간부터는 을에서 갑으로 상황이 바뀐다. 계약서상 받기로 한 이자율이 법정 한도(금전대차에 관한 계약상의 최고 이자율은 현행 연 24퍼센트)를 초과했으니 '이자제한법'을 위반한 범법자가 되고, 담보를 잡고 돈을 빌려준 것은 정식 대차거래여서 쩐주로서는 차주를 고소할 아무런 명분이 없다. 일단 대여금의 회수는 전적으로 담보 가치에 의존해야 하며, 만에 하나 회수가 되지 않으면 민사소송으로 가야 한다. 하지만 별다른 추가 안전장치가 마련되어 있지 않다면 민사에서 승소한다고 해도 차주가 재산을 빼돌렸을 경우 절대로 받지 못한다. 그래서 쩐주로서는 돈을 빌려주기 전에 안전한 담보를 가능한 한 많이 확보하려고 한다. 돈을 빌린 사람을 약자로 본다면 쩐주는 사악한 돈놀이꾼이지만, 입장을 바꿔 막상 자기 돈을 빌려준다고 생각하면 누구라도 이런 요구가 지극히 당연하다고 여길 것이다.

코스닥 회사를 인수하는 기업사냥꾼이 처음부터 필요한 자금을 모두 갖고 있는 경우는 없다. 30퍼센트 정도만 있으면 나머지는 주식을 담보로 사채업자에게 빌려 인수한다. 그래서 인수한 직후에는 목숨을 걸고 작전을 펼친다. 최근 몇 년 사이에 코스닥 회사의 경영권이 넘어가면 주가가 오르는 것은 모두 이런 이유 때문이다. 사람들은 좋은 인수자가 나타나 회사의 전망이 좋아진 덕분이라고 생각하지만, 절대로 그렇지 않다. 그냥 수급 팀을 동원해 일단 주가를 띄우고 준비해둔 호재를 하나 터뜨려 거래량이 늘면 사 모았던 주식을 팔고 빠져나가는 과정일 뿐이다. 인수금융을 지원하는 사채업자는 주가를 올리는 수급 팀과도 밀접하게 연결되어 있어, 때로는 직접 수급에 나서기도 한다. 수급에 따른 수수료도 받고, 주식을 저가에 매집한 뒤 미리 알고 있는 매도 시점 전에 팔고 나가 시세 차익을 누리는 이중의 수익 창출이 가능하기 때문이다.

경영권 담보

인수금융을 하면 경영권도 당연히 담보로 잡는다. 만약 재료(사전에 기획한 '호재')가 시장에서 먹히지 않아 주가가 예상대로 오르지 못하면 쩐주는 오히려 반대 행동을 취한다. 주가가 일정 수준 이상 오르지 못하면 담보로 맡은 주식을 과감히 매도해 주가를 아예 떨어뜨려 '담보 가치 하락에 따른 처분'을 이유로 경영권을 직접 인수하기도 한다. 그렇게 되면 결과적으로 처음 회사를 인수한 사람은 주식 한 주 없이 모두 털리고 경영권마저 빼앗겨 알몸으로 쫓겨난다. 갑과 을이 다시 바뀌는 것이다. 경영권 양·수도가 끝난 회사가 얼마 지나지 않아 다시 대주주 변경을 공시하면 거의 이런 상황이다.

예를 들어 M&A 매물로 나온 코스닥 회사의 대주주 물량이 100만 주이고 주가가 5000원이라면 주식 가치는 50억 원이 된다. 여기에 프리미엄 50억 원을 얹어 모두 100억 원이 될 가격인데, 인수자의 자금이 50억 원뿐이라면 나머지 50억 원은 누군가에게 빌려야 한다. 이때 빌리는 50억 원이 인수금융이 되고 빌려주는 사람이 쩐주, 빌리는 사람이 차주가 된다. 인수 계약을 할 때는 먼저 차주가 계약금을 지불하고, 마지막 잔금을 지불하는 날 쩐주가 등장해 50억 원을 빌려주고 주식 100만 주 전체를 담보로 잡는다. 돈을 빌린 차주가 50억 원을 갚을 유일한 방법은 주가가 오르는 것뿐이다. 만약 발표한 호재가 시장에 먹혀들어 주가가 1만 원까지 오른다면 모든 문제가 사라지고 차주는 돈방석에 앉는다. 담보로 맡긴 주식의 절반인 50만 주를 시장에 팔아 50억 원을 갚으면, 자신의 주식 50만 주로 대주주 행세를 하면서 회사를 경영하면 된다.

하지만 주가가 7000~8000원까지 오르다가 다시 5000원대로 주저앉아 기일 안에 차주가 빌린 돈을 갚지 못하면, 쩐주는 주식을 시장에 매도해 원금을 회수하기 시작한다. 매도 평균 단가가 5000원이라고 가정하면 총매도 대금이 50억 원이 되어 쩐주는 빌려준 돈을 온전히 회수하고 약속한 대로 경영권을 가져옴으로써 프리미엄 50억 원을 챙기게 된다. 경영권을 담보로 잡기 위해 쩐주는 과반수 임원을 선임해 이사회에 들어가는 방법을 취한다. 만약 임시 주주총회에서 신규 임원 다섯 명을 선임한다면 쩐주 측에서 세 명, 차주 측에서 두 명의 이사가 선임된다. 동시에 차주 측 이사 두 명이 사전에 쩐주 측에 사임서를 제출하면 경영권을 담보로 하는 주식담보 구조가 완벽하게 완성된다. 이런 딜에서 악랄한 쩐주를 만나면 회사도 빼앗기고 빚도 지는 최악의 상황을 맞기도 한다. 예를 들어 쩐주가 5000원에서 3000원까지 주식을 아래로 밀어 팔면서 쩐주 본인이 3000원에 주식을 사면 쩐주는 경영권도 손에 넣고 주식도 싼값에 사는 셈이다. 게다가 향후 주가 반등에 따라 이익을 챙길 수 있다. 또 매도 대금이 50억 원에 못 미치므로 차주에게 받을 돈도 생긴다. 이렇게 담보 주식을 싸게 처분하면 당장은 손해를 보지만, 돈을 갚아야하는 차주에게서 소송을 당할 여지를 사전에 차단하는 효과가 있다.

물론 계약을 했다가 뒤늦게 프리미엄을 더 얹어줄 테니 팔라고 해서 넘기는 경우도 있고, 일단 계약해놓고 최종 인수자를 그때부터 물색하다가 이윤을 조금 붙여 넘기는 경우도 있다. 그래도 후자는 위험을 감수하기보다 조금이라도 남으면 팔아치우는 것이니 좋은 선택이라 할 수 있지만, 뜻대로 되지 않아 결국 쩐주에게 회사를 빼앗기고 수십억 원을 날리는 불쌍한 사례도 허다하다. 이렇듯 이 바닥에서는 영원한 아군도, 영원한 적군도 없다. 또한 갑과 을의 관계도 수시로 바뀐다. 상황 변화에 따라 사람들의 위치는 매일매일 뒤바뀌고, 하루에도 몇 번씩 천국과 지옥을 오가는 이곳은 무서운 세상이다.

회사를 무사히 인수하고 난 뒤에도 대주주가 돈이 필요한 경우는 허다하다. 특히 연말이 되면 임시로 돈을 빌려서라도 1년 동안 저지른 일의 흔적을 메워야 하니, 얼마간 쓰고 다시 갚을 목적의 자금 수요가 급증한다. 그럴 때도 대주주의 주식은 좋은 담보물이 된다. 담보 가치가 낮고 대주주의 처지가 절실할수록 이자율은 올라간다. 그래도 대주주로서는 응하지 않을 수가 없다. 연말에 서류상 시재가 부족하면 분식 회계라도 하고 싶겠지만 회계사의 눈을 피하기 쉽지 않고, 만약 발각이라도 되는 날에는 금융감독원으로부터 고발을 당한다. 여타의 일반 사건과 다르게 금융감독원에서 검찰에 고발하면 기소될 확률이 매우 높다. 최근에는 기소율이 90퍼센트를 넘기도 했다. 또 대부분이 정식재판에 회부(구 공판)되어 실형을 받으므로 분식 회계는 피하는 것이 상책이다. 그래서 연말이 되면 이자율이 월 5퍼센트를 상회하는데도 시장에 자금이 부족해 유치 경쟁이 치열해진다.

대주주가 담보로 제공할 주식도 없다면 별수 없이 '찍기'할 돈이라도 구하게 되는데, 이마저도 모든 회사의 회계연도가 마감되는 12월 말일에 수요가 몰리기 때문에 비싼 대가를 치러야 한다. 증자 대금처럼 주금 납입 증명서를 받아야 하는 것은 아니지만 연말 잔고에 분명히 돈이 있어야 하기 때문에, 회사에서 부족한 자금을 일시 융통해 잔고에 넣어두는 작업이 반드시 필요하다. 쩐주로서는 사전에 이자를 받고 법인 계좌의 압류 여부를 미리 확인한 뒤 연말에 돈을 넣었다가 1월 초에 바로 빼면 된다. 물론 계좌에 대해서는 통장, 도장, 공인 인증서 등 모든 인출 수단을 확보한 다음이다. 요즘에는 온라인으로 입출금이 가능하므로 극단적인 경우에는 12월 31일 밤 11시 59분에 입금하고 1월 1일 00시 01분에 빼기도 한다. 실제로 이렇게까지는 하지 않지만, 이론상으로는 가능하다.

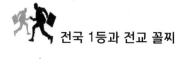

전국 1등과 전교 꼴찌

최근에 실제로 있었던 일화다. 어느 날 저녁, 기업 인수와 관련해 긴박하게 논의할 사항이 있어 고교 동창 몇 명이 모인 적이 있었다. 그중 한 명은 전교도 아닌 전국에서 1~2등을 다투는 수재였는데, 모든 이의 기대를 저버리지 않고 서울대학교 법대에 수석으로 입학해 현재 유명 로펌에서 변호사로 활약하고 있다. 그리고 다른 한 명은 학창 시절 공부와는 담을 쌓고 지내느라 전교 등수가 바닥을 헤매던 친구인데 건설 관련 일을 하면서 반건달과 같은 생활을 하고 있다. 그날의 모임은 필자의 지인이 코스닥 상장사 사주에게 사기를 당해 돈을 빼앗아올 방도를 논의하는 자리였다. 여기에서 변호사 친구는 본인이 살아온 길과 직업에 맞게 정공법을 주장했다. 즉, 형사고소와 민사소송을 동시에 진행하면서 압박과 실리를 추구하자는 얘기였다. 그런데 건달 친구의 답변이 걸작이었다.

"너는 그래서 세상을 아직 모른다는 거야."

"그럼 무슨 좋은 방도가 있어?"

변호사 친구가 물었다.

"너같이 하면, 이건 영원히 해결이 안 돼. 내가 안산에서 노는 건달 몇 명 데리고 가서 처리할게, 그게 빨라."

학창 시절에는 대화에 끼지도 못했던 낙제생이, 전공 분야 얘기가 나오니까 잘난 변호사에게 훈계할 수 있는 데가 바로 이곳이다. 결과적으로 폭력을 쓸 수는 없어 여전히 답보 상태지만, 이곳에서는 법보다 주먹을 가까이하는 것도 무시할 수 없는 사실이다. 양복을 깔끔하게 빼입고 다니는 대형 법무 법인 변호사에게 통할 말은 아니지만, 이쪽 세상에서는 일을 처리하는 데 때론 주먹이 더 빠를 수도 있고 어쩌면 그것이 유일한 해결 방안일 수도 있다. 한 분야의 전문가가 되기 위해 반드시 머리가 좋거나 공부를 잘해야만 하는 것은 아니다.

 주주총회와 이사회의 불편한 진실

영화나 드라마에 기업과 관련된 내용이 나오면 여지없이 틀리는 부분이 있다. 작가들이 주주총회와 이사회에 관한 지식 없이 시나리오를 쓴다는 것과 감독이나 배우 또한 그런 사실을 모른다는 점이다. 물론 보는 사람들도 모르고 본다. 주주총회는 회사의 주식을 보유한 주주들이 모여 주요 안건을 논의하고 표결로 가부를 결정한다. 1년에 한 번씩 정기적으로 열리는 정기 주주총회와 필요할 때 수시로 열리는 임시 주주총회 두 가지가 있는데, 정기와 비정기의 차이만 있을 뿐 기능은 같다. 경영권 측면에서 본다면 주주총회의 가장 큰 역할은 역시 등기 이사와 감사의 선임이다.

등기 이사로 선출되면 이사회의 일원이 되어 주주총회에서 이사회로 위임한 안건을 주주총회와 마찬가지로 다수결로 결정한다. 그런데 정관 변경이나 이사의 선임과 해임, 재무제표 승인 등을 제외하고는 거의 모든 경영상의 결정이 이사회에서 이루어지므로, 사실상 회사의 운명을 가르는 기구는 이사회라고 할 수 있다. 대표이사는 이사회에서 선출한다. 많은 드라마에서 대표이사를 주주총회에서 선출하는 장면이 나오는 것은 작가가 잘 모르기 때문이다. 또 이사회에서 이사들끼리 난상 토론을 벌이는 장면도 곧잘 들어가는데 현실과 동떨어진 얘기다. 통상 대주주는 자기 측근으로 이사회를 구성하기에 이사들끼리 토론할 일이 없다. 그들은 대주주의 의중을 해석하는 데 많은 시간을 보낸다. 대주주의 머릿속에서 결정된 사항을 먼저 정확히 파악하는 사람이 유능한 임원이 되어 차츰 실세로 분류되고, 그의 뒤에 이른바 라인(line: 인맥 또는 줄)이 형성된다.

만약 이사회에서 논쟁이 벌어진다면 그것은 두 가지 경우밖에 없다. 하나는 가족 안에 파벌이 생겨 서로 한 치도 물러서지 않는 상황이다. 어차피 양측 모두 돈이 충분한 상태에서 경영권을 놓고 싸우는 것이므로 치열한 공방이 벌어진다. 재벌가 형제들 간의 다툼이 대표적이다. 또 다른 경우는 두 명의 실세 전문 경영인이 마지막 세력 다툼을 하는 상황이다. 영화에서 나오듯 두 진영이 서로 헐뜯고 자신들이 옳다고 주장하는데 이 싸움의 결말은 전부를 갖거나 아니면 잃거나 식의 'All or Nothing'이다. 이런 싸움은 어느 기업에서나 보이지 않게 벌어지곤 하는데, 사세가 기울면서 인원을 감축하게 되면 약세인 진영의 임직원들이 일차로 감원 대상이 된다. 하지만 이런 일은 그래도 어느 정도 규모가 되는 기업에서나 가능한 얘기다. 코스닥 상장사에서는 이런 싸움을 벌일 조직이 아예 없다. 작은 회사에서는 이사회가 한 명의 이사로 구성되어 있다고 생각하면 된다.

기업 경영이 악화되면 바로 월급쟁이 사장의 집이 경매에 넘어가는 장면도 사실과 다르다. 회사가 채무를 상환하지 못하면 채권인은 먼저 회사 자산에 대해 강제집행을 하는데, 토지, 공장과 같은 부동산부터 예금, 유가증권, 임대 보증금 등 금전적 가치가 있는 것은 모두 법원의 명령을 받은 뒤 경매나 압류를 통해 회수할 수 있다. 그렇게 한 뒤에도 상환이 충분하지 않으면 연대보증인의 재산에 대해 강제집행을 하게 된다. 가장 큰 가치가 있는 집에는 대개 금융권의 근저당이 설정되어 있는데, 경매로 부채를 상환한 뒤 잔액이 있으면 돌려받기도 한다. 하지만 현실적으로 경매를 통해 채권 금액이 상환되는 경우는 극히 드물다. 사세가 기울기 전에 명의를 바꾸거나 추가 대출을 받으면서 후순위 담보가 설정되어 있어 잔존 가치가 없는 경우가 대부분이다.

그러면 집 안에 귀중품이라도 있기를 기대하지만, 이미 다른 곳으로 옮겨놓은 상태여서 남은 것이 없다고 보면 된다. 설사 집기를 압류하더라도 우선매수권이 있는 배우자가 낙찰받으면 가구는 모두 그 자리에 남게 되고, 채권자는 몇백만 원 정도만 손에 쥐게 된다. 이런 일련의 과정을 거치는 데는 시간이 오래 걸리고 압류명령이 떨어져도 채무자에게 동시에 송달되므로, 법적으로 대책을 세울 시간은 충분하다. 또 최근에는 대표이사에 대한 연대보증 제도도 폐지하려는 움직임이 있어, 이것이 입법화되면 드라마에서 자주 보던 딱지 붙이는 장면은 많이 사라질 것이다.

주주총회나 이사회에서 '공석인 회장 자리'를 채우기 위해 신임 회장을 선출한다는 내용도 어불성설이다. 주주총회에서는 이사와 감사만을 선출할 뿐이며, '상법'상 회장이라는 자리는 없다. 이사회에서도 회사를 대표할 대표이사를 뽑고, 필요할 경우 이사회를 주재하는 이사회 의장을 별도로 선출한다. 비공식적인 자리인 회장은 주주총회나 이사회에서 선출하지 않는다. 그것은 오로지 경영권을 가진 대주주가 대외적인 로비 활동을 위해 고위층 출신의 인사를 앉히거나 본인의 명예를 위해 만든 자리에 불과하다.

넓은 회의실에 수십 명의 이사가 모여 이사회를 하는 것도 드라마에서 흔히 볼 수 있는데, 이런 형태는 청와대 장관급 회의에서나 있을 법한 얘기다. 대한민국의 기업은 피라미드 형태로 된 '상명하복' 구조가 만연해 있어, 회장님 강의 시간이나 연례 세미나가 아니면 그렇게 많은 인원이 모일 일이 없다. 또 대기업일수록 등기 이사의 수는 아주 적고, 대부분은 비등기인 집행 임원들이다. 법적으로는 집행 임원도 중요한 의사결정에 참여하면 그에 상응하는 책임을 지도록 되어 있지만, 밑의 직원들과 마찬가지로 실질적 결정권이 없는 것이 현실이다. 특히 코스닥 회사에서는 대주주인 대표이사가 결정을 내리면 거기서 끝이다. 담당 직원이 책상 서랍에 보관하고 있는 등기 임원들의 도장을 대신 찍어 이사회 의사록을 완성하기까지 10분이면 충분하고, 이런 내용은 이사 본인도 모르는 사이에 공시로 나가는 일이 비일비재하다.

어느 영화에선가 주식 양·수도 계약 행사를 하는데 주식과 함께 경영권 전부가 넘어가는 설정으로, 주식을 양도한 주주가 그 자리에서 이임식을 하는 장면이 있었다. 회사를 1년이라도 다녀본 사람이라면 사리에 맞지 않는 상황임을 금세 알 수 있다. 이임식은 사장같이 회사의 공식

직함이 있는 사람이 직원들 앞에서 그동안의 업무를 회고하고 직원들을 독려하는 한편, 떠나는 사람에게는 그동안의 노고를 치하하기 위해 마련하는 자리다. 그런데 대주주가 경영권을 넘기면서 새로운 주주들 앞에서 이임식을 하는 것은 그냥 영화에서나 볼 수 있는 장면이다.

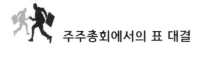

주주총회에서의 표 대결

비상장 기업이라면 주주의 수가 얼마 되지 않으므로 진정한 표 대결이 가능하다. 만약 세 명의 주주가 지분을 각각 40퍼센트, 30퍼센트, 30퍼센트씩 갖고 있고, 특정 안건에 2 대 1로 의견이 갈린다면 합심한 두 명이 다른 한 명의 의사를 무시하고 자기들 마음대로 결정할 수 있다. 그러면 이사회를 마음에 드는 사람들로 구성하고 경영도 좌지우지할 수 있다. 하지만 비상장사는 대부분 아는 사람들끼리 주식을 나누어 가지므로 주로 타협해서 결정하고 서로 양보하기도 한다. 만약 어느 한쪽의 의견이 지속적으로 반영되지 않는다면 이는 경영에서 배제되고 있는 것이므로, 주식을 팔고 회사에서 물러나는 것 외에는 선택권이 없다. 그런데 비상장주를 사는 곳이 없으므로 다른 주주가 사거나 회사 자금으로 매입하는 방법이 일반적이다. 하지만 다른 주주들이 이를 거부한다면 보유한 주식은 오랫동안 휴지 조각이 될 공산이 크다. 그래서 비상장사의 지분을 취득하거나 투자할 때는 각별히 주의해야 한다.

상장사의 주주총회는 비상장사와는 양상이 전혀 다르다. 일단 회사가 제시하는 안건은 이사회에서 결정하는데, 이사회는 대주주가 구성했으므로 대주주가 안건을 정했다고 보면 된다. 이에 반대되는 것이 주주 제안인데, 일정 요건을 갖춘 주주가 회사와는 다른 안건을 제출해 주주 총회에서 표결하게 된다. 주주 제안으로 대개는 이사나 감사의 선임을 제의하게 되는데, 그 자체가 회사와 타협한 것이 아니라면 회사와 표 대 결이라는 정면 승부를 하게 된다. 그런데 회사는 주주명부를 갖고 있어 위임장을 받기도 쉬우므로, 처음부터 상대가 되지 않는 게임이다. 우리 나라에서도 가끔 주주 제안을 하는 투자가가 있었지만, 회사의 동의 없 이 성공한 경우가 없다. 즉, 상장사의 주주총회는 '모 아니면 도'의 대결 이다.

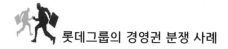

롯데그룹의 경영권 분쟁 사례

표 대결을 했던 실제 사례로는 최근에 있었던 롯데그룹 경영권 분쟁 을 들 수 있다. 창업자인 신격호 명예회장이 주도권을 쥐고 있다면 벌어 지지 않았을 일이지만, 경영권을 아들들에게 승계하는 과정에서 서로의 이해가 첨예하게 대립하면서 발생한 사건이다. 이처럼 비상장사에서 지 분이 적당히 분산되고 주주들의 이해가 대립하면 표결로 가게 된다. 지 난 그룹 주주총회에서 동생 신동빈 회장이 이기자 형 신동주 회장은 언 론을 통해 자신이 마치 그룹을 빼앗긴 것처럼 얘기했다. 이는 뭘 모르는 사람들을 겨냥한 얘기다. 게다가 애초부터 롯데가 신동주 개인의 그룹 이 아니므로 빼앗긴 것도 아니다. 주주총회는 표 대결에 따라 결론이 나 니 우호 지분을 미리 확보한 사람이 이기는 게임이다. 대통령 선거같이 수천만 명의 유권자를 대상으로 득표수를 추정하는 것과는 다르다. 주주가 친인척 아니면 주위의 전문 경영인인 비상장 그룹인데 표결 결과를 몰랐다면 본인의 무지의 소치다.

하지만 앞으로의 일은 또 알 수 없다. 롯데에는 신동주와 신동빈 두 회장 말고도 일본인 경영진이 있고, 앞으로 방계 가족의 수가 늘어나면서 분쟁은 계속될 것이다. 이를 해소할 가장 좋은 방법은 더는 대립하지 말고 LG와 GS그룹처럼 타협을 통해 명확히 그룹을 분리하는 것이다. 만약 신동빈 회장이 현재의 독식 체제를 완벽히 구축하고 싶다면 맨 위에 있는 홀딩 컴퍼니의 지분 51퍼센트와 이사회를 확고히 장악해 나머지 계열사를 모두 상장시키는 방법이 있다. 한국에서는 상장사의 이사회를 장악하고 있으면 주식이 전혀 없어도 주주총회에서 적대적 M&A를 당할 일은 없다.

 토론은 애초부터 있을 수가 없다

그래서 주주총회에서는 토론이 필요 없다. 가끔 삼성전자 같은 대기업 주주총회에서 주주들의 발언이 이어지는 것을 볼 수 있다. 그곳에서 질문도 하고 경영진에게 질책, 격려, 조언 등을 하기도 하는데 전부 쇼(show)다. 주식을 조금씩 사고팔다가 회계연도 말에 우연히 주식을 보유하는 바람에 주주명부에 등재되어 주주총회에 초대받았을 뿐인데 무슨 할 말이 그렇게 있겠는가? 그저 텔레비전에서 볼 수 있는 회장님의 얼굴을 가까이서 보고 선물이나 받아오면 그뿐이다. 아무리 순수한 투자가라도 마이크를 붙잡고 말이 길어지면 회장님이 싫어하므로 대부분의 대기업에서는 총회꾼이나 직원을 미리 동원해 질의응답 연습을 시킨다. 그래서 뻔한 질문과 준비된 답변을 하다가 어느 정도 시간이 되었다 싶으면 추가 질문을 받지 않고 바로 회사의 안을 통과시켜 주주총회의 막을 내리는 것이 짜인 각본이다.

주주총회보다는 유의미하지만, 이사회에서도 진정한 의미의 토론은 없다. 회사를 실제로 장악한 사람, 즉 나를 이사로 뽑아준 사람이 어떻게 생각하고 있는지가 제일 중요한데 하인(?)들끼리 토론한다는 것 자체가 시간 낭비에 불과하다. 대표이사가 실제 주인이라면 이 사람의 지시 사항을 이사들이 잘 받아 적고, 가장 효율적인 실천 방안 정도 논의하는 곳이 이사회다. 청와대에서 대통령이 무슨 말을 하면 별 얘기도 아닌데 사방에 앉아 있는 똑똑한 장관들과 수석들이 모두 수첩을 하나씩 꺼내들고 끄적거리는 장면과 비슷하다. 찍히지 않으려니 잘 적는 척이라도 해야 하는 것이 아랫사람들의 숙명이다. 이런 관계를 가장 깔끔하게 표현한 것이 한보그룹 정태수 회장의 말이다.

"머슴이 뭘 알겠는가."

우리나라에서 기업과 관련된 가장 잘못된 인식 중 하나가 바로 '임원이 경영자'라는 생각이다. 임원은 그저 부장 위의 직급으로, 조금 높은 서열의 직원일 뿐이다. 말단 직원에게는 임원 자리가 높아 보이겠지만, 실상 나이는 들어 직업 선택의 폭은 좁고 돈은 더 필요한 불쌍한 자리다. 그나마 대기업의 임원이라면 그래도 정상적인 사고를 지닌 회장의 측근으로 볼 수도 있지만, 코스닥 회사의 임원이라면 많지 않은 월급을 받으면서 언제 사고를 칠지 모르는 윗사람을 모셔야 하는 위태로운 자리다.

괜스레 임원 자리를 탐내 앉았다가 상장폐지라도 되는 날에는 등기 이사였다는 이유만으로 고소·고발당할 수도 있으니 언제 터질지 모르는 시한폭탄과 같은 자리다.

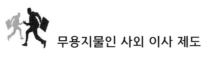
무용지물인 사외 이사 제도

우리나라 '상법'에서는 상장사의 경영에 대한 견제 장치 중 하나로 사외 이사 제도를 도입하고 있다. 그런데 이것이 무용지물인 것은 온 천하가 다 알고 있다. 회사의 주인인 대주주가 이사회를 통해 사외 이사의 선임을 제의하면 주주총회에서 통과될 것이고, 그렇게 임명된 사외 이사는 자신을 뽑아준 주인을 위해 충성을 다하기 마련이다. 상장사 사외 이사들의 면면을 보면 변호사가 가장 많고 그다음이 회계사 아니면 전직 관료, 정치인 등이다. 코스닥 회사의 사외 이사가 되면 월 급여로 200만 원정도 받는데, 사실 변호사나 회계사는 당장의 보수보다는 본인 업무의 추진(marketing)을 위해 맡는다. 즉, 평소에는 소정의 급여를 받고 법률가로서 사소한 법률적 사안에 대해 조언하며 밥값을 한다. 또 비상근이므로 회사에 출근하지 않아도 되니 큰 부담은 없는 자리다. 그러다가 회사에 무슨 문제라도 생기면 책임을 면하기 위해 슬그머니 사임하는 사람들이 사외 이사다.

변호사가 사외 이사를 맡고 있는 회사에서 소송이 발생하면 자신이 속한 법무 법인에서 수임하게 되니 나름대로 짭짤한 영업이다. 또 회사 측에서는 적은 급여로 아군 변호사를 한 명 고용했으니, 이것저것 법률

자문을 받는 데 수월하다. 이들 대부분은 대주주 개인의 고문 변호사로 보면 된다. 각자의 이해관계에 따라 사외 이사로 고용하고 고용된 사이지만, 결과적으로는 이사회의 일원이고 아군의 한 사람이다. 이 제도가 제대로 운영되기 위해서는 대주주와 아무 관련이 없는 독립적인 제3의 기관에서 임명해야 한다. 그리고 잘못된 의사 결정에 대해 책임을 물어야 회사를 감시하고 이사회를 견제할 수 있다. 현재의 방식대로 운영되는 사외 이사 제도는 국가, 회사, 개인 투자가 모두에게 아무런 득이 되지 못하니, 즉시 개정하거나 폐지하는 것이 바람직하다.

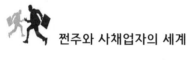

쩐주와 사채업자의 세계

사금융 시장에서 돈을 빌려주는 주체를 전주(錢主), 또는 금전주(金錢主)라고 하는데, 이 업계에서는 통상 된소리를 써서 '쩐주'라고 한다. 그리고 이들의 돈을 모아 투자하고 이익금을 배당하는 사람을 흔히 사채업자라고 부른다. 그렇다면 과연 어떤 사람들이 쩐주 역할을 하고, 어떤 부류의 사람들이 사채업자가 될까? 쩐주가 연루된 대표적 사례로 1980년대 한국 금융시장을 뒤흔들었던 장영자·이철희 사건을 들 수 있다. 당시 경제 규모로는 엄청난 액수인 수천억 원의 어음 사기 사건으로, 이들 부부, 은행장, 기업인 수십 명이 연루되어 구속되었다. 지금도 거액의 자금을 움직이는 쩐주가 있기는 하지만, 하나하나 따져보면 이제 수십억 원을 굴리는 사람은 찾아보기 어렵다.

이 바닥에서 어느 정도 돈을 벌면 제도권으로 들어가 우아하게 사는 사람들이 대부분이다. 그래서 작게는 몇천만 원에서 몇억 원 정도를 움직이는 사람들의 돈이 사채업자 주위에 모이고, 이런 사채업자 몇몇이 모여 큰 자금을 형성하는 것이 사채시장의 기본 구조다. 과거에는 투자 대상이 단순히 기업 어음이었다. 당시에는 증권시장의 규모가 작았으므로 가끔 재료가 있으면 작전에 들어갔다가 바로 나오기도 했지만, 주된 수입원은 아니었다. 그런데 지금은 사채시장 자금의 상당 부분이 상장사의 인수금융과 작전에 동원되고 있다. 투자 대상의 다변화가 이루어진 셈이다.

쩐주는 한마디로 돈이 좀 있으면서 제도권 이자에 만족하지 못하는 사람이다. 우리가 동네에서 보는 의사, 가끔 텔레비전에 나오는 변호사, 일부 유명 연예인들이 사채시장에서 쩐주로 활약하고 있다. 다시 말해 쩐주는 이상한 사람이 아니라 돈 많은 일반인이다. 이에 반해 사채업자는 쩐주의 돈을 관리하는 사람으로, 원금 회수를 제일의 목표로 삼고 있다. 수익이 많아도 원금이 몇 번 손실되면 고객을 아주 잃을 수 있으니 수익률은 2차 목표다. 우리가 일반적으로 떠올리는 험악한 인상의 거구나 깡마른 체형의 야비한 수전노의 얼굴은 그저 상상 속에서나 존재할 뿐 실제 모습은 아니다. 물론 개중에는 이마에 '사기'라는 글자를 붙이고 다니는 경우도 있는데, 사채업자를 하기에는 태생적으로 자격 미달인 사람이다. 실제로 사채업자는 남의 돈을 관리해야 하므로 진실하고 책임감 강한 사람만이 할 수 있다.

이들은 업자 사무실에서 근무하기 시작해 온갖 고생을 다한 사람들이다. 단순한 돈 심부름부터 시작해 돈을 갚지 않는 채무자에게 협박 전화도 걸며 일을 배웠다. 웬만한 술집 주인이 웨이터 출신이듯이, 이들도 눈물

젖은 빵과 욕을 바가지로 먹으며 돈을 벌었다. 예전에는 허름한 명동에서 사무실을 운영했다면 지금은 강남 테헤란로에 좋은 사무실을 내고 대부업, 캐피털, 자산 운용, 투자자문 아니면 일반 법인의 간판을 달고 영업한다. 직원들도 대부분 깔끔한 정장 차림으로 근무하며 일부는 해외 유학파도 있으니 사무실 전경만 봐서는 사채업을 한다고 상상할 수 없다.

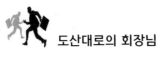

도산대로의 회장님

지금 이 책에서 말하는 쩐주는 사실상 비제도권의 돈을 모아 관리하는 사채업자를 의미하는데, 꼭 그렇지 않은 경우도 있다. 쩐주가 사채업을 직접 하면서 주변 사람의 돈을 모아 규모를 키우는 사례도 많다. 그 이유는 사채업자 본인이 전혀 돈이 없으면 주위의 신뢰를 얻기 어려운 분위기가 있으므로, 업계에서 심부름하며 돈을 얼마간 모은 뒤 직접 사무실을 차려 영업에 나서는 경우가 많기 때문이다. 그래서 지금은 쩐주와 사채업자를 구분하는 것이 큰 의미는 없다. 사채업자가 쩐주들을 모으는 방법은 한마디로 정의하기가 어렵다. 일단 주위의 돈을 모아 시작하고 입소문이 나면 소개를 받으며 점차 큰 자금이 모이게 된다. 대표적인 대상이 자금 부족으로 어음을 발행한 기업들이다. 이들은 자금난을 잘 이겨내고 여유가 생기면 바로 고객이 되는데, 기업으로서는 언제 자금 사정이 악화될지 모르니 평소 자금 중개업자와 돈독한 관계를 꾸준히 유지하려고 한다. 이렇게 세월이 지나고 자금 관리에 명성이 쌓이면 대기업 총수의 개인 비자금을 관리하는 기회를 얻기도 한다. 이런 생리는 비단 지하경제에서뿐만 아니라 제도권에서도 마찬가지다. 특히 작은 투자자문 사의 실적이 몇 년간 괜찮으면 수탁고가 몇백억 원씩 증가하는 것도 다 주위 투자가들의 소개로 가능하다.

이런 사람들은 사채업자라는 호칭을 제일 싫어한다. 엄연히 거래처의 돈을 모아 수익을 내는 전문 투자가라고 자임한다. 직함은 보통 '회장'이다. 우리 사회가 이들의 나쁜 측면만 인식해 암적인 존재라 여겨서 그렇지, 이들도 엄연히 수익을 창출하는 투자가임이 틀림없다. 다만 지하경제에서 움직이니 세금을 내지 않고 합법과 불법 사이에서 교묘히 줄타기하는 곡예사라는 점이 제도권 투자자와 다를 뿐이다. 하지만 이런 실상과 상관없이 이들은 돈을 잘 쓰기에 사회 각처에서 대우받는다. 씀씀이가 크므로 외제 차 업체, 백화점, 고급 식당, 빌라, 여행사, 은행, 술집 어느 곳에서도 환영을 받는다.

일반인들이 접할 수 있는 산업 중에서 접대가 가장 뛰어난 곳이 카지노다. 카지노에서는 남녀노소, 국적을 불문하고 베팅(betting)을 많이 하는 사람(high roller)이 가장 큰 고객인데, 일단 카지노의 최고 고객(VIP)으로 등재되면 등급에 따라 접대받는다. 호텔 식사권, 비행기 1등석이나 크루즈 여행권 등은 기본이고, 손님이 원하는 선물이 있으면 무리가 되더라도 웬만하면 응하는 편이다. 어쩌다가 발길이 뜸하다고 판단되면 공짜 칩(chip)을 제공하며 자주 들르게 한다.

사채시장에서 활동하는 사람들도 접대에 관한 한 카지노 못지않다. 자신에게 도움이 된다고 판단되는 인물에게는 무제한 향응을 베푸는 것이 몸에 배어 있다. 반대로 돈도 인맥도 정보도 없는 사람은 잘 만나주지 않는다. 시간 낭비라서 그렇다. 이들이 상대하는 사람 중에는 정관계, 법조계, 재계의 거물이 많다. 서로 주고받을 것이 많기 때문이다. 어떻게 벌었는지 상관없이, 돈만 많으면 대우받는 우리나라는 역시 앞서가는 자본주의 국가다.

'오른손 왼손'

직장 생활을 하며 일생을 살아온 사람을 애완동물이라고 한다면, 사채시장에서 돈을 번 사람은 야생동물에 비유할 수 있다. 바닥 인생을 경험해보았고 돈 때문에 서러움도 당해보았다. 일을 처음 배울 때는 아무리 주의해도 속을 수밖에 없으니 남을 잘 믿지 않게 되었고, 그래서 돈의 무서움을 누구보다도 잘 안다. 감옥에 들락거리면서 법을 배웠고, 기업 사냥을 하려니 기업 분석에도 능하다. 때로는 남을 속이기 위해 거짓말도 해야 하고, 그런 상대방이 다수이다 보니 이런저런 상황에 대처하는 임기응변에도 능하다. 이런 사람들이 남에게 당하지 않기 위해 고안해 업계에 정착된 수단이 바로 '오른손 왼손'이다. 즉, 돈과 유가증권을 거래할 때는 항상 내가 먼저 받고 건네거나, 최소한 동시에 맞바꾸지 않으면 절대로 거래하지 않는다.

비록 사무실에서 만나 거래해도, 돈을 준비한 사람은 상대방의 서류가 완벽히 준비된 것을 확인하고 동시에 주고받는다. 돈을 먼저 주고 서류를 작성하면 시간이 오래 걸리고, 나중에 일이 잘못되어 거래를 포기하려 해도 돈은 이미 사라지고 없다. 그 자리가 변호사 사무실이든 사채업자나 상장사의 대표이사 방이든 간에 이들은 믿지 않는다. 자신들이 남을 속여보았고 많이 당해본 기억이 있어 돈 외에는 믿지 않는 것이 철칙이다. 이들이야말로 자본주의 원칙을 철저히 지키는 사람들이다. 이들은 "사람은 거짓말을 하지만 돈은 정직하다"라는 말을 종교같이 믿는다. 그 어떤 환경에서도 돈만큼은 제값을 한다는 것을 뼈저리게 느껴온 사람들이기에 이들은 이 사회에서 진정한 프로다.

이런 전문가들에게 일반인들은 그저 먹기 쉬운 밥이다. 증권시장에서 일반 투자자들은 이들에게 항상 당하는데, 정작 본인들은 당하고 사는지 모른다. 그런데 이런 선수들도 자기들끼리 속고 속이는 일이 비일비재하다. 일이라는 것이 항상 완벽할 수도 없고 업자들끼리 같이 오랫동안 지내다 보면 어느 순간 믿고 진행하는 경우가 있는데, 대개는 사고로 이어진다. 각자 나름대로 전문가라고 자부하지만 순간적인 방심에 당하기 십상이니, 이들도 무서운 세상에서 하루하루를 살고 있다. 업계에서 선수로 활동하면서 이렇게 당하는 것은 그리 이상한 일이 아니다. 격투기에서 추성훈이 항상 이기는 것도 아니고, 최홍만이 영원한 강자일 수도 없듯이, 지하경제에서도 항상 새로운 강자가 등장하고 그를 이길 또 다른 누군가가 내일을 준비하고 있다.

03

상장회사를 인수하기 위해
혈안이 된 사람들

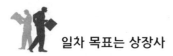
일차 목표는 상장사

기업사냥꾼이 목표로 하는 기업은 대부분이 상장사다. 상장된 기업은 일반 투자가에게서 자금을 조달할 수 있고, 이에 따른 자금 조달력이 개인 기업과는 비교할 수 없을 만큼 크기 때문이다. 그래서 코스닥 상장사의 경우, 요즘은 프리미엄만 최하 50억 원 정도를 주어야 살 수 있다. 그것도 처음에는 돈만 있다고 되는 것이 아니다. 인수자가 개인이라면 자금 증빙과 프로필, 법인이라면 회사의 규모, 업종, 업력이 매도자의 마음에 들어야 한다. 또 인수자가 좋은 사업(필)을 갖고 있어야 한다는 조건이 붙기도 한다. 대개 매도자가 경영권은 양도하지만 주식은 모두 팔지 않는 경우에 해당한다. 즉, 능력 있는 인수자에게 경영권을 넘기면서 프리미엄을 먼저 받고, 나중에 주가가 오르면 나머지 주식을 팔 때 추가 이익을 도모하겠다는 계산이다. 매도자가 등기 이사로 스톡옵션을 보유하고 있고 아직 행사 시기가 도래하지 않았다면, 추후에 주식을 매도해야 하므로 당연히 훌륭한 약력과 필을 가진 인수자를 찾게 된다.

기업을 파는 쪽이 인수자에게 목을 매는 이유는 또 하나 있다. 아무래도 업계 사람들은 일반 투자가보다 인수자의 사업이 좋은지 나쁜지를 쉽게 알아본다. 상당한 기술력이 있는 것처럼 포장이 가능하다면 일반인들로서는 사업 내용을 검증하기가 더욱 어려워진다. 이때 자주 이용하는 것이 언론이다. 아무리 사업 내용이 복잡한 인터넷 매체라도 언론에 상세한 회사 현황이 소개되면 주가는 고공 행진을 하기 마련이다. 매도자가 그 정도의 최우량 인수자를 만난다면, 그는 돈을 벌 또 다른 기회를 잡은 셈이다. 일단 회사를 팔고 몸은 떠나지만, 그때부터 인수자가 벌이는 대형 작전을 눈앞에서 목격하게 되기 때문이다. 경영권 양·수도에 일정이 있듯이, 작전도 양·수도 일정과 밀접하게 맞물려 진행된다. 이때 매도자가 받은 계약금과 중도금을 모두 털어 주식을 사서 두세 배의 이득을 얻고 나오면, 이 M&A는 최고의 시나리오를 실현하며 막을 내리는 셈이다.

인수자에게 정보를 요구하는 첫 번째 이유는 다각도에서 그의 자금력을 확인하고 싶기 때문이다. 그래서 준비하는 것이 이른바 자금표인데, 돈을 주고 잔고 증명을 사오는 사람이 많아 사실 신빙성은 없다. 자금 증빙을 한다고 해도 계약 당일 나타나지 않거나 심지어 약속한 날 아침부터 전화를 받지 않는 경우도 있다. 법무 법인에 에스크로를 한다고 해도 인수 희망자가 반드시 본계약을 맺어야 하는 의무는 없다. 계약서에는 매도 회사가 제시한 수치와 실사에서 드러난 가치 사이에 일정 규모 이상 차이가 있으면 한쪽에서 일방적으로 계약을 파기할 수 있도록 규정하는 것이 관례다. 그런데 그 차이라는 것이 주관적이어서 한쪽이 끝까지 문제를 제기하면 딜은 중도에 깨지게 된다. 그래서 에스크로 자체도 실질적인 계약금이라기보다는 인수자가 진짜 자금력이 있고 살 생각이 있는지를 확인하는 장치 정도의 의미만 있을 뿐이다.

인수자가 무리한 주장을 해 더는 협상을 진행하지 못하면 손해배상을 위한 소송으로 갈 수도 있지만 현실적으로는 어렵다. 인수자가 법규의 허점을 교묘하게 악용해 물고 늘어지면 정상적인 기업은 당해낼 재간이 없다. 매도자는 명색이 상장사 오너인 만큼 그런 일로 시간을 낭비하며 회사 이름에 먹칠하고 싶어 하지 않는다. 설사 똑같은 수준의 사람들이 매수자와 매도자로 만났다고 해도 이런 경우에는 돈을 돌려주는 것이 일반적인 관행이다. 그래서 정상적인 사업가는 인수자를 처음 만난 자리에서 상대방의 인상과 옷차림을 보고, 아니다 싶으면 바로 자리에서 일어나기도 한다. 물론 겉으로는 양해를 구하고 다른 임원에게 협상을 대신하도록 지시하지만, 마음속으로는 이런 사람과는 딜을 하지 않겠다고 결심한 다음이다.

기승전 주가

인수자의 자질이 중요한 두 번째 이유는 M&A 이후 있을지도 모를 소송이 두렵기 때문이다. 대한민국에서 코스닥 회사를 인수하는 대부분의 사람들은 정상적으로 경영하기보다 그저 주가를 올려 돈을 버는 데 혈안이 되어 있다. 그중 극단적인 일부(적어도 코스닥 시장에 상장돼 있는 기업의 50퍼센트는 넘는다)는 주가조작, 횡령, 배임에 이골이 난 사람들이어서, 회사를 인수한 뒤에는 사실 여부와 상관없이 여러 재료를 만들어 주가를 띄운다. 상장사 인수의 각본 전개는 언제나 '기승전 주가'다. 주가가 오르면 모든 투자가에게서 영웅처럼 환호받고, 용이하게 자금을 조달할 수 있다. 회사를 인수하며 주위에서 끌어온 자금을 높은 수익을 붙여 돌려줄 수 있고, 이는 다음 단계 작전의 성공률을 높이며, 이제 원만한 자금 조달은 쉽게 가능해진다. 실제로 주가조작에 몇 차례 성공한 기업사냥 꾼들은 비록 검찰에 쫓겨 다니는 신세일망정 시장에서는 돈을 몰고 다니는 영웅이다.

대주주가 바뀌면 한동안 공모증자는 하지 못한다. 어디에도 그런 금지 규정은 없지만 사고의 위험이 있기 때문에 금융감독원의 방침이 그렇고, 증권사들도 선뜻 주간사로 나서려고 하지 않는다. 경영권 양·수도 이후 최소 6개월이 지나 기관투자가의 관심을 받을 만한 상황이 되어야 공모를 추진하는 것이 가능해진다. 그것도 일반 투자가를 대상으로 하는 일반 공모는 금융감독원이 좀체 승인해주지 않는다. 그래서 대부분의 회사는 일단 주주를 대상으로 공모증자를 하고, 실권(失權)이 난 주식에 대해서만 일반 공모를 통해 자금을 모은다. 실권이 난 부분은 삼자 배정을 통해 소화할 수 있다. 삼자 배정을 할 때는 할인율에 제한이 없기 때문에 주간사에 10퍼센트 이상의 수수료를 지급하고 인수시키면 모든 절차가 마무리된다. 투자가들이 증자에 참여하는 것을 청약이라 하는데 청약 기간이 되면 어김없이 작전 세력이 등장한다. 이른바 수급 팀이라고 불리는 세력에게 돈을 주고 억지로 주가를 올려놓으면 청약은 100퍼센트 성공한다. 주주배정 공모를 해놓고도 주가를 올리지 못해 청약에 실패한 경영진은 코스닥 시장에서 무능한 사람들로 평가된다.

공모를 통해 자금을 확보했으면 그다음 단계의 목표를 설정하고 집행에 들어간다. 대부분은 계획된 신규 사업에 자금을 투입하겠다고 하는데, 이미 사업의 성공 여부는 결정 나 있는 경우가 많다. 공시를 통해 발표한 사업이 누가 봐도 황당무계한 것이면 처음부터 사업할 생각은 없었다고 봐야 한다. 2016년 증시를 뜨겁게 달궜던 중국 테마가 좋은 사례다. 중국 재벌 그룹과의 물품 독점 공급, 쇼핑몰 단독 입점, 화장품 공급, 면세점, 해외 기업으로부터의 투자 유치, 합작 법인 설립 등이 그렇다. 아무리 상장기업이라 해도 자기자본이 얼마 되지 않는 한국의 소규모 회사가 중국의 재벌과 계약을 맺는다는 것 자체가 어불성설이다. 설령 일부 사실이라 해도 제대로 사업을 하려기보다는 주가를 띄우려는 방편으로 공시하는 회사가 대부분이다.

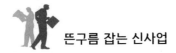

뜬구름 잡는 신사업

굳은 의지가 있다고 해도 성공할까 말까 한 큰 사업을 발표하면서 속으로는 진행할 마음이 별로 없다면, 이는 애초부터 의도된 사기에 해당한다. 물론 중국이라는 나라가 아직은 후진국이어서 비즈니스에서도 사람을 믿고 관계를 중시하는 모습을 보이기도 한다. 호텔 체인 중에서 객실 수로는 세계 1위인 중국의 보타오 그룹이 김형균이라는 한국의 개인 사업가에게 프랜차이즈와 직영점의 독점 사업권을 내준 사례도 있다. 하지만 이는 아주 예외적인 경우다. 중국인만큼 중국어에 능통하고, 보타오 그룹의 회장이 쓴 자서전을 한국어로 번역한 전력이 있으며, 중국에서 대기업 임원으로 수십 년을 근무한 경력이 있기 때문에 그를 믿고 맡긴 것이다. 그런 사정을 모르고 계약 합의서만 받아내면 큰돈을 만질수 있을 것이라고 생각하는 것은 처음부터 허황된 것이며 좋은 결과를 이끌어내지도 못한다.

신사업 발표가 의도된 시나리오라면 이들은 신규 사업에 자금을 투입하는 것보다는 언론매체를 통해 홍보하고 주가를 띄우는 데만 혈안이 된다. 호재를 발표하기 전에 미리 주식을 매집해놓고 최고점에서 빠져나온 다음에 발표한 재료에 대해서는 어떤 구실로 실패의 변을 늘어놓을지 계획을 짜게 된다. 한국 증시 역사상 뜬구름 잡는 사업 계획을 발표한뒤 실행에 옮기지 않았다고 처벌받은 기업가는 단 한 명도 없었다. 물론계획은 어디까지나 계획일 뿐이기에 그렇기도 하다. 설령 계약 체결을 공시한다고 해도 모든 실패의 책임을 상대방에게 전가하면 우리나라 금융 감독 시스템으로서는 잡아낼 길이 없다. 또 시간을 끌며 '진행 중'이라고 둘러대기만 하면 간단히 제재 대상에서 빠져나갈 수 있다.

그래도 계약을 체결한 뒤 어떤 내용이 서로 간에 오갔으며, 사업을하기 위해 어떤 노력을 했는지 검증이 필요하다. 하지만 일반 투자가는주가가 오르면 즐거울 뿐이고, 괜히 나쁜 소식이 퍼져 주가가 떨어지면본인만 손해이니 잠자코 있기 마련이다. 또 주식을 팔고 나면 그저 남의일일 뿐이다. 설사 신사업 공시가 왜곡되었다고 아우성을 쳐도 이 단계에서는 아무 효과가 없다. 금융 당국에 제보해도 관심조차 보이지 않는것이 현실이다. 사실 금융 당국이 주기적으로 사업의 진행 사항에 관한자료 제출을 요청하고 점검한다면, 처음부터 의도된 사기는 어느 정도막을 수 있다. 하지만 담당 기구인 금융위원회, 금융감독원, 한국거래소모두 수수방관하고 있다.

예전에는 양해각서(MOU)만 작성해도 공시 대상이 되었다. 실현 가능성도 별로 없는 서류에 서명만 하고 공시하는 바람에 많은 개인투자가가 피해를 보았다. 이를 방지하기 위해 공시 기준을 강화했지만, 머리가 좋은 선수들은 강화된 규정을 피해가는 방법을 고안해냈다.

첫째, 인터넷을 통해 기사를 유포한다. 지금은 모바일이 발전해서 이 방법이 더 빠르고 공시만큼이나 파괴력이 있다. 또 요즘 인터넷 뉴스 매체가 많아지면서 기사에 굶주린 기자들이 서울 시내 식당 숫자만큼 많아졌다. 그냥 던져주면 기사가 천지 사방의 뉴스 지면을 도배하는 데 채 한 시간이 걸리지 않는다. 이런 내용이 주가에 반영되고 거래소가 해당 기업에 조회공시를 하면 회사는 마지못해 공시하는 절차를 밟는다. 이것도 미리 짜놓은 시나리오다. 주가를 크게 올리려는 계획이 있으면 처음에는 '계약이 진행 중이나 확정된 내용은 아직 없다'는 식으로 발표해서 투자가들의 애를 태운다. 이후 충분히 주가가 오른 것을 확인한 뒤에는 정식 계약 체결을 공시하고 마지막 상승 국면에 매집한 주식을 털고 나오는 것이다.

둘째, 기사의 신뢰도를 높이기 위해 실제 계약을 하고 공시를 띄운다. 물론 거짓 계약이다. 해외에 있는 페이퍼 컴퍼니(paper company: 유령회사)와 계약을 맺고 계약서를 증거로 남겨두면 공시 위반도 아니다. 사문서 위조에 해당하지만 그 서류가 위조되었다고 밝혀낼 사람은 아무도 없다. 정말로 계약을 맺었다고 해도 내용을 크게 부풀린 것이 대부분이다. 가령 중국의 대기업에서는 "1년 안에 일정 규모 이상의 매출을 올리는 경우에 한해 향후 5년간 독점 계약을 맺는다"라고 했음에도, 그런 사실을 모두 숨기고 마치 장기 계약을 맺은 것처럼 발표한다. 계약서에 불리한 독소 조항이 있다면 당연히 감춘다. 마치 외국의 대형 그룹이 자신들과 거래하고 싶어 안달이 난 것처럼 발표한다. 이런 것은 하나같이 어불성설이나, 지난 몇 년간 코스닥 기업이 중국과 맺은 대형 계약을 파헤쳐 보면 모두 이런 함정이 숨어 있다.

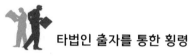

타법인 출자를 통한 횡령

대주주가 회삿돈을 챙기는 과정에서 즐겨 써먹는 방법이 법인 자금의 횡령이다. 이에는 여러 유형이 있는데 가장 빈번히 사용하는 수법이 '타법인 출자'다. 해외에 법인을 설립하고 출자금을 송금하면 실제로 사업을 하는 것처럼 보이며, 시간이 흐른 뒤에 모두 상각(비용 처리)해버리면 외부에서는 내막을 알 도리가 없다. 합작 법인을 만드는 일도 간단하다. 현지에 중국인이 만든 페이퍼 컴퍼니를 사서 한국과의 지분을 50 대 50으로 설정하면 겉으로는 합작 법인으로 보이지만, 실제로는 한국에서 100퍼센트 제어하는 바지 회사가 만들어진다. 이 회사에 송금한 수십억 원이 사라지는 데 불과 몇 개월 걸리지 않는다.

해외 페이퍼 컴퍼니의 설립과 유지에는 상당한 비용이 드는데, 자본금 출자에 따른 등기 수수료, 변호사와 회계사 비용, 직원 급여와 사무실 임차료 등을 들 수 있다. 이런 작업을 위해서는 참여자가 많이 필요한데, 중국과의 원계약서 보유자, 계약을 상장사와 연결해주는 브로커, 회사 내부에서 이런 사업을 일정 기간 유지해주는 직원 등이 있어야 한다. 또 주가조작을 하기 위해서는 큰돈이 필요하지만, 작전에 성공한 뒤 비싼 이자와 수고비를 지급하고 남은 돈을 투자가 몇 명이 나누고 나면 그리 큰돈이 아니다. 절대 규모로 보면 크지만 이들의 욕심에 비하면 너무도 적은 돈이다. 이들은 항상 최고의 작전 시나리오를 꿈꾸며, 그만큼 거액의 돈에 익숙해져 있어 돈의 가치에 이미 무감각하다.

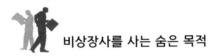

비상장사를 사는 숨은 목적

간혹 비상장사를 사는 사람들도 있다. 동일 업종 안에서 정말 순수한 경영상의 판단으로 매매가 일어나는 경우도 많다. 하지만 해당 기업과 업종에 딱히 경험도 없어 보이는 투자가가 비상장사를 매수하려고 한다면, 여기에는 통상 세 가지 이유가 있다.

첫째, 투자가가 파악한 매수 대상 회사의 가치가 매매가보다 현저히 낮은 경우다. 그 회사가 위치한 지역에 대형 호재가 있는데, 토지를 소유한 기업주는 모르고 있는 경우 땅을 갖기 위해 회사를 사기도 한다. 회사의 가치가 보유한 특허나 기술력과 연관된 경우도 있다. 이런 경우에는 매수자에게 특허나 기술력을 극대화할 수 있는 능력이 있어야 한다. 그런데 동일 업종 안의 기업가가 아닌데도, 회사를 인수하려고 한다면 그 가치를 알고 있는 내부 인력의 조력을 받을 수 있거나 인수자 자신이 회사의 자산 가치를 높일 수 있는 자리에 있는 경우가 대부분이다. 매수 희망자가 공무원이라면 회사가 보유한 토지의 형질 변경이나 인허가권을 가진 사람, 또는 그의 측근이 사전 정보를 얻어 비상장사에 접근하는 것이 일반적이다.

둘째, 매매가에 비해 월등히 많은 자산을 보유하고 있고 이를 쉽게 유동화할 수 있다면 충분히 매수 표적이 된다. 예컨대 순 자산이 200억 원이고 매매가도 같은 200억 원인데, 회사의 총자산이 1000억 원, 부채가 800억 원이라고 하자. 이때 질권설정이 되어 있지 않은 자산이 300억 원이고 그 대부분 유동자산이라고 하면, 회사를 인수한 뒤에 이 300억 원을 유동화해 다른 상장사를 인수하는 데 사용한다. 만약 인수하려는 상장사에 현금성 자산이 상당히 있다면, 회사를 인수할 때 빌렸던 200억 원을 상환하는 데 이용할 수도 있다. 운이 좋으면 돈 한 푼 들이지 않고 상장사와 비상장사를 각각 하나씩 소유할 수도 있다.

셋째, 장외거래를 통해 비싼 값에 팔 만한 가치가 있는 경우다. 비상장사라도 유명한 기업이면 이미 38커뮤니케이션 등 장외거래 사이트를 통해 거래되고 있고, 어느 정도 공정가격도 형성되어 있다. 큰 수익을 바란다면 이런 기업은 피해야 한다. 시장에 잘 알려지지 않았지만 진행하는 사업이 성공하면 큰 수익을 낼 수 있다고 판단되는 기업이 인수 대상 기업으로 선호된다. 최근 청담동 주식부자 L 씨의 동생이 N사의 주식을 장외에서 600억 원어치 중개했는데, 형의 유명세를 악용해 수백억 원의 차익을 거둔 것으로 알려져 있다. 하지만 이는 특별한 사례이며, 잘 알려진 비상장사의 주식 거래를 중개할 때는 가격이 노출된 관계로 중간 이윤은 실제로 그리 크지 않다. 오히려 숨어 있는 회사를 인수해 사업 내용을 잘 포장하면 두세 배의 가격으로 넘길 수 있다. 이때는 장외거래 사이트가 아니라 회사에서 직접 분양해서 신뢰성을 높일 필요가 있다. 이런 종목에 투자가를 모을 때는 적절한 시기에 회사 홍보 기사를 언론에 흘리고, 신규 계약 체결 등을 발표하는 것이 관행이다. 비상장사에 투자하는 사람들은 장기 보유자가 대부분이므로, 브로커로서는 계약을 체결한 뒤 상당 기간 잊고 지낼 수 있는 장점이 있다. 당장 비싸게 되팔아주어야 한다는 스트레스를 받지 않는다는 뜻이다.

조금 다른 방식으로 비상장사를 이용해 상장사를 인수하는 방법도 있다. 동원된 총자금이 150억 원인데 매물로 나온 코스닥 상장사의 매매가가 200억 원이라면 50억 원이 부족하다. 보유 중인 150억 원이 한 사람의 돈이라면 받은 주식을 담보로 제공하고 50억 원을 빌려 잔금을 치르면 딜은 마무리된다. 하지만 여러 투자가의 자금을 모은 것이라면 주식담보가 불가능하며, 이런 구조로는 딜이 더는 진행되지 않는다. 이럴 때는 재무구조가 좋은 비상장사를 하나 섭외한 다음 대주주의 주식을 담보로 별도의 자금 50억 원을 비상장사 명의로 대출한다. 그리고 비상자사를 통해 확보한 50억 원과 기존에 준비한 150억 원을 합해 상장사 인수에 충당하면 딜을 마무리할 수 있다. 그리고 이 일을 도와준 대가로 인수한 상장사의 자금 일부를 비상장사에게 대출해주면 서로에게 이득이 되는 딜 구조가 된다. 여기에 동원되는 비상장사는 재무구조가 상당히 건실해야 한다는 조건이 붙는다.

이런 딜 구조에서는 비상장사가 50억 원을 대출하면서 발생하는 이자는 상장사에서 부담한다. 그리고 1년 뒤 보호예수에서 풀린 상장사의 주식이 100억 원이 되면 빌린 50억 원을 갚고 나머지 50억 원을 운영자금으로 쓰면 된다. 만약 1년 뒤 주식가치가 50억 원에 불과하다면 빌린 50억 원을 갚아 모든 것을 원위치하면 되고, 주식 매각 대금이 50억 원에 미치지 못하면 빌린 돈을 갚지 않고 비상장의 주식을 매각하는 것으로 처리하면 된다. 그래도 경영권을 양도한 것이 아니므로 회사 경영에는 당장 지장이 없고, 줄어든 지분은 경영 상태를 보면서 차차 늘려가면 된다.

 **펄과 셸**

상장사를 보유한 경영진이 신규 사업을 물색하다가 적당한 비상장사를 찾게 되면 주가를 띄우기 위해 비상장사를 매수한다. 이런 목적으로 사들이는 비상장사를 펄(pearl: 알짜 기업)이라 하고, 상장사는 셸(shell: 껍데기 회사)이라 한다. 상장사의 사업 내용이 좋으면 굳이 비상장사를 살 이유가 없으므로, 이런 합병을 노리는 상장사는 100퍼센트 무늬만 회사라고 보면 된다. 과거에는 좋은 펄을 갖고 있는 사업가가 자신의 회사를 우회 상장하는(back door listing) 방식의 하나로 이와 같이 합병했지만, 지금은 규정이 강화되어 좀처럼 하지 않는다. 우회 상장도 직상장과 거의 같은 수준의 상장 조건을 충족해야 하므로, 상장이 가능한 우량 기업은 바로 상장을 추진하는 모습을 보이고 있다.

비상장사는 자금 조달에 한계가 있으므로 일정 수준 이상의 수익을 내지 못하면 만성적인 자금난에 시달리게 된다. 토지와 공장이 모두 은행 담보로 설정된 상태에서 한두 해 적자가 나면 은행은 상환을 요구하고 자금 압박을 견디지 못해 매물로 나온 회사가 타깃이 된다. 상장사가 이를 싸게 사서 주가를 띄우는 데 이용하면 사실상 돈 한 푼 들이지 않고 신규 사업을 추가하게 되고, 비상장사는 경영권을 뺏기는 대신 외부 자금을 수혈받아 사업에 활용해 기업 가치를 제고할 수 있다. 또 비상장사의 오너가 본인 지분을 넘기고 상장사의 주식을 받는 경우 주가 상승의 혜택을 같이 누리기도 한다. 양측 모두 이익이니 일석이조다. 이렇듯 우량 회사를 인수하는 것은 비교적 건전한 M&A에 해당된다. 문제는 대부분의 상장사가 이런 방법보다 황당무계한 대형 호재를 찾아 주가만 올리려고 하는 데 있다.

현재 코스닥 시장에서 펄을 찾는 상장사는 주가를 올릴 재료를 찾는 중이다. 기존 사업에는 한계가 있고 자체적으로 신규 사업을 개척할 능력과 의지는 없으므로 밖에서 돌파구를 찾는다. 그리고 인수 대상 펄은 적절한 타이밍에 발표해 작전에 활용한다. 회사와 합병할 정말 좋은 펄이 있다면 몇 가지 협업하는 방법이 있다. 그중 대표적인 것은 상장사가 펄을 흡수합병하면서 펄의 소유주에게는 상장사 주식으로 보상하는 것이다. 이를 위해서는 기업 평가가 필수인데, 과거에 실적이 미미했던 펄이 좋은 평가를 받기는 쉽지 않다. 그러면 양측은 합의서를 작성하고, 일단 평가서에 나온 가치대로 펄의 대주주에게 상장사의 주식을 일부 주고 1년 뒤 실적에 따라 추가 보상하기로 계약을 맺는다.

이때 펄의 주인이 받는 상장사 주식은 사모증자에 의한 것이므로 1년간 매각하지 못한다. 이렇게 보호예수 된 주식의 일차 소유권은 상장사가 가지며, 신규 사업의 실적에 따라 지급할 내용을 계약서에 명시한다. 하지만 사업의 실적이 예상과 달리 저조하고 양측이 합의한 최저 수준에도 미치지 못하면 주식을 교부하지 않기도 한다. 실제로 펄의 사업이 예상대로 실현되기는 어렵다. 다들 수익을 추정하는 데만 관심이 있을 뿐 부수적으로 발생하는 비용이나 문제점에 대해서는 깊이 고려하지 않기 때문이다. 또 다른 이유는 양측의 비협조 때문이다. 상장사는 펄의 경영권을 소유하는 대신 신규 사업에 필요한 자금을 투여해야 하는데, 막상 자금 통제가 어렵기 때문에 적극적으로 지원하지 못한다. 처음부터 상장사는 주가를 띄우는 데만 목적이 있었고, 펄의 사업을 운영하는 데는 전혀 관심이 없는 경우도 많다. 이런 상황이 누적되면 양측의 불만이 쌓이고 계약이 파기되기도 한다.

합병을 하거나 펄을 셸의 자회사로 두는 작업이 끝나더라도 숙제는 남는다. 상장사에게 펄의 사업은 신규 사업이 되고, 여기에는 자금 투입이 필요하다. 두 회사가 합병만 하고 자금 투여를 하지 못하면 아무 의미가 없다. 그래서 합병 관련 뉴스가 호재가 되어 주가가 충분히 오르면 이를 이용해 공모증자를 하거나, 금융기관을 통해 사모증자나 전환사채 발행을 추진한다. 이들은 처음부터 자체 자금으로 투자할 계획이 없기 때문에 펄을 통해 올린 주가로 새롭게 들어온 자금만 투자 결정의 대상이 된다. 자금을 조달한 뒤에는 그 자금을 신규 사업에 쓸지 다른 용도로 사용할지 상황에 따라 결정한다. 펄의 사업에 막대한 자금이 들어갈 것이라고 판단되면 이들은 결코 투자하지 않는다. 이 경우 펄의 주인에게 주기로 한 주식은 돌려받고 펄은 용도 폐기되는데, 이미 주가 상승기에 주식을 대량 매도했으니 이익은 챙긴 셈이다. 셸을 보유한 대주주는 주가가 떨어지면 저점에서 다시 주식을 매집해 또 다른 펄을 찾아 나선다.

창업자 딜

회사를 창업한 뒤 코스피나 코스닥 시장에 상장시키는 사람은 훌륭한 경영자다. 오랫동안 불황을 견뎌내며 매출을 늘리고 고용을 증대한 측면에서 기업 규모를 떠나 그 공로를 인정할 만하다. 그래서 상장사를 매매할 때도 창업자가 키운 기업을 최고로 간주하며 이를 창업자 딜(deal)이라고 부른다. 부외부채, 가공 매출, 부실 재고 등 최소한 예상치 못한 사기성 변수는 없기 때문이다. 이런 회사의 장점은 자본금 변동이 적고, 사모사채(전환사채 또는 신주인수권부사채) 발행이 거의 없다. 본연의 사업에만 충실했기에 큰돈이 필요하지 않았고, 주 사업의 수익만으로도 경영에 전혀 문제가 없었다는 의미다. 한마디로 말하면 큰 욕심을 부리지 않았기 때문에 회사에 별문제가 없었다는 것이다. 또한 주가도 조용히 움직여 증권시장에서는 주목받지 못한 주식으로 보면 된다. 기업사냥꾼이 이런 기업을 인수하게 되면 큰 호재가 된다. 시장에서 조용히 지내오던 회사가 움직이면 주가가 크게 오르는 경향이 있어 투자가들도 내심 좋아한다.

이런 기업은 대체로 부실이 적고 경영진이 범죄에 연루된 사실도 없을 테니 우량 회사라 해도 무방하지만, 투자가 입장에서는 치명적인 단점도 있다. 창업자가 자신이 걸어온 길을 과대 포장하는 경향이 강해 가격이 비싸고 매매 조건도 까다롭다.

첫째, 창업자가 자신의 고생에 대한 보상과 직원들의 미래에 대한 안전장치를 요구하는 경우가 많다. 하지만 고생은 고생이고 가치는 가치다. 이미 과거의 실적과 현재의 재무 상태에 기업의 가치가 고스란히 녹아 있으므로 여기에 추가로 인정할 만한 정성적인 가치는 크지 않은데도, 창업자가 고집을 부리는 바람에 딜이 성사되지 않는 경우가 많다. 상장사라면 주가로 평가받는 것이 주식시장의 불문율이다.

둘째, 창업자 자신만이 아는 회사의 치명적 약점이 있다. 물론 인수자가 실사를 하는 과정에서 상당 부분 파악하지만, 그래도 오래 묵은 회사에는 남들은 금세 알아내기 어려운 역사가 있다. 회사가 쓰고 있는 기계장치를 예로 들면 보기에는 멀쩡하고 잘 돌아가는 것 같지만, 여러 번 고치고 고쳐 이제 몇 달 버티지 못하는 상태일 수도 있는데, 이는 실사로 알아낼 수 있는 부분이 아니다. 본인만 아는 고질병은 환자가 말하지 않으면, 의사 1000명이 몰려와도 진단하지 못한다. 외식 전문가가 자신이 오랫동안 운영하던 식당을 매물로 내놓을 때는 다 그만한 이유가 있다고 봐야 한다. 어느 누구도 좋은 것은 팔지 않는 것이 진리다.

셋째, 창업자와 오랫동안 동고동락한 직원들은 노하우가 뛰어나 활용 가치가 높지만, 기업을 매도한 뒤 인력 유지 문제가 발생할 수 있다. 즉, 창업자가 기업을 판 뒤 같은 업종의 회사를 새로 창업하거나 기존 사업체를 인수해 경영에 나설 수 있는데, 그러면서 본인과 오랫동안 사업을 같이했던 직원들을 스카우트할 수 있다. 그렇게 스카우트되어 나가는 인력 중에 핵심 인력이 있다면 기존 사업체는 치명적인 타격을 입을 수 있다. 이는 계약서에 금지 조항을 넣어 방지할 수 있다고 하지만, 실제로 하겠다고 나선다면 쓸 만한 편법은 많다. 대리인을 내세워도 되고 실제는 자기가 주인이면서 전문 경영자인 것처럼 위장할 수도 있다.

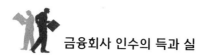

금융회사 인수의 득과 실

상장사는 제조업이 대부분이지만 금융기관도 일부 있다. 대주주의 승인을 받아야 하거나 금융감독원의 관리를 받아야 한다는 제약이 있지만, 금융회사는 일단 인수하면 상당히 큰 이점이 있다. 바로 제조업과는 비교할 수 없는 총자산 규모다. 회사의 가치를 판단하는 기준 중 하나는 전체 자산에서 부채를 차감한 순 자산 수치인지라, 총자산 규모가 반드시 중요한 것은 아니지만, 기업사냥꾼에게는 다르다. 이들은 자산은 모두 내 것이고 부채는 갚지 않으면 그만이라고 생각하는 사람들이라, 기업사냥꾼이 금융기관을 손에 넣게 되면 큰 사고로 이어질 수 있다.

얼마 전 있었던 수백억 원대의 부실 대출로 회사에 손해를 끼친 K 종금 대표이사와 전직 임원들의 횡령·배임 사건이 좋은 사례다. 이들은 W 은행이 대주주로 있는 회사에 전문 경영인으로 일하면서 500억 원대의 부당 대출을 했고, 이 금액은 고스란히 회사의 손실로 돌아왔다. 대표이사와 전직 임원 등 세 명이 구속되었는데, 별다른 담보도 잡지 않고 기업에 대출해준 것이 문제가 되었다. 사주가 아닌 순수 전문 경영인이 이런 식으로 대출해주었을 때는 대출 기업으로부터 일정액을 뒷돈으로 받았다는 것인데, 사내의 대출 심사 기준을 어떻게 통과했는지 또 대주주인 W 은행의 감독이 어찌 그리 소홀했는지가 의문이다. 만약 일반 대주주가 이런 일에 직접 연루되었다면 피해액은 상상을 초월했을 것이다.

최근 J 종금 전 대표 K 씨가 한국에 들어왔다. 해외로 도피한 지 무려 16년 만이다. 배우 Y 씨의 남편으로도 잘 알려진 그는 자신이 운영하던 S 창업투자를 통해 I 약품에서 발행한 전환사채를 40억 원에 매입한 뒤, 이를 자신의 개인회사에 시세보다 낮은 가격에 판 혐의를 받고 있다. 이로써 S 창업투자는 손실을 입었고, 그의 혐의가 입증될 경우 이는 업무상 배임에 해당한다. 그는 또 주가조작을 통해 660억 원 상당의 시세차익을 챙긴 혐의도 받고 있다. 서울대학교와 하버드 대학을 나와 월가의 투자은행에서 근무한 경력을 배경으로 그는 항상 한국 금융시장의 중심에서 활약해왔지만, J 종금 사장에 선임된 지 불과 열흘 만에 구속되는 불명예를 안기도 했다. 이렇듯 금융기관을 경영하는 데는 상당한 이권이 있고, 이것이 악용되면 크나큰 사회 문제로 비화할 수 있는 위험이 도사리고 있다.

비록 비상장 회사였지만 B 저축은행의 부도도 기업사냥꾼이 개입한 대표적인 사례다. 부실 대출과 방만하게 운영된 부동산 프로젝트 파이낸싱(project financing: PF)으로 천문학적인 손실을 보고도 몇 년간 분식 회계로 잘 가려왔지만, 결국 부도 사태를 막지는 못했다. 저축은행의 부도는 손실 금액도 크지만, 그 피해가 주식 투자가는 물론 예금자에게 돌아간다는 점에서 문제가 심각하다. 대규모 사기성 기업 어음(CP)을 발행해 수많은 피해자를 낸 D 그룹 사태는 아직도 진행되는 중인데, 피해액 규모가 1조 7000억 원에 달했다. 이 사태로 H 회장은 7년 형을 선고받고 수감 중이다. 문제는 피해자에 대한 구제책인데 아직도 현 회장의 개인 재산 처분을 놓고 법적 공방이 벌어지고 있어 완전한 해결까지 가기에는 요원한 상태다. 이렇듯 금융기관이 낀 부정은 상장, 비상장 여부를 떠나 일반인이 상상할 수 없는 규모의 피해를 야기한다는 점에서 사회의 공개적인 감시가 필요하다.

경영권 장악의 의미

기업을 인수한다는 것은 그 회사의 경영권을 장악한다는 뜻이다. 다시 말해 경영권이 불안정하고 내부 통제가 부실하다면 인수에 실패한 것이다. 내부 관리의 대상은 인력과 자금인데, 이 두 요소가 제대로 돌아가지 않으면 결국 최종 목표인 돈을 버는 데 실패한다. 우리나라 주요 그룹에서 사주 일가 출신의 신입사원은 입사한 뒤 평균 4.9년 만에 임원으로 승진하는 반면, 일반 직장인은 임원이 되는 데 평균 24년이 걸린다. 이는 자금 관리나 기밀 유지와도 연관이 있는데, 사람의 능력과 관계없이 측근 위주로 회사를 운영해야 안심하는 기업주의 의지가 반영된 것이다. 이것이 이른바 주인과 머슴의 차이며, 기업주는 이렇게 해야 회사에서 직원에 대한 완벽한 관리·통제 체제를 이룰 수 있다고 생각한다.

 '상법' 개정안에 대한 재벌들의 시각

한국에서 대부분의 재벌 그룹 계열사는 증권시장에 상장되어 있다. 재벌 일가의 기업 경영권 장악은 가히 완벽한 반면, 지분율은 턱없이 낮다는 데 문제가 있다. 그러면서도 일가 중심의 경영을 하고 횡령·배임을 밥 먹듯이 일삼으면서 절대로 남의 감시나 통제는 허용하지 않으려고 한다. 이를 방증하는 것이 최근 국회에서 추진하는 '상법' 개정안에 대한 재벌들의 반발이다. 해당 개정안의 골자는 대주주의 전횡을 제한하자는 것인데, 재벌에게서 경영권을 가져오자는 것이 아니라 아주 소극적인 수준으로 경영권을 제한하려는 데 목적이 있다. 그런데도 재벌들은 대한상공회의소를 앞세워 격렬하게 반대 움직임을 보이고 있다.

상공회의소에서는 장기 불황에 빠진 기업에 경영 자율성마저 제한하려는 시도는 자칫 기업의 '테이블 데스(table death: 수술 도중 환자가 숨지는 것)'

를 부를 것이라고 온 국민을 협박하고 있다. 물론 거짓말이다. 지금의 장기 불황은 세계적인 산업구조 개편과 함께 우리나라가 고도 성장기를 지나면서 자연스럽게 생긴 현상이며, '상법' 개정이나 경영권 방어와는 아무 관련이 없다. 재벌들의 이런 의식은 '최순실 게이트'로 그들의 총수가 소환되고 조사받는 과정에서 여실히 드러나고 있다. 삼성 총수가 구속되면 마치 국가 경제가 마비라도 되는 양 해당 그룹은 여론전을 벌였다. 재벌이 만든 기업 조직이 얼마나 총수 일가만을 위한 것인지 단적으로 보여주는 모습이다. 회장이 구속되더라도 나머지 임직원이 본연의 역할에 충실하면 그만인데, 지금 한국의 전문 경영진에게 주어진 임무는 경영이 아니라 회장 뒤치다꺼리에 있다는 것을 여실히 증명한 셈이다. 조폭 두목도 감옥에서 조직을 관리하는 세상인데, 조직을 갖춘 대형 기업체가 회장 한 명 때문에 돌아가지 않는다는 것은 새빨간 거짓말이다.

'상법' 개정안에서 주요 이슈가 되는 조항은 크게 다섯 가지인데 감사위원 분리 선임, 집중투표제 의무화, 직원 추천을 통한 사외 이사 선임, 전자투표제 의무화, 자사주 처분에 대한 규제 부활 등이다. 이에 대해 재벌들은 실효성은 낮고 부작용만 크다고 주장하고 있다. 그들이 말하는 부작용이란 바로 경영권의 침해다. 이는 다른 표현을 빌리자면 밀실 경영이 방해된다는 의미일 것이다. 세계 주요 28개국 중 기업과 최고 경영자(CEO)에 대한 자국 국민의 신뢰도가 최하위인 나라가 한국인 것은 결코 우연이 아니다.

각 개정안별 쟁점

여기서 잠깐 '상법' 개정안별 쟁점에 대해 알아보고 넘어가기로 하자.

첫째, 감사위원은 제삼자에 의해 반드시 분리 선임되어야 한다. 경영진의 비리를 막을 수 있는 가장 강력한 사내 기구가 감사인데, 이를 대주주 마음대로 선임하면 감사라는 기관을 둘 이유가 없다. 현행 감사 또는 감사위원 제도는 무의미하므로 아예 없애든지 개정안대로 분리 선임하는 것이 옳다. 다른 방안으로 감사나 감사위원에 대한 처벌 수위를 대폭 높이는 것도 유효한 대책이 될 수 있다. 이렇게 해야 경영진에 대한 최소한의 감시 기능이 유지된다.

둘째, 집중투표제가 과연 실효성이 있는지는 다소 의문이다. 도입되어도 소액주주가 이사를 한 명이라도 선임하는 것은 사실상 불가능하다. 다만 삼성과 미국계 사모펀드 엘리엇의 경우처럼 해외 기관투자가가 주주 제안을 통해 이사 선임을 표결에 부친다면 선임될 가능성은 있다. 그래야 한 명 정도에 불과할 테니 이사회를 장악하는 것과는 거리가 멀다. 하지만 일반 주주로서는 제3의 이사가 이사회의 의사 결정 과정을 감시하는 것이 바람직하다. 결과적으로 집중투표제 역시 대주주에게만 성가실 뿐이지 일반 투자가들은 손해 볼 일이 없다.

셋째, 근로자 대표의 사외 이사 선임은 대주주 감시와 직원의 권익 증진이라는 두 마리 토끼를 한꺼번에 잡을 수 있는 좋은 방안이다. 경영계가 이를 반대하는 것은 모든 결정을 비밀리에 마음대로 하겠다는 의지의 표출일 뿐이다. 다만 대기업의 노동 현장에서 이미 악명을 떨치고 있고 하나의 거대 권력이 된 우리나라 노조가 또 하나의 무기를 갖는다는 것은 투자가들에게는 이득이 아니다. 취지에는 공감이 가지만 실효성이 있는지는 회의적이다.

넷째, 전자투표제는 한시라도 빨리 도입되어야 한다. 바쁜 현대사회에서 주주총회에 일일이 참석하는 것은 현실적으로 불가능하다. 더구나 12월 결산 법인이 많은 상황에서 이들이 정기 주주총회를 다음 해 3월 말에 집중적으로 개최하는 방법으로 일반 주주들의 참석을 방해하고 있다. 이를 개선하고 개별 주주의 의사를 주주총회에 반영하는 방법은 전자투표제를 도입하는 것뿐이다.

다섯째, 자사주 처분 규제는 부활시켜야 한다. 원칙적으로 자사주는 회사의 사내 유보금으로 산 주식이므로 특정인을 위한 의결권 행사에 이용되어서는 안 된다. 그런데도 지주회사로 전환할 때는 자사주의 의결권을 인정하면서 자사주가 대주주의 경영권 방어에 악용되고 있다.

선진국처럼 우리나라도 기관투자가의 감시 역할이 강화되면 이를 통한 기업 지배구조가 개선될 수 있다. 하지만 기관투자가 대표, 각종 연·기금의 이사장과 자산 운용 본부장 등의 요직을 모두 정치권에서 지명하고 있으니, 당분간 소기의 목표 달성은 기대하기 어렵겠다. 정경 유착의 고리도 서서히 약화되겠지만, 단기간에 개선되기는 어려우므로, 기업에 대한 기관의 감시 역할도 당분간 기대하기는 어려울 것이다. 더구나 입법 예고대로 '상법'이 개정된다고 해도 대주주가 경영권을 행사하는 데는 아무 지장이 없다. 오히려 외국인 투자가, 근로자 등 대주주와 무관한 등기 이사가 선출됨으로써 정치인들의 영향력이 적어지고 궁극적으로는 기업 경영이 정치권의 영향에서 벗어날 수 있는 토대를 마련할 수도 있다.

드라마에 등장하는 재벌 2세는 대부분 똑똑하고 좋은 학벌을 갖췄지만 철부지다. 우리가 아는 모든 재벌 총수는 직원이 아무리 가까워도 그보다는 이런 자식을 더 신뢰해 기업을 물려주겠다고 생각한다. 그러나 기업은 재벌의 개인 소유물이 아니다. 지금의 규모로 키워온 공로는 인정하지만 거기에 숨어 있는 수많은 직원의 노력과 시장의 뒷받침을 무시해서는 안 된다. 기업과 같은 사회의 공적 재산을 개인의 상속 대상으로 삼는 것은 잘못된 생각이다. 그런 잘못은 다음 단계로 부의 세습, 갑질, 을에 의한 사회적 불만이라는 악순환을 반복시킨다. 그래서 돈이면 다 된다고 믿는 물질만능주의가 팽배하고 세금 한 푼 내지 않는 지하경제가 당당히 굴러가고 있다.

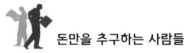

돈만을 추구하는 사람들

재벌들의 지분 구조를 보면 총수 일가가 직접 보유한 지분은 10퍼센트도 되지 않는다. 계열사를 모두 동원해 순환출자의 고리를 만들고 이를 총수와 그 가족만을 위한 잔칫상으로 만들었다. 주요 보직의 인사 선임부터 시작해 출자와 투자 등 자금의 사용 전부를 통제하고 모든 과실을 독점하고 있다. 이 왕국을 보전하기 위해 정치권력과 결탁해야 하는 악순환이 지금도 계속되고 있다. 그런데 이런 악순환에 관용적인 사회 분위기가 조그만 코스닥 기업의 사주에게까지 전염되어 수많은 피해자들을 양산하고 주식시장 전체를 비리의 온상으로 전락시키고 있다. 기업의 지배 구조는 대기업부터 중소기업까지 모두 개선되어야 시장이 발전할 것이며, 누구에게나 공정한 기회가 주어지는 사회가 될 것이다.

　　기업을 인수하는 궁극적인 목적은 돈을 버는 것이다. 그런데 언제부턴가 합법적인 경영을 통해 수익을 창출하지 않고, 수단과 방법을 가리지 않고 부의 증대만을 좇는 사람들이 코스닥 시장을 지배하고 있다. 코스닥에 등록된 기업의 경영권이 양도될 때 보면, 거의 대부분이 기업사냥꾼의 손에 넘어가는 것이 현실이다. 이런 사람들은 남의 피해는 아랑곳하지 않고 자신의 이익만을 추구하다가 결국 사회에 큰 상처를 남기고 만다. 이들은 주가조작, 허위 공시, 횡령 등의 범죄를 저지르며 지하경제를 살찌우는 악의 축이다. 미국의 마약 조직처럼 한국의 코스닥 기업은 지하경제의 중요한 부분을 차지하고 있으며, 그 규모도 지속적으로 확대되고 있다.

04

기업사냥의 화룡점정,
자금의 공개 모집(공모)

증권시장에서 자금을 모으는 방법은 크게 두 가지가 있는데 첫 번째 가 증자(capital increase)이고, 두 번째가 회사채 발행(bond issuance)이다. 증자는 납입자본금을 증가시켜 회사에 신규 자금을 투입하는 것인데, 일반 투자 가들로부터 조달하는 공모(public offering)가 있고, 제삼자에게 배정하는 사 모(private placement)가 있다. 사모는 그야말로 제삼자의 돈을 가져오는 것인 데 회사의 사정을 잘 모르는 사람이 돈을 넣을 리 만무하므로, 대주주 본 인이나 그의 측근 또는 기관투자가가 돈을 넣는 경우가 대부분이다. 드 물기는 하지만 조달된 자금의 일부를 쓸 수 있게 하거나 이사 자리를 하 나 주는 조건으로 제3의 투자가가 참여하기도 한다. 여기에서 '제삼자'는 일반 대중이 아닌 특정인을 말하며, 공모의 반대 개념으로 사용된다.

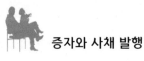

증자와 사채 발행

증자는 자본금이 증가하므로 글자 그대로 자본계정이다. 시가로 발행

(발행가격은 공모, 사모에 따라 정해진 공식이 있으며, 할인율에 제한이 있다)되므로 발행가가 액면가를 상회하는 경우에는 주식 발행 초과금이 발생해 회사의 재무구조 개선이나 자금 융통에 크게 도움이 된다. 예를 들어 액면가 500원인 주식을 발행가 1000원에 100억 원의 공모를 성공적으로 마쳤다면, 회사에 100억 원이라는 자금이 신규 유입된다. 회계적으로는 납입자본금 50억 원과 주식 발행 초과금(이른바 '주발초') 50억 원이 증가한다. 이는 은행 차입금이나 회사채와 달리 부채계정이 아니므로, 원금 상환이나 이자 지불 부담이 없다. 다만 대주주가 증자에 참여하지 못하면 지분이 희석되고, 발행주식 수가 늘어나면서 유통 주식 수의 증가에 따른 매물 압박으로 추가적인 주가 상승에 걸림돌이 된다는 단점이 있다.

그런데도 기업 인수가 끝나면 다들 공모를 통한 자금 조달에 목을 매는 이유는, 공모에 성공하면 시장에서 어느 정도 인정받는다는 것을 보여줄 수 있고, 그 뒤로도 시장에서 돈을 얼마든지 쓸 수 있는 가능성이 생기는 등 공모가 매력적이기 때문이다. 즉, 금융기관을 쫓아다니다가 그것이 여의치 않으면 주위의 투자가를 끌어모으는 사모를 시도해야 하는데, 공모가 성공하면 그런 번거로움에서 벗어날 수 있다. 비록 시간이 오래 걸리고 주간사의 검증과 금융감독원의 서류 통과 등 절차가 복잡하지만, 그 과실은 달콤하다. 회사가 금융기관의 실사(due diligence: 투자가의 입장에서 투자 대상에 관한 주요 사항을 조사하는 것)에 대응할 준비가 되어 있고 사업의 내용이 지속적이며 주가조작이나 횡령·배임 등의 사건에 일절 연루되지 않다는 방증이기도 하므로, 투자가로서도 어느 정도 안심할 수 있는 우량 기업들만이 공모를 통해 자본을 조달할 수 있는 자격을 얻는다.

이에 반해 채권 발행은 원리금 상환이라는 부담을 안게 된다. 여기에서 채권은 통상 회사채를 의미하며, 전환사채나 신주인수권부사채는 주식 연계 채권이라는 표현을 사용하는데, 넓은 의미에서는 모두 채권에 해당한다. 그런데 코스닥 기업은 회사채를 발행할 여건을 갖추고 있지 않다. 신용 등급도 낮고 발행 규모도 작아 회사채 시장은 이용할 수 없다. 우리나라에서는 초우량 기업을 뜻하는 AAA 등급이나 한 단계 밑인 AA 등급의 회사채 발행이 주를 이룬다. 그 아래 단계인 A와 BBB도 발행 실적은 있으나 규모가 현저히 작다. 그런데 코스닥 기업 대부분은 그 아래 단계인 BB 이하 등급을 받고 있어 발행 자체가 불가능하다. 그래서 전환사채나 신주인수권부사채를 통해 자금을 조달하는데, 대부분 증자를 할 수 없는 상황에서 발행하는 경우가 많다. 또 공모가 아닌 사모를 통한 발행이 대부분인데, 일반 투자가로서는 이런 주식 연계 회사채가 만기 전에 주식으로 전환되면 매물 압박에 따라 주가가 하락할 위험에 처하게 되므로 발행조건을 자세히 살펴볼 필요가 있다. 실제 회사채가 발행되는 조건을 보면 다음과 내용이 거의 유사하다.

 코스닥 기업의 실제 발행 사례

사채의 종류	3회 차 무기명식 무보증 사모 전환사채
사채의 권면 총액	30억 원(총발행 규모로서 실제 회사에 납입이 되는 금액의 총액)

사채의 이율	표면 이자율 3%, 만기 이자율 3%
사채의 만기일	3년(보통 정확한 연월일 표기)
발행 방법	사모(공모와 대비되는 사모)
만기	3년(간혹 4~5년으로 발행하기도 한다)
조기상환청구권(풋옵션)	발행 1년 뒤부터(일부 사모에서는 조기상환청구권을 2년 차에 부여하거나 아예 없는 경우도 있다)

그 밖에 전환가액의 결정 방법, 전환가액 조정에 관한 사항 등은 이미 공식에 의해 정해져 있다. 그리고 어느 회사든 다 같은 규정을 적용하므로 한 번만 숙지하면 다음부터는 쉽게 이해할 수 있다.

 전자 공시의 활용

사모는 제삼자에게 배정되므로 일반 투자가가 참여할 수 없지만, 공모 사채 발행에 참여할 때는 세심한 주의가 필요하다. 지금은 공시제도가 잘 정비되어 있어 금융감독원의 전자공시(dart.fss.or.kr)만 주의 깊게 살펴봐도 모든 내용을 알 수 있다. 하지만 구체적인 사채 발행 조건은 본인이 직접 확인해야 한다. 일반인들은 투자금융회사의 직원들이 청약의 내용을 잘 알고 투자를 권유할 것이라고 생각하지만 실상은 전혀 그렇지 않다. 직원들 처지에서는 자기 회사에서 청약을 받았으니 실적을 올리기 위해 설명하는 것이며, 큰 조건 외에 세부 사항으로 들어가면 이들은 거의 아는 것이 없다고 봐야 한다. 결국 투자의 결정과 책임은 온전히 투자자 본인에게 돌아가므로 신중하게 읽고 결정해야 한다. 특히 주간사에서 공시하는 '투자 설명서'에는 회사의 사업 내용과 사채의 발행조건이 상세히 나와 있으므로 고시 공부하는 마음으로 읽어봐야 한다.

이렇듯 유상증자와 사채 발행에는 각각 장점과 단점이 있으므로, 상장사는 두 가지 자본 조달 수단의 비율을 적절히 조절하며 자본시장을 최대한 이용하려 한다. 그런데 일반 투자가로서는 회사가 공모를 못해 사모를 발행하는지, 공모가 가능하지만 다른 이유로 사모를 발행하는지 행간을 읽을 필요가 있다. '특정인에 대한 사채 발행 내역'을 찾아보면 누가 사모를 인수하는지 알 수 있고, 이를 보면 회사의 상태에 어떤지 짐작이 가능하다. 이런 정보는 모두 공시에 나와 있다. 읽어봐도 무슨 뜻인지 모른다면 거래하는 증권사에 전화해 물어보면 된다. 요즘에는 콜센터 직원들이 받는데, 외부 용역 회사를 이용하는 경우가 많아 첫 통화에서 원하는 답을 얻기는 어렵다. 그래도 전화받은 직원은 자신이 모르는 내용은 회사에 묻고 물어 결국에는 답을 알려줄 만큼 친절하니 최대한 이용해야 한다. 거래 수수료는 괜히 지불하는 것이 아니다.

 사모증자의 참여 주체

만약 사모증자에 기업의 사주가 직접 참여한다면 일반 투자가에게는 호재라고 볼 수 있다. 사재를 털어 기업을 살리고 신규 사업을 하겠다는 것이니, 밖에서 볼 때는 이 얼마나 반가운 일인가. 이 과정에서 사주 본인의 주식 수가 늘어나므로 경영권 방어에도 도움이 되고, 회사에 대한 애착을 보여주는 것이므로 제삼자인 소액 투자가들은 이 방식을 가장 선호한다. 감독 기관에서도 사주의 증자 참여에 대해서는 특별한 제재나 단서 조항이 없다. 회사가 알아서 결정하고 집행하면 그뿐이다.

하지만 코스닥 회사의 사주가 기업사냥꾼이라면 사모증자의 목적과 형태가 전혀 달라진다.

첫째, 일반 투자가들의 환심을 사기 위한 위장 전술이다. 회사를 인수할 때부터 돈이 부족해 사채시장의 자금을 빌려온 사람이 추가 자금이 있을 리 만무하고, 그 주위 사람들도 신규 사업의 허황된 내용을 잘 알기 때문에 추가로 돈을 빌리는 것도 쉽지 않다. 이때 주로 사용하는 방법이 '찍기'다. '찍기'는 그야말로 증자 대금을 통장에 입금했다가 바로 빼는 것을 말한다. 50억 원을 사모 유상증자를 한다고 하면 법인 계좌가 있는 은행의 마감 시간에 대금을 입금하고 다음 날 바로 출금하는 방식이다. 물론 여기에는 대가가 따른다. 비록 하루일 뿐이지만 경영진도 알지 못하는 '계좌 압류'나 '추심' 같은 위험이 있을 수 있으므로, 이때 쩐주는 상당히 주의해야 한다.

증자 대금을 빌려주는 쩐주는 어떤 위험에도 대비하기 위해, 압류 신청이 없다고 확인된 신설된 은행 계좌에만 대금을 납입하며, 계좌에 대한 모든 출금 수단(통장, 도장 등)을 확보한 뒤 자금을 집행한다. 예전에는 '찍기'와 더불어 '꺾기'도 많이 했다. '꺾기'는 주금 납입을 대신해준 쩐주가 그 돈을 별단예금에 넣고 질권을 설정하는 방식이다. 물론 공증받은 차용증, 통장, 도장, 공인인증서 등 출금에 필요한 모든 것을 받은 뒤 진행한다. 하지만 그럼에도 '찍기'에 비해 위험성이 높고 복잡하므로 최근에는 잘 하지 않는 추세다.

 ## 채무자로서는 공포스러운 '압류'와 '추심'

법원의 명령을 받아 금융기관에 신청하는 '압류'는 계좌주가 돈을 빼가지 못하게 하는 장치다. 압류된 사실은 전화로 확인할 수 없으며 법인의 대표이사가 직접 내방하거나 직원에게 위임장을 주어 대리 확인시켜야 한다. 압류는 돈이 빠져나가는 것이 아니므로 잔고 확인만 해서는 낭패를 보기 쉽다. 잔액이 그대로 있다고 해서 압류되지 않았다고 생각하면 오산이다. 이렇게 압류된 계좌에서 채권자가 권리를 행사(출금 또는 자금 이체)하는 행위가 '추심'이다.

채무자로서는 불의의 일격에 해당하는 이런 법률 행위에 상당한 공포를 느끼겠지만, 채권자에게도 이 모든 절차는 복잡하고 고통스럽다. 채무자가 '내 돈 여기에 있소'라고 자진 신고할 리 만무하니 여기저기 압류를 걸어야 하고, 끝내 허탕 치는 경우도 다반사다. 또 이런 일을 하려면 법무 법인을 한두 곳 써야 일이 수월한데, 비용이 만만치 않아 대부분은 직접 발로 뛰어다닌다. 그렇지만 일반인이 압류와 추심 절차를 모두 숙지하고 제대로 된 절차를 밟는 것은 불가능에 가깝다. 용어도 생소하고 신청서 한 장을 쓰는 것조차 여간 어려운 일이 아니다. 채무자의 관할 법원을 들락거려야 하는데 소재지가 지방이라면 일 하나를 보는 데 꼬박 하루가 걸린다. 법원 직원들이 비록 전문가라고 해도 사안이 복잡하면 즉답을 얻기도 힘들고, 인사철이 지나 새로운 직원이 업무를 맡은 직후면 시간은 더 오래 걸린다. 이런 절차도 모두 인터넷으로 할 수 있는 시절이어서 와야겠지만, 아직은 요원하다.

압류·추심 절차는 개선되어야 한다

통상적으로 채권자가 법원의 판결문이나 공정증서에 근거해 압류명령을 받게 되면, 이는 채권자, 채무자, 제3 채무자(금융기관 등 재산을 보관하는 곳)에 송달되어야 효력이 발생한다. 이 절차를 진행하는 데 보통 일주일이 걸린다. 그런데 채무자에게 압류명령장을 주는 것은 계좌의 돈을 바로 빼가라고 알려주는 셈이므로, 현행 제도는 채권자에게 일방적으로 불리하다. 다행히 채무자가 송달을 받지 못해도(폐문부재) 제3 채무자가 받으면 효력이 즉시 발생하니 그나마 다행이다. 그래도 현행 제도는 바뀌어야 한다고 본다. 법원의 집행명령을 채무자에게 알리는 것은 미리 알고 방어하라는 신호와 다를 바 없기 때문에 채무자에게는 전달되지 않아야 한다.

또 채무자가 금융기관에 압류 사실을 확인할 수 있는 것도 문제가 있다. 압류를 당하지 않을 정당한 사유가 있다면 이 역시 법원의 판결을 받고 확인할 수 있도록 해야지, 지금처럼 채무자 본인이 직접 확인할 수 있으면 어느 채무자가 압류 은행에 입금하겠는가? 가장 좋은 방법은 어떤 사유가 있어도 계좌에 대한 압류 사실은 채무자 본인이 확인할 수 없도록 해야 한다. 그런 제도가 도입되면 찍기와 같은 상장사의 가장 납입은 사라질 것이다.

압류나 추심이 있을 때 은행의 절차를 살펴보면 본사에서 압류명령을 송달받는 즉시 채무자의 계좌를 전산 처리해서 계좌의 출금을 동결시킨다. 추심은 채권자의 의사에 따라 시기를 정할 수 있다. 압류를 걸고 확인하니 잔고는 얼마 없지만, 조만간 추가 입금이 예상된다면 바로 추심하지 않고 기다릴 수도 있다. 작은 금액을 추심해 잔고가 빠져나가면 채무자가 압류가 걸린 사실을 눈치챌 테니 좋은 판단이 아니다. 하지만 이것도 계좌주가 압류 여부를 사전에 확인한다면 아무 소용이 없다.

 상장사의 증자 대금 압류

상장사의 증자 대금도 압류 대상이 된다. 당일 납입되는 사모증자가 회사 사정으로 연기된다면 날짜가 공시되므로 입금 은행만 정확히 알면 압류가 가능하다. 그런데 압류 절차에 일주일이나 걸리고 납입 전에 채무자가 송달받기 때문에 이를 알고 은행을 바꾸거나 재차 연기할 가능성이 높다. 또 날짜에 맞춰 압류를 신청했는데 제3 채무자(입금 은행)에 대한 송달이 늦어져 집행이 안 될 수도 있으니 이래저래 꽤 어려운 일이다. 만약 채권자가 A 은행에 압류를 걸었다가 B 은행으로 옮기고 싶으면 다시 법원에 가서 기존 신청을 취하하고, B 은행에서 새로 신청을 해야 한다. 하지만 A 은행에 취하서가 송달되는 동안 A 은행에서의 압류는 유지되지만 추심은 하지 못한다. 채권자가 이중으로 추심해 부당 이득을 보는 것을 방지하기 위한 장치다.

이렇게 복잡한 절차를 밟아야 시도할 수 있는 것이 압류와 추심이지만, 기업사냥꾼 같은 전문가에게는 사실 무용지물이다. 증자 대금을 납입하기 전에 대상 은행에 압류가 걸려 있는지 알아보고 납입 은행을 정하기 때문이다. 따라서 지금처럼 증자.대금을 하루만 지나도 출금할 수 있게 하는 제도는 개선되어야 한다. 납입 은행도 공시되어야 하고, 입금 후 일주일 정도는 잔고를 유지한 뒤에 인출할 수 있도록 해야 채권자의 이익을 방어할 수 있다. 한국거래소나 한국예탁결제원 쪽에서 보면 상장사는 고객에 해당한다. 금융기관으로서도 고객의 편에서 일할 수밖에 없다. 하지만 채권자는 남의 계좌에 대해 권리를 주장해야 하므로 모든 면에서 불리하다. 현행 제도처럼 압류·추심을 하는 데 절묘하게 타이밍을 맞추라는 요구는 너무 비현실적이고, 성공 여부는 운에 맡길 수밖에 없다. 따라서 압류·추심 제도도 현실에 맞게 대폭 수정되어야 한다.

 주금을 납입할 최적의 금융기관

코스닥 기업들은 납입을 통해 증자 공시를 많이 해왔기 때문에 증자 대금의 납입은 시중은행을 통하는 것이 원칙이고, 반드시 이에 대한 '증명서'를 발급받아야 효력이 생긴다. '상법'에는 "주금의 납입을 맡은 은행, 그 밖의 금융기관"이라고 명시되어 있으므로 제2금융권도 가능하나 실제로는 법인 설립이나 주금 납입 때 제1금융권의 증명서 외에는 인정하지 않는 법무 법인이 많다. 금융감독원의 감독을 받는 금융기관이라 해도 제2금융권을 통한 증자 납입은 아직까지 신뢰성이 떨어진다고 판단하기 때문이다. 증자 업무를 취급해보지 못한 제2금융권이 실적 욕심으로 고객의 무리한 요구에 응하기 쉽다는 우려도 있어서, 내용을 잘 모르는 곳에서는 아예 증자 대금 건을 취급하지 않으려고도 한다. 특히 저축은행이나 단위조합인 새마을금고, 신협 등은 각 단위 대표의 재량에 의해 모든 결정이 이루어지므로 위험성이 크다고 볼 수 있다.

자본금 10억 원 미만의 법인은 잔고 증명으로 대체가 가능하지만, 10억 원이 넘는 법인은 금융기관에서 발급하는 「납입금 보관에 관한 증명서」가 필요하다. 이는 단순히 잔고 증명만을 하는 것과 다르게 금융기관의 '주금 납입에 대한 확인 증명'이 되기 때문에 꼼수를 부리기 어렵다. 즉, 법인 계좌에 이미 있는 잔고를 마치 신규 자금이 증자로 들어온 것처럼 위장할 수 없다는 의미다. 또 증자 업무에 익숙하지 않은 제2금융권으로서는 코스닥 기업이 요청하는 증명서 발급이 수익에 큰 도움이 되지 않고 훗날 법적 분쟁에 휘말릴 가능성도 있어 스스로 거절하기도 한다. 입금하고 하루 만에 출금하는 것도 다 안다는 얘기다. 여기서 하루를 묵히는 이유는 과거에 자금을 찍고 바로 빼내는 수법이 너무 뻔뻔스럽게 횡행한 탓에 금융감독원에서 만 하루(overnight)가 지난 뒤 출금할 수 있도록 규정을 바꿨기 때문이다. 뒤집어서 얘기하면 금융 질서를 어지럽히는 요구가 코스닥 시장에서는 흔하다는 방증이기도 하다.

 긴급 자본 확충이 필요한 절박한 상황

회사가 절대적으로 어려운 처지에 놓여 있다면 몇 가지 시나리오를 모색해볼 수 있다. 즉, 자본 확충을 반드시 해야 하는 절박한 상황인데 공모할 시간은 없고 금융감독원의 승인을 받는 것도 불가능하다면, 신속하게 진행되는 사모에 의존할 수밖에 없다.

법인에게 그런 상황 중 하나가 바로 '법인세 비용 차감 전 계속사업 손실'이다. 이는 '장기 영업 손실'과 함께 기업사냥꾼이 가장 두려워하는 독소 조항 두 가지 중 하나다. 코스닥에 등록(코스피는 '상장,' 코스닥에는 '등록'이라고 표현하지만 실상은 같은 의미)된 기업이 지난 3개년간 2회 이상 적자(법인세 차감 전 계속사업 이익의 손익)를 보고, 적자 규모가 자기자본(총자산에서 부채를 차감한 순 자산)의 50퍼센트를 초과하고, 2회의 적자 중 하나가 최근 연도에 해당하면 관리종목에 편입된다. 그리고 그다음 해에도 적자가 반복되면 바로 상장폐지 된다. 계속사업은 말 그대로 현재 영위하는 사업이며, 중단사업은 기존에 하던 것이지만 지금은 하지 않는 사업을 의미한다. 따라서 이에 해당하는 기업은 그다음 해에 한 번만 더 적자를 보면 바로 퇴출되는 위험에 처하므로, 이 단계에서 모든 수단을 동원해 관리종목에 들어가지 않으려고 애를 쓴다.

가장 쉽게 생각할 수 있는 수단은 적자가 난 부분을 이미 중단된 사업으로 포장하는 것이다. 하지만 회계 법인이 눈을 부릅뜨고 있어 그리 쉬운 일은 아니다. 여기서 쉽지 않다는 것은 바람직하게 기업을 경영해 온 기업가에게 해당하는 말이며, 이른바 전문가들에게는 꼭 그렇지도 않다. 이들은 그다지 하는 일도 없으니 적자가 크게 나면 해당 사업을 진짜로 접으면 그만이다. 그만큼 관련 규정에도 박식하므로 좀처럼 함정에 빠지지 않는다. 하지만 방심하다가 일을 그르칠 수도 있으므로, 자본을 확충하는 안전한 방법도 동시에 추진한다. 그래서 증자를 하게 되는데 대부분 시간이 촉박한 상황에 사모증자를 하거나 전환사채를 주식으로 전환해 부채의 자본 전입을 도모한다. 이때 증자에 참여하거나 전환사채를 주식으로 전환할 투자가의 조건은 원하는 대로 들어주는 것이 관례다. 회사가 관리종목에 편입되어 1년을 초조히 지내기보다는 투자금의 일부를 사용하게 하거나 임원 자리를 제공하는 쪽이 회사로서는 훨씬 이득이다.

관리종목 편입 사례

A라는 기업의 2016년 말 자기자본이 100억 원인데 60억 원의 손실(모든 손실이 계속사업에서 발생했다고 가정)이 났다면 적자 규모가 자기자본의 60퍼센트에 이르므로 일차 조건을 충족했다. 그러다가 2017년에도 이 조건에 해당되면 당해 감사보고서가 제출된 뒤 관리종목에 편입된다. 만약 2017년에 적자가 40억 원이라면 어떻게 될까? 여기서 많은 사람들은 2017년 적자 40억 원은 2016년 자기자본의 40퍼센트가 되므로 이 규정에 해당하지 않는 것으로 아는데, 이는 착각이다. 이 조항은 해당 연도의 자기자본을 기준으로 하므로 2016년의 자기자본에서 2017년 적자를 뺀 60억 원(100억 원 - 40억 원)이 자기자본이 되고 적자 40억 원은 자기자본 60억 원의 67퍼센트가 되므로 관리종목에 편입된다. 그러면 이 회사는 2017 회계연도가 지나기 전에 20억 원 이상을 증자해 자기자본을 80억 원 이상으로 늘려 확정된 적자 40억 원을 자기자본의 50퍼센트 이하로 낮춰야 하는 중차대한 위기에 봉착한다. 하지만 적자 40억 원 또한 어디에서 어떤 이유로 증가할지 모르므로, 좀 더 안전하게 가려면 유상증자

를 통해 30억 원 이상 충분하게 증자하는 것이 좋다.

여기서는 시기상의 문제도 발생한다. 40억 원의 적자 폭이 확실시된다는 것은 연말이 다가왔다는 의미다. 대주주가 자본을 스스로 조달할 능력과 관계없이 무조건 숫자를 맞춰야 기업 가치가 보존되기 때문에 이들은 수단과 방법을 가리지 않는다. 그래서 연말에 사모증자를 하는 회사에는 말 못할 사연이 있다고 보면 된다.

 엄격한 공모 심사

코스닥 경영진은 회사를 인수하자마자 공모를 하고 싶어 안달한다. 하지만 이들에게 수십 년을 속아온 감독 기관도 이제 단수가 높아져 호락호락하지 않다. 일단 경영권 양·수도가 이루어진 회사에는 당분간 공모를 허락하지 않는다. 이런 내용은 금융감독원 규정의 어디에도 나와 있지 않지만, 누구나 아는 불문율이다. 공모증자를 담당하는 증권사에서도 이런 회사는 꺼리고, 공모 업무 담당자도 위험성이 있다고 보기 때문에 적극적으로 추진하기 어렵다. 그래도 기업 가치가 있다고 판단되고 담당자가 실적에 목이 마르면 새 경영진과 면담하고 사내 결재 라인에 올려보기도 하지만, 사내의 투자위원회나 위험관리위원회에서 통과되지 못하는 경우가 많다. 사내의 검증을 통과해도 다시 금융감독원에서 한두 번 퇴짜를 맞는 등 넘어야 할 산은 많다. 즉, 누구나 인정할 수 있는 객관적으로 검증된 경영진이 새로 회사를 인수한 것이 아니라면 최소한 6개월 이상 검증 기간을 거쳐야 한다.

공모가 실시되면 자기자본이 증가해 기업의 재무구조가 탄탄해지므로 향후 2차, 3차 공모가 용이해지고, 사업자금도 확보할 수 있으니 기업가로서는 최고의 선물이다. 그런데 이런 공모나 사모를 자본금 증액(유상증자)이 아닌 채권 발행으로 하는 방법도 있다. 대표적인 상품이 '전환사채'와 '신주인수권부사채'인데, 이 채권에는 일정 기간 뒤에 주식으로 전환할 수 있는 권리가 부여되므로 '주식 연계 채권'이라고 부른다. 이 채권들을 팔 때도 공모와 사모 두 방식이 있는데 회사로서는 공모가 유리하지만, 이 또한 금융감독원의 승인이라는 벽을 넘어야 한다. 일반 투자가로서도 회사가 금융감독원의 승인을 받아 공모를 하게 되면 유리한 발행조건을 누릴 수 있다. 단, 공모는 경쟁이 치열해지면 원하는 만큼 배정받지 못한다는 단점이 있다.

공모 전환사채는 채권이지만 발행 후 1개월부터 만기 1개월 전까지, 사모 전환사채는 발행 후 1년부터 만기 1개월 전까지 투자가에게 주식 전환권이 부여된다. 사모는 공모와 달리 전환 금지 기간(lock-up period)이 1년으로 비교적 길게 설정되는데, 회사가 제삼자에게 일방적으로 유리한 조건을 부여하는 것을 막기 위한 규정이다. 전환가격은 공식에 의해 미리 정해지지만(공모와 사모는 최초 전환가 산정 공식이 다름), 전환가 조정(refixing)이 있기 때문에 투자가에게 유리하다. '상법'상 전환가는 처음 정해진 가격의 70퍼센트까지 조정이 가능하고 정관에 명시한 뒤 이사회의 의결을 거치면 액면가까지도 가능하다. '상법'상 모든 증자나 사모사채 발행에서 발행가, 전환가, 행사가는 모두 액면가 이상으로만 할 수 있게 규정되어 있다. 물론 특수한 경우에는 법원의 판결을 받아 액면가 이하로도 신주 발행이 가능하다.

전환사채의 투자가는 행사 기간 동안 주가가 전환가를 상회하면 주식으로 전환해 차익을 실현할 수 있다. 이것이 여의치 않다면 원하는 기간까지 보유하다가 사채 원리금의 조기상환 요청(풋옵션 행사)을 할 수도 있다. 이런 성격은 신주인수권부사채도 마찬가지다. 예전에는 신주인수권부사채를 사모발행을 해서 발행 직후에 채권과 신주인수권을 분리해 신주인수권을 사주의 이익 추구와 편법 상속·증여 등에 남용했다. 하지만 현재의 신주인수권부사채 발행에서는 '공모는 신주인수권을 분리할 수 있으나 사모는 분리가 불가능한다'는 원칙을 적용해 전환사채와 별반 다르지 않게 되었다. 이 두 종류의 채권은 주식과 채권의 성격을 동시에 지니기 때문에 투자가로서는 매력적인 상품이다.

1년에 한 번씩 받는 10억 원의 보너스, 소액 공모

상장사는 공모증자를 할 때 금융위원회에 유가증권신고서를 제출해야 한다. 여기에는 자금 모집이나 매출에 관한 사항 및 발행인에 관한 세부 내역을 상세히 기재해야 한다. 공모를 못한다는 말은 감독 기관에서 이 신고서를 반려했다는 것을 의미한다. 통상 서류상의 미비점을 들어 한 번 정도는 정정을 위해 반려하는데, 자격 요건이 미흡하다고 판단되면 서너 번 수정을 지시한다. 이렇게 되면 증권사에서는 철회하라는 의미로 해석한다. 우리나라 금융 감독 기관은 절대로 안 된다고 선언하지 않는다. 서류를 접수하지 않거나 무한정 반려해서 아무런 책임을 지지 않는 것이 당연한 일처럼 되어 있다. 잘못된 관행이다. 선진국에서는 안

되는 이유를 분명히 설명한다.

그런데 자금 모집액이 10억 원 미만이면 신고서 제출이 면제된다. 그래서 많은 회사가 매년 알뜰하게 10억 원씩 챙겨 잘 쓰고 있다. 이를 소액 공모라고 하는데 말만 공모일 뿐, 제삼자에게 배정하는 사모로도 발행이 가능하다. 이것도 예전에는 20억 원 미만이었다가 발행을 남발하는 바람에 금액이 축소되었다. 소액 공모는 사모로 발행해도 1년 보호예수에 걸리지 않으므로, 회사에 돈을 빌려주는 쩐주로서는 최적의 상품이다. 그래서 급전을 빌리는 경우 쩐주는 소액 공모 방식을 요구하고 그래도 회사가 불안하면 공모한 자금의 찍기와 꺾기를 통해 우선적으로 안전성을 확보한다.

실제로 소액 공모 청약을 실시하면 대부분 자금 조달에 성공한다. 신주를 할인 발행(보통 10퍼센트)하므로 단기 차익을 노리는 투자가의 자금이 수천억 원씩 몰리고, 간혹 기록적인 경쟁률로 신문 지면을 장식하기도 한다. 그런데도 기업은 간혹 쩐주와 따로 약정을 맺는다. 회사가 극도로 어렵거나 주가가 급락해 일반 투자가의 청약을 받는 것이 불안하면 일단 대출 형식으로 쩐주의 자금 10억 원을 확보한다. 만약 일반 청약이 순조롭게 진행된다면 쩐주와의 계약은 없는 것으로 하면 되고, 쩐주의 자금 중 일부나 전부가 납입되었다면 납입된 만큼 수익을 보장해준다. 소액 공모는 유상증자뿐만 아니라 전환사채나 신주인수권부사채를 발행할 때도 이용 가능하다.

이 제도는 금융감독원 소관인데, 발행 금액을 10억 원 미만으로 축소한 뒤에도 계속 문제가 지적되고 있어 매년 폐지 논의가 있어왔다. 정상적으로 영업하는 회사라면 1년에 한 번 불과 10억 원이 필요해 소액 공모를 하지는 않는다. 대주주에게는 지속적인 지분율 하락 요인이 되고, 기업의 재무구조 개선에도 별반 도움이 되지 않는다. 소액 공모를 한다는 것은 10억 원의 자금이 절실할 정도로 자금난을 겪는다는 뜻이고, 예로부터 지속적으로 이 방법에 매달리는 회사는 부도율도 상당히 높은 편이다. 기업사냥꾼은 기업을 인수하면 어차피 매각을 염두에 두기 때문에 지분율에는 별 관심이 없고, 10억 원씩 5년만 모으면 인수할 때 지불한 프리미엄 50억 원을 회수할 수 있으므로 매년 소액 공모의 유혹에 빠지는 것이 당연하다. 현재 코스닥 시장에서 1년에 한 차례씩 조달되는 10억 원은 대한민국 금융 당국이 지분에 큰 관심이 없는 대주주에게 무상으로 제공하는 달콤한 보너스다.

05

작전을 통한 주가조작

주가조작이 판치는 주식시장

미국 매사추세츠 공과대학(MIT)의 레스터 서로(Lester Thurow) 교수가 한 말이다.

법이 비리를 막아줄 수 있다는 주장은 사기에 불과하다. 이런 논리를 국민에게 역설하는 정부는 거짓말을 일삼는 사기꾼이다. 최선의 답은 개인투자가들에게 '주식 판이란 원래 조작되고 불공정한 게임 판'이라고 일깨워주는 것이다.

미국 대학 교수의 말이니 미국 증시를 보고 얘기한 것으로 보인다. 세계에서 가장 체계적이고 작전이나 내부자거래에 대한 처벌도 엄격한 나라의 증시가 이런 평가를 받는다면 우리나라는 과연 어떤 상황일지 궁금해진다. 정답을 먼저 얘기하자면 과거보다는 많이 개선되었지만, 주식시장의 작전은 오늘도 계속되고 있다. 그리고 대부분의 작전 대상은 코스닥 종목에 집중되어 있다. 대기업이 해도 될까 말까 한 규모와 수준의 사업을 마치 다 된 것처럼 발표하는 것은 작전의 1단계 준비가 완료되었다는 의미이고, 앞으로 큰 주가 변화를 예고하는 것으로 봐야 한다. 그 사업을 추진하는 데 필요한 자금 조달이나 인력 수급은 나중 문제다. 엄밀히 말하자면 신사업 발표 덕분에 주가가 크게 올라 모든 고민이 단번에 해결될 것이라는 착각과 환상에 빠져 일부터 저지른다고 볼 수 있다.

예를 들어 몇 년 전 인도네시아 보르네오섬의 석탄 광산이 200억 원 수준에 매물로 나온 적이 있다. 광산에 관한 한 우리나라에서 가장 권위 있는 한국광물자원공사에서 발표한 이 광산의 추정 매장량은 1조 원 이상이었으며, 일본 기업에서 인정할 정도로 탄질도 좋았다. 거기에 노천 광산이라 채굴하기 위해 갱도를 깊이 파지 않아도 되고, 광맥을 따라 작은 강이 흐르고 있어 운반비도 절감할 수 있는 등 천혜의 조건을 두루 갖춘 곳이었다. 그런데 왜 이렇게 좋은 곳이 겨우 200억 원에 시장에 나왔을까? 이유는 바로 채굴한 석탄을 큰 배에 싣기 위한 부두가 없었기 때문이다. 아무리 탄질이 좋고 매장량이 많아도 운송 수단이 없으면 아무 소용이 없다. 그것은 북두칠성에 다이아몬드 원석이 널려 있어도 우리에게 아무런 의미가 없는 것과 마찬가지다. 기업사냥꾼들은 이런 곳과 인수 계약을 맺고 일단 주가를 띄우는 데만 초점을 맞춘다. 나중에 이 사업이 어떤 재앙으로 다가올지에 대해서는 처음부터 관심조차 없다.

새로운 사업을 하려면 오랫동안 타당성 검토를 해야 한다. 상황의 변화, 자본조달 가능성, 사업 전망을 면밀히 검토한 뒤에도 성공의 가능성이 보이면 그때 가서야 실행에 옮긴다. 수많은 대기업은 그런 조사 기간을 거친 뒤에 해당 사업이 자신들과 맞지 않다고 판단되면 과감히 포기하기도 한다. 그것이 당연한 절차이고 옳은 결정이다. 하지만 기업사냥꾼들의 판단 과정은 이와 사뭇 다르다. 대기업과는 조달한 자금의 성격, 경영 철학, 역사, 배경, 목표가 전혀 다르기 때문이다. 이들은 무모하게 일부터 저지르는 경우가 많은데 잃을 것이 별로 없어서 그렇다. 코스닥 회사를 인수해서 신사업을 하려는 목적이 그 사업을 실제로 운영하려는 것이 아니라 작전을 통해 주가를 올리려는 데 있다.

정상적인 경영을 통해 돈을 번다면 최고의 시나리오겠지만, 애초부터 그 사업을 잘 알고 시작하는 것이 아니라서 성공한 사례가 없다. 주가가 오르고 자금 조달이 원만하게 이루어진다고 해도, 사업을 할 능력과 의지가 없으니 할 수 있는 것이 없다. 상장사의 모든 것은 주가가 말해준다. 주가가 오르면 투자가들의 반응이 좋아지고, 회사를 지지하는 투자가가 많아질수록 자금 조달 가능성도 높아진다. 반대로 주가의 움직임이 시원치 않은데 회사에서 별다른 IR(investor relations: 투자가를 상대로 하는 기업 홍보 활동)도 하지 않는다면 지탄의 대상이 된다. 투자가로서는 주가가 고공 행진을 하면 설령 그것이 조작에 의한 것이라고 해도 모든 것이 용서된다. 이율배반적으로 보이지만 자신의 돈을 넣은 투자가는 결과를 더 중시할 수밖에 없다.

특히 코스닥 회사에 투자하는 사람들은 비교적 소액 투자가이기도 하고 단기간의 수익을 노리는 투기적 성격이 강하므로, 회사에서 나오는 발표가 거짓인 줄 알면서도 묵인한다. 냉정하게 판단하면 황당한 계획이지만, 초반에 주가가 탄력을 받고 거래량이 뒷받침되면 일단 질러놓고 추이를 지켜보는 사람들이 많다. 최근에는 금융 투자회사의 주식 팀이나 초단타 투자가들도 작전이 진행 중인 주식을 선호한다. 사실 특정 종목에서 작전이 시작된다고 하면 싫어할 사람은 아무도 없다. 작전을 누가 하는지 언제까지 이어지는지는 모르지만, 일단 주가가 오르는 것은 기정사실이니 주식을 하는 사람이라면 의사, 변호사, 가정주부를 막론하고 모두가 좋아한다. 전문 투자 기관이나 슈퍼 개미들도 작전주는 거래량이 많아 장이 끝나는 시점까지 포지션을 없앨 수 있고, 탄력성이 좋아 일시적으로 물려도 얼마든지 빠져나올 기회가 있다고 보아 좋아한다.

 주가조작의 유형

한국거래소에서 정리한 시세조종 행위의 유형은 크게 네 가지인데, 위장 매매, 매매 유인 목적 행위, 시세의 고정 및 안정 행위, 연계 시세조정 등이 있다. 말은 복잡하지만 이를 간단히 정리하면 실제 있지도 않은 주문이 마치 있는 것처럼 보이도록 허수 주문을 내거나 서로 통정매매를 하고 SNS로 헛소문을 퍼뜨리는 것을 뜻한다. 결국 일반 투자가의 눈을 현혹해 부당한 이익을 취하려는 것이다. 시세조종은 주가를 올리는 것은 물론이고 간혹 내리기 위한 작전에도 사용된다. 이런 행위는 거의 동시다발적으로 발생하는데 거래소의 눈을 피하기 위해 여러 창구를 통해 주문이 들어오고 나가기를 반복하지만, 시세 판을 자세히 들여다보면 위장 매매가 진행되고 있는 것을 알 수 있다.

주가를 조작하기 위한 준비와 절차를 합해 '작전'이라고 한다. 작전의 목적은 단순히 주가를 올려 시세 차익을 노리는 것부터 시작해 퍽 다양하다. 가령 유상증자를 할 때도 작전이 동원된다. 경영 내용이 부실하거나 증자 규모가 시가총액에 비해 과하게 많으면 유상증자에 실패하기도 하므로, 이를 방지하기 위해 작전이 동원된다. 작전의 출발점은 보통 유상 청약일 1~2주 전부터 시작된다. 1단계 작전의 목적은 일반 주주들이 청약에 참가하도록 유도하는 것이다. 청약이 완료된 뒤에는 작전 물량을 털기 위한 2단계 작전이 이어지는데, 이때는 단순히 주가조작만으로는 역부족이고 호재성 요건이 반드시 수반되어야 성공 확률이 높아진다. 그렇게 해야 증자에 참여한 주주들이 반발하지 않으며 다음번 증자도 수월하게 진행할 수 있다.

주가조작에는 보통 업계에서 활동하는 작전 팀이 동원되지만, 기업 내용이 괜찮으면 슈퍼 개미와 같은 거액의 개인투자가, 투자자문사나 증권사 같은 기관투자가들도 참여한다. 일임을 받은 투자자문사는 기관투자가의 계좌만 아니면 편입 종목에 제한이 없으므로, 비교적 자유롭게 주식을 매입할 수 있다. 이들은 대주주와 합의가 되면 저점에서 지속적으로 주식을 매집해 주가를 올리기 시작한다. 하지만 금융감독원의 시선이 있으므로, 되도록 작전 중간에 매매에 가담하며 고점에서도 급히 팔고 나오지 않는다. 매집이 끝나고 성공적인 유상증자 납입과 투자 수익을 달성한 뒤에 주가 하락이 이어지면 얼마간 추이를 보며 빠져나온다. 작전 중에 최고점에서 파는 사람들은 대주주와 펀드매니저들뿐이다.

 주가를 올리는 1등 주역, 수급 팀

회사를 인수했는데 주가가 오르지 못하면 모든 일이 수포로 돌아간다. 주식담보를 했는데 일정 수준 이하로 주가가 떨어지면 반대매매를 각오해야 한다. 떨어지는 주가를 하염없이 바라볼 수는 없는 쩐주는 본인이 손실을 입지 않기 위해 담보로 잡은 주식을 사정없이 팔아버리게 된다. 그래서 주식담보를 이용하는 경우 절실히 필요한 것이 주가 상승이며, 이를 해결해주는 존재가 바로 '수급 팀'이다. 현재 강남에는 네다섯 부류의 유명 수급 팀이 있다. 이들은 회사의 기존 사업 내용, 유통 주식 수, 재료로 발표할 신사업, 인수자의 경력, 담보 주식의 수 등을 고려해 주가 목표와 수수료를 책정한다.

수급 팀은 마약 밀매단 이상의 점조직으로 구성되며 모든 지시와 연락은 주포(조직의 리더)를 중심으로 이루어지므로, 조직원 간의 소통은 전혀 없다. 조직원은 스캘퍼(scalper: 초단타 투자가), 증권사 직원, 소형 자산운용사나 자문사의 운용 역 등으로 이루어져 있다. 근래에는 증권사의 자산운용부(자기자본 투자 부서)에서 계약직 투자가를 채용하는 경우도 있다. 이렇게 고용한 직원에게 10억 원에서 20억 원 정도의 자금을 맡기고 데이 트레이딩(day trading: 단타 매매)을 시킨다. 이런 직원은 계약직이어서 고용의 안정성을 보장할 필요가 없고, 매매하는 주식의 제한도 없으며, 굴리는 돈도 자기 돈이 아니라서, 작전에 가담시키기에도 적합하다. 오래전에는 대형 자산운용사의 운용 역들도 작전에 많이 가담했는데 투자 가능 주식 풀(pool)에 제한이 생기면서 이제는 불가능해졌다. 참고로 수급 팀에서 주포는 절대 직접 매매하지 않는다. 만에 하나 적발되면 모든 조직원이 일망타진되기 때문에 주포 본인이 매매에 가담하는 일은 극도로 자제하는 것이 불문율이다.

수급 팀의 세팅이 끝나면 주포는 기업 인수자, 주식담보를 제공한 쩐주와 삼자대면을 하면서 딜의 조건을 논의한다. 수급 팀이 보기에 주가 상승이 어느 정도 무난하다고 생각되면, 목표 도달까지 손실 보전 및 수고비를 요구한다. 이때 수고비는 주식담보가 걸려 있는 주식으로 보상한다. 이런 일이 가능한 이유는 인수자, 쩐주, 수급 팀 삼자의 이해관계가 모두 맞아떨어지기 때문이다. 인수자는 주가가 올라야 주식담보에서 벗어나 회사의 인수를 마무리할 수 있다. 주식담보를 제공한 쩐주는 담보 가치가 올랐으므로 주식을 처분해 빌려준 돈을 안전하게 회수할 수 있다. 수급 팀은 매매 일지를 모두 보여주고 손실분을 보전받으며, 수고비까지 두둑이 챙기니 일이 성공적으로만 끝나면 모두가 행복해지는 구조다.

그런데 이 삼자가 일하는 곳이 제도권이 아닌지라 서로가 속고 속이며 막장 드라마를 연출하는 경우도 다반사다. 유통 주식 수가 파악되었다고 해도 사실상 모든 거래 내역을 알 수는 없으므로, 이 삼자는 각자자기 호주머니의 수익을 극대화하기 위해 또 다른 작전을 꾸민다. 즉, 작전 초반에 각자가 따로 주식을 사서 목표치에 근접하면 매도해 가욋돈을 챙기는데, 배신자가 많고 따로 움직이는 금액이 클수록 작전의 실패 확률도 높아진다. 일이 수포로 돌아가면 서로에게 책임을 떠넘기고 언성이 높아지다가 급기야 큰 싸움으로 번지는 경우가 흔하다. 기업 드라마나 영화의 내용이 다소 과장되기는 했으나, 그런 일이 발생한다는 것만큼은 분명하다.

작전에 꼭 필요한 신규 사업

주가를 인위적으로 끌어올리기 위해서는 허수 주문이나 통정매매를 통해 호가를 올리는 방법을 쓰는데, 여기에 재료가 없으면 매우 힘들어진다. 일차적으로 작전 대상인 회사에 다니는 직원들이 아무 내용도 없다고 생각하는 것과 무언가 있다고 생각하는 것은 천양지차다. 모든 재료의 일차 전파자는 회사 직원과 작전을 하는 내부자다. 그래서 좀 허황될지언정 신규 사업이나 기존 사업에 붙일 구체적인 재료가 필요하다. 그런데 기존 사업에서 무언가 재료를 만들기란 버거운 측면이 있다. 일단 회사에서 일하는 직원들이 세세히 파악하고 있는 사업에 기대하지 않았던 호재를 붙이려면 대량 주문, 개발, 특허 취득 정도는 되어야 하는데, 거짓으로 꾸며낸다면 직원들이 모를 수가 없다. 그래서 회사의 직원들도 잘 알지 못하는 전혀 새로운 사업을 발표하는 방법을 쓴다.

이 과정에서 언론사의 역할이 중요하다. 예전에는 MOU(양해각서)를 체결한 것만으로도 공시해 주가 부양에 이용했는데, 규정이 강화되면서 본계약이 아니면 못하도록 바뀌었다. 그래서 대신 등장한 것이 언론을 이용한 홍보인데 아주 효과적이다. 과거에는 효과를 극대화하기 위해 주요 일간지나 경제 신문을 이용했는데, 지금은 그럴 필요조차 없다. 인터넷 매체가 워낙 많아져 섭외하기도 쉽고 기삿거리에 목마른 기자를 만나기도 용이하다. 그중 한 곳에만 기사가 올라가면 채 한 시간도 지나지 않아 인터넷 전체로 퍼진다. 이런 기사 중 기자가 직접 검증하거나 확인 절차를 거치는 경우는 거의 없다. 회사가 제공하는 내용을 그대로 싣는 경우가 많아, 지금은 사실상 통제가 불가능한 상태다.

주가를 올리는 데 중요한 재료가 되는 신사업에도 유행이 있다. 2015년에 시작해 2016년에 코스닥 시장을 최고조로 뜨겁게 달궜던 중국 열풍은 바로 허위 공시와 IR로 이어졌고, 주가가 열 배 이상 오르는 종목이 속출했다. 그런데 2016년 하반기에 사드(THAAD: 고고도 미사일 방어 체계) 배치 문제 등 정치적인 영향으로 중국에서 한류 열풍이 식었고, 덩달아 중국과 관련된 주식의 인기도 잦아들었다. 코스닥 인수자들은 이런 상황에 매우 민감해 지금은 중국과 관련해서는 어떠한 신사업도 입에 담지 않는다.

 중국 재료에 다시 불이 붙을 것인가?

최근까지 코스닥 기업이라면 누구나 한 번쯤 하고 싶었던 것이 중국 관련 사업이었다. 중국인들의 한류 열풍에 편승해 화장품, 엔터테인먼트, 면세점 사업 등이 연이어 공시에 올라왔다. 최근 사드 여파로 수출이 주춤하지만 양국 문제는 시간이 지나면 해결될 것이니, 언젠가는 다시 큰 재료로 부각될 것이다. 군사·외교적 마찰의 여지는 늘 있지만, 세계 최대의 소비시장이 바로 옆에 있다는 것은 분명히 크나큰 호재다. 문제는 이런 사업도 돈이 없으면 할 수가 없다는 데 있다. 설사 돈이 있다고 해도 경험, 조직, 능력 아무것도 없으면서 일단 신사업 계획을 발표하고 주가가 오르기를 기대하는 이들이 코스닥 시장에는 즐비하다.

몇몇 회사는 서울 강남의 센트럴시티만 한 쇼핑몰에 면세점 허가를 받았다고 발표해 시장의 이목을 끌었다. 최고급 호텔을 빌려 IR을 하고, 발표 자리에 중국 공무원이 한 명 와서 축사를 하면 시장에 잘 먹혀든다. 정작 중국원양자원유한공사(China Ocean Resources), 씨케이에이치(CKH)처럼 중국인이 주인인 회사의 주가는 오르지 않는데, 한국인이 중국에 가서 사업한다고 발표하면 급등하는 주식이 많았다. 투자가들에게 헛되지만 큰 꿈을 안겨준 덕분이다. 예상 매출 5000억 원에 영업이익 1200억 원 등등, 이루지 못할 숫자지만 투자가에게는 꿈을 안겨주었고, '6개월 뒤에는 제자리로 돌아가겠지만 일단은 오를 테니 지르고 보자'는 심리가 작용한 것이다. 계약서 한 부 만들어놓고 현지에서 IR용 사진을 찍어 홍보에 이용하고, 실제 공무원인지 아닌지도 모를 중국인 한 명을 불러와 인터뷰했더니 주가는 크게 움직였다. 하지만 알고 보면 대부분이 거짓이고 사기다. 백번 양보해 좋게 표현하자면 '엄청나게 부풀린 과장'이라고 할 수 있다.

중국 관련 재료로 가장 선호되는 것은 중국으로부터의 투자 유치다. 처음에는 중국 대기업과 수출 계약이나 단독 공급 계약을 맺었다고 발표해 주가를 띄우지만, 실제 매출로 이어지는 경우는 거의 없다. 그런 중에 중국 기업에서 자금을 유치하면 어느 정도 시장에 신뢰를 줄 수 있으므로 주가를 부양하는 데 중요한 재료가 된다. 실제로 몇몇 회사가 중국 기업의 투자를 받은 것처럼 발표했는데 모두 거짓이었다. 일부는 홍콩에 페이퍼 컴퍼니를 세운 뒤 마치 중국에서 이 회사에 투자한 것처럼 발표한 경우도 있었는데, 실제 상황은 발표 내용과는 전혀 달랐다. 금융 당국이 해외로 나가 조사하지 못한다는 허점을 이용해 불법으로 내지르는 허위 공시인데, 투자가들만 속수무책으로 당하고 있다.

한류를 활용한 한국 문화 수출

최근 사드 여파로 주춤하지만 한류는 기업사냥꾼들도 좋아하는 재료다. 한류는 중국은 물론이고 남미, 유럽, 중동에서도 인기가 있고, 우리 문화 콘텐츠도 질과 양에서 점점 풍부해지면서 한동안 식지 않을 것으로 보인다. 한류를 이용하기 위해 동원되는 것이 유명 연예인의 지분 취득이다. 지분을 가진 연예인은 실제 경영에는 참여하지 않지만, 주식을 일부 나누어주고 주가를 올릴 수만 있으면 서로에게 이득이 되니 바로 상생(win-win) 전략이라 하겠다. 대표적인 사례가 탤런트 G 씨의 남편 L 씨가 저지른 주가조작이다. L 씨는 일반에는 사업가로 알려져 있었지만 업계에서는 기업사냥꾼으로 더 잘 알려진 인물이었다. 그는 B사를 인수하면서 아내 G 씨를 대주주로 앉혔다. 이후 주가를 올리는 과정에서 해외 자본 유치에 관해 허위 공시를 하고 작전으로 주가조작을 하다가 구속되었다.

L 씨는 2011년에 이어 주가조작으로 두 번째 실형을 살게 되었는데, 탤런트인 아내의 이름을 내세운 것까지는 좋았지만, 무리하게 작전을 강행하다가 법망에 걸린 것이다. S사, Y사, J사 등 연예인 출신 재벌이 탄생하는 것을 보고 욕심을 부린 모양인데, 시장이 보이는 반응이 남다른 것도 사실이다. 지금 코스닥 시장에는 G 씨뿐만 아니라 K 씨, S 씨 등 연예인들이 상당한 지분을 소유한 주식이 있는데, 일단 연예인의 지분 취득 소식이 알려지면 주가가 가파르게 오른다. 그래서 어지간한 신사업을 어설프게 추진하느니 연예인에게 주식을 분양(?)하는 편이 낫다는 말도 있다. 그런데 몇몇 엔터테인먼트 회사를 제외하면 유명인들은 주식

을 보유할 뿐 경영에 참여하는 경우는 거의 없다. 연예인이 개입된 주가 조작에 시장이 특별한 반응을 보이는 유혹에 넘어간 탓도 있다.

대선 테마

주식 테마 중 가장 어이없고 황당무계한 것이 바로 5년에 한 번씩 돌아오는, 대통령 후보들과 관련된 대선 테마다. 개중에는 후보의 사돈의 팔촌까지 연관시켜 주가를 올리는데 여론조사 결과에 따라 주가가 크게 오르고 내린다. 실제로는 별 관계도 없으면서 때만 되면 급등하는 종목 중 하나가 M 산업이다. 이 회사는 한때 J 회장이 대주주로 있었는데, 2012년 대선 당시 유력 후보였던 A 씨가 "J 회장은 나의 멘토다"라는 발언을 내놓아 일약 테마주로 등극했다. 그런데 주가가 급등하자 J 회장은 주식을 모두 팔고 시장을 떠났다. 실제로 A 후보와 M 산업은 아무 관련이 없는데도, 한동안 증시를 뜨겁게 달궜다.

시장 참여자들은 어떻게든 신선한 재료를 찾아 공급해야 주가가 움직이므로 끊임없이 꿈을 찾아다닌다. 그러다가 보면 대선 후보조차 모르는 회사를 찾아내 이상한 관계를 억지로 만들어 붙여 선거일까지 주가를 움직인다. 하지만 주가가 상당히 올랐을 때 후보가 갑자기 사퇴하기라도 하면 역으로 치명타로 작용한다. 그래서 코스닥 기업을 새로 인수한 사람은 대선 테마를 이용해 주가를 올리는 일은 그다지 좋아하지 않는다. 유력 후보와의 관련성을 그때그때 찾기도 어렵고, 인수자의 의지와 상관없이 주가가 움직이면 작전을 하는 데 오히려 방해가 되기 때문이다.

정치 관련 테마주가 되면 주가는 기업 실적과 무관하게 널뛰기한다. 최근 금융감독원에서는 이를 막기 위해 특별 조사반을 운영하는 중이며 정치 테마주 집중 제보 기간을 정해 신고를 받고 있다. "금융감독원에서는 대선을 앞두고 정치 테마주와 관련한 불공정 거래를 막기 위해 특별 조사반을 운영하는 중입니다. 주가의 움직임이 수상하다면 투자하지 말고 신고하세요"라고 홍보하지만, 신고한다고 해도 조사가 끝나려면 1년 이상 걸린다. 설사 적발된다고 해도 대선 테마주로 감옥에 갔다는 사람을 본 적이 없으니 믿음이 가지 않는다. 이를 막으려면 주가조작에 관한 조사가 지금보다 훨씬 신속해야 하고, 처벌도 빠르게 실행되어야 한다. 지금의 시스템으로는 주가조작의 그림자조차 밟지 못한다.

기타 재료와 작전 설계

그동안 증시를 뜨겁게 달궜던 신규 사업을 나열하자면 끝도 없을 것이다. 얼핏 떠오르는 것만 해도 자원 개발, 신재생 에너지, 엔터테인먼트, 탄소 나노 튜브, 바이오, 신물질 개발, 2차 전지, 평형수 등을 비롯해 최근에는 인공지능, 증강 현실, 사물 인터넷 등 신사업의 종류는 날로 확대·발전하고 있다. 여기에 유명인의 지분 취득, 대규모 계약 등 교묘한 방법을 이용해 사람들의 마음을 홀리고 있다. 아무리 의심의 눈초리로 주가를 지켜보아도 여러 매매 방식을 통해 주가를 들었다 놓았다 하면서 투자가의 마음을 흔든다. 주가조작에는 보통 가장매매, 통정매매 등 여러 시세 조정법이 이용되는데 이 방법들을 아무 때나 사용하지 않는다.

인간의 심리를 최대한 이용해 일반인의 참여를 유도하고 최고점에서 대량으로 매각하고 빠져나간다.

작전은 처음부터 치밀한 설계에 따라 진행되는데, 주식은 흐르는 물과 같아 경우에 따라 마음대로 되지 않는 때도 있다. 시장 전체의 예상치 못한 움직임이나 컴퓨터에 의한 프로그램 매매도 한 이유지만, 가장 큰 변수는 내부자의 배신이다. 수급 팀에서도 각자 역할이 분담되어 있지만, 각각 개인의 이익이 우선이기에 이탈자는 항상 나오기 마련이다. 수급 팀을 관리하는 우두머리가 유능하면 매매의 주문을 모두 지시하고 통제하겠지만, 쉬운 일은 아니다. 또 거래량이 폭증하면 실제 주문을 냈는지 확인되지 않을 수도 있다. 그래서 작전을 할 때는 제2, 제3의 대안을 준비하고 적절한 시기에 발표한다. 요즘 작전은 주가를 끌어올리는 수급과 공시의 타이밍이 절묘하게 맞아떨어져야 성공할 수 있다.

 질량 불변의 법칙

잊을 만하면 수천억 원이라는 단어가 난무하며 뉴스를 도배하는 사건이 있다. 금융 다단계다. 피해액만 수조 원을 기록한 조희팔 사건은 규모도 워낙 컸고 유명해 영화 〈마스터〉의 모델이 되기도 했다. 사회가 발전하고 개인의 지적 수준이 나날이 향상되는데, 왜 이런 뻔한 사기 사건은 사라지지 않을까? 가장 큰 원인은 끝없는 인간의 욕심이다.

세계 최빈곤국 중 하나인 바누아투(Vanuatu) 사람들은 돈이 없어도 가장 행복해한다고 한다. 이런 것을 보면 행복의 척도는 돈이 아닌데 잘살면 잘살수록 사람들은 더욱 돈 욕심을 부린다. 아무리 가져도 무한한 욕심은 채울 수 없기에 많은 돈을 갖고도 불행한 삶을 산다. 남과 비교하는 상대적 박탈감이 나를 초라하게 하고, 문명사회에서 인간을 더욱 사악하게 만든다. D 그룹 H 회장 부부의 재산은 1000억 원대로 알려져 있는데, H 회장은 지금 감옥살이를 하고 있다. 선량한 투자가들에게 수조 원대의 피해를 입혔는데도 본인의 재산으로 변제하려는 노력은 전혀 하지 않으니, 돈의 노예가 된 추한 인간의 민낯을 그대로 보여주고 있다.

금융 사건이 반복되는 근본적인 문제는 화려한 홍보와는 달리 실제로 생산되는 부가가치는 없기 때문이다. 피라미드식 점조직으로 움직이는 판매 조직은 개인의 실적이 올라야 수입이 상승하므로 본인이 직접 물건을 사는 함정에 빠진다. 이런 판매에는 한계가 있고, 금융 다단계도 마찬가지다. 무리하게 약속한 이자를 지급하려니 뒤에 들어온 자금으로 앞의 계좌를 메우는 식의 돌려 막기를 하지만, 자금 유치에 한계가 있으므로 어차피 끝은 정해져 있다. 욕심 때문에 빠져드는 사람과 처음부터 결과를 알면서 기획하는 사기꾼들이 도처에 널려 있다. 사기는 인간 세계가 존속하는 한 절대 없어지지 않으며, 점차 진화해 지능 범죄로 발전할 뿐이다.

작전을 통한 주가조작에도 결국 한계는 있다. 수급을 통한 상승이든 현란한 재료에 의한 상승이든 어차피 주가는 원래 위치로 돌아간다는 것이 정해진 진리다. 주가를 조작하는 대주주는 언제 주가가 오르기 시작해 언제 끝난다는 것을 알고 있으므로 승부는 처음부터 정해져 있다. 시가총액이 200억 원인 회사가 작전에 의해 500억 원까지 상승한 뒤 다시 원위치한다면 단순 계산으로는 대주주는 300억 원을 벌고, 일반 투자가는 300억 원을 잃는 셈이 된다. 그런데 모든 거래에는 비용이 따른다. 수급 팀을 동원하면 기본 30억 원의 대가는 지불해야 한다. 고급 일식집에서 식사하고 룸살롱에서 술을 마시는 등 작전에 큰 비용이 들기 때문이다. 여기에 사채업자나 증권사 계약직 직원 월급 등의 명목으로 지출하는 중간 경비를 제하고 나면, 대주주의 수익은 기껏 150억 원 정도가 남는다. 결과적으로는 150억 원의 돈이 공중으로 사라지는 셈이다.

즉, 대주주와 일반 투자가의 손익을 합산하면 0이 아니라 마이너스라는 계산이 나온다. 여기에 작전을 감시하는 한국거래소와 금융감독원의 전산 비용과 인건비가 있고, 이들을 잡아 법적인 책임을 물어야 하는 경찰, 검찰, 법원의 수고가 있으니 사회적으로 어마어마한 비용을 지불하는 셈이다. 만약 대주주가 세 명이라면 1인당 50억 원씩 분배할 것이고, 감당하는 위험에 비해 금액이 적다고 판단한 사람은 여기에 만족하지 못하고 또 다른 작전을 계획할 것이다. 물리학에서 말하는 질량 불변의 법칙은 증권시장에도 그대로 적용된다. 나의 이익은 남의 손실이고, 내가 기쁜 만큼 남의 슬픔이 반드시 따라온다. 선물과 옵션 시장의 원리는 특히 그렇고, 작전에서도 마찬가지다. 오히려 주가조작에 들어가는 부가적인 비용 때문에 전체 손익은 항상 마이너스로 계산되니, 평균적으로는 시장 참여자 모두가 피해를 보는 결과를 초래한다.

 작전이 영원히 사라지지 않는 이유

인간 세상에 주식시장이 있는 한 작전에 의한 주가조작은 영원히 사라지지 않을 것이다. 인간의 탐욕에 끝이 없고 처벌 수위가 낮은 탓도 있지만, 더 큰 이유는 작전이 성공할 가능성이 실패할 가능성보다 훨씬 높기 때문이다.

만약 이익과 손실의 기대금액이 반반인 게임이 있다면 인간은 참여하지 않으려는 경향이 있다. 똑같은 금액이라도 이익보다 손실을 더 크게 느끼는 것이 인간의 본성이라 그렇다. 이를 '손실 회피 현상'이라 하는데 공무원의 복지부동이나, 현금보다 신용카드를 쓰려는 심리가 좋은 예다. 주식 투자에서도 마찬가지인데, 초보 투자가 평가손실이 난 주식을 팔아 손실을 실현하는 것은 매우 어려운 결정이다. 또 주식을 1만 원에 사서 50퍼센트 오르면 1만 5000원이 되는데, 반대로 50퍼센트 떨어지면 5000원으로 감소한다. 손해를 본 투자가가 원금을 회복하기 위해서는 그 시점부터 100퍼센트의 수익률을 내야 하는데, 이것이 말처럼 쉬운 일이 아니다. 그런데도 작전이 있다고 하면 성공할 것이라고 믿고 사람들은 기꺼이 참여한다.

작전은 보통 오랜 기간 주가가 횡보한 주식이 가장 좋은 대상이다. 이런 주식을 목표로 전략을 수립하고 매집에 들어가면 실패할 가능성은 매우 낮다. 아무리 많이 주식을 사 모아도 주가가 뜨기 시작하면 거래량이 늘어나므로 주식을 팔아치우는 일이 용이해진다. 일단 주가가 오른 다음에는 다시 빠지기 시작해도 본전보다 높은 가격에 얼마든지 팔 수 있다. 고점에서 물린 일반 투자가는 주가가 일정 기준 이하로 떨어지면 물타기를 시도하는 경우가 많기 때문에 주가가 크게 조정되는 중에도 수차례 반등하는 것이 보편적이다. 새로 기업을 인수해 주가를 올리기도 하지만, 1, 2년에 한 번씩 크게 움직이는 자산주도 작전꾼에게는 좋은 먹잇감이 된다.

시장이 이렇게 움직일 때는 재료를 가지고 발표 시기를 조절할 수 있는 경영진의 내부자거래는 무조건 성공한다. 경영진이 가담하면 시장 파괴력이 상당해지고, 2차, 3차로 이어질 수 있는 호재라면 이런 작전은 누가 해도 실패할 수 없다. 기관투자가도 이런 유혹은 뿌리치기 어렵다. 더욱이 펀드매니저들은 개인 돈을 벌기 위해 가능하면 깊숙이 가담하고 싶어 한다.

작전에 의한 시세 조정의 처벌 수위

한국거래소의 규정을 위반하며 시세 조정을 하면 피해자에게 손해배상을 해야 하는데, 이런 규정은 사실 비현실적이다. 투자가가 여러 차례 매매를 통해 얻은 이익과 손실액을 주가조작과 직접 연결해 규명할 방법이 없다. 더 중요한 것은 어차피 민사소송으로 가야 하므로 가해자가 보상해주지 않으면 받을 길이 없다. 작전에 가담하는 사람들은 대개 민사 부분에 대해서는 전혀 개의치 않는다. 손해배상의 소멸 시기도 문제가 있다. 시세 조정에 의해 피해를 입은 청구권자는 '증권관련 집단소송법'에 따라 소를 제기할 수 있지만, "위법사실을 인지한 후 1년 또는 내부자거래일로부터 3년"이라는 시효가 있는 데다 일반인으로서는 작전과 같은 위법 사실이나 내부자거래가 있었을 것으로 추정할 뿐이지 소명할 길이 없으므로 사실상 이 법은 무용지물이다.

작전꾼들이 두려워하는 것은 형사 제재다. 유죄 판결을 받으면 10년 이하의 징역이나 5억 원 이하의 벌금을 내야 한다. 조작으로 얻은 이익

(또는 이로 인해 회피한 손실금)의 세 배가 5억 원을 초과하면 이익의 세 배까지 벌금을 물어야 한다. 이익 금액이 50억 원을 넘으면 무기 또는 5년 이상의 징역을 살게 되는데, 여기에는 양벌규정이 적용되므로 징역을 살아도 벌금은 내야 한다. 또한 시세 조정 행위에서 이익을 얻지 못해도 형사 처벌은 받게 되며, 공소시효는 범죄행위가 종료한 뒤 10년, 이익이 50억원 이상이면 15년까지 늘어난다. 작전꾼들에게 징역 5년은 상당한 의미가 있는데, 3년 이상이 선고되면 집행유예가 되지 않으므로 큰 부담을 안고 작전에 들어가는 것이다. 그래서 여러 명이 공범이 되어 가능한 한 많은 차명 계좌를 동원해 만약의 사태에 대비한다.

작전꾼들을 처벌하기 위한 검찰의 발걸음도 빨라졌다. 금융 범죄 척결의 선두 주자였던 서울중앙지방검찰청의 금융 조사 기능 중 일부를 서울남부지방검찰청으로 이관하고, 그곳을 금융 범죄 중점 검찰청으로 지정했다. 또 검찰의 '증권범죄 합동수사단'을 비롯해 핵심적인 금융 범죄 수사 기능을 모두 서울남부지방검찰청으로 이전·집중하고, 증권선물위원회의 심의·의결 없이 수사를 시작하는 패스트 트랙(fast track) 제도까지 도입하면서 이 분야에서의 기능과 위상을 높였다. 그 뒤부터 여의도 증권가에 칼바람이 불고 많은 비리가 적발되었다. 하지만 아직까지는 제도권의 비리를 적발하는 데 수사력을 집중하는 느낌이다. 인력과 기능을 더욱 보강해 코스닥 상장사의 사주와 경영진까지 수사 범위를 확대할 필요가 있다. 그래도 감옥에 갈 각오로 범죄를 저지르는 사기꾼들을 막을 수는 없겠지만, 상당한 수준의 억제 효과는 있을 것이다.

06

M&A 신기술의 진화

투자회사의 서열과 역할

　우리나라의 기업 M&A 역사는 일천하지만 짧은 기간 동안 크게 발전했다. 예전에는 사채시장의 돈만 끌어다 쓰기 바빴지만, 지금은 회사가 좀 괜찮으면 경영권 인수를 목적으로 하는 사모투자전문회사(private equity fund: 이하 PEF)나 인수금융만을 지원하는 재무적 투자가(financial investor: 이하 FI)가 기꺼이 참여한다. 단, 전략적 투자가(strategic investor: 이하 SI)가 있고 대상 회사의 경영 실적이 뒷받침되는 경우에 한해 그렇다. PEF 안에서도 무한책임사원(general partner, 펀드의 설립·운용자: 이하 GP)과 유한책임사원(limited partner: 이하 LP)으로 나뉘는데, 그 구분은 '누가 총대를 메고 앞으로 나갈 것이며 누가 뒤에서 밀어줄 것인가'의 역할 차이다. 즉, GP는 펀드 자금의 10~20퍼센트를 출자하면서 투자 대상을 물색하고, 금융감독원의 인가를 얻으며, 다른 LP를 불러 모으는 역할을 한다.

　그런 GP의 역할을 하는 대표적인 펀드로 우리나라의 브이아이지파트너스(VIG Partners), 스카이레이크인베스트먼트(Sky Lake Investment) 등이 있고, 해외 펀드로는 어피너티에쿼티파트너스(Affinity Equity Partners: AEP), 론스타(Lone Star), 골드만삭스(Goldman Sachs) 등이 국내에 잘 알려져 있다. 사모펀드는 금융감독원의 인가 및 관리·감독을 받는데, 2017년 현재 총운용 설정액이 60조 원을 돌파했고, 350여 개 펀드가 인가를 받아 투자 활동에 나서고 있다.

GP가 차려준 밥상에 숟가락을 얹어 이익을 추구하는 LP의 역할은 주로 돈이 많은 곳에서 맡는다. 국민연금, 군인공제 등 연기금과 삼성생명, 교보생명 등 보험사, 그리고 펀드의 성격에 따라 대기업도 많이 참여한다. 이들은 GP가 구성한 펀드에 참여 여부를 결정하며, 투자 시 일정 수준의 수수료(관리 보수)를 지불한다. 그 대신 원금 보장이나 최소한의 수익률 보장을 요구한다. 이는 '자본시장법'상 금지되어 있지만, 거의 대부분의 펀드가 이런 약정을 맺고 출범했다. 하지만 최근에 GP들의 이런 거래가 적발되어 금융감독원으로부터 징벌적 제재를 받았기 때문에 앞으로는 수익률 보장이 사라질 것으로 보인다.

이런 '갑질'은 한국 자본시장이 점점 '돈 많은 자의 세상(buyer's market)'이 되어간다는 방증이다. 연기금이나 보험사도 자기들의 돈으로 투자하는 것이 아니다. 국민연금은 전 국민이, 군인공제는 군인이, 교원공제는 국공립 교직원이 노후자금 증식을 위해 출연한 자금을 관리하는 대리인에 불과한데도, 이들은 자본시장 먹이사슬의 맨 꼭대기에 군림한다. 연기금의 자금을 유치하는 것은 사실 수익에는 큰 도움이 되지 않는다. 일은 많은데 수수료는 박해, '을'의 입장에서는 계륵 같은 존재다. 그래도 이런 곳과 거래를 튼다는 것은 업계에서 상징적인 의미가 있어 나중에 보수가 좋은 다른 자금을 유치하는 데 도움이 되기 때문에 사력을 다해 연기금을 유치한다.

대기업이 GP로 참여하면 LP들은 좋아하지만 단점도 있는데, 투자가 해당 대기업이 영위하는 산업에 특정되어 투자 대상을 찾기 쉽지 않다는 점이다. 이런 종류의 펀드(Project PEF)는 설립만 해놓고 수년간 실제 투자가 이루어지지 않아 결국 해산하는 경우도 많다. 그래서 일반적으로 사모펀드는 재무적 투자가로서 딜에 참여하는데, 이때 해당 업종의 전문가로 참여하는 기업이 전략적 투자가다. 예를 들어 휠라코리아가 휠라 본사를 인수할 때 윤윤수 회장은 전략적 투자가로 참여한 것이고, 여기에 자금 지원을 한 미래에셋과 같은 금융기관은 재무적 투자가가 된다. 재무적 투자가로 참여하는 기관들은 휠라코리아를 이끌어온 윤 회장의 능력과 글로벌 전략을 보고 과감히 투자를 결정했지만, 그렇다고 그냥 손을 놓고만 있지는 않는다. 통상 재무관리 임원(chief financial officer: CFO)을 파견해 큰 틀에서 자금을 관리·감독한다.

투자 대상 기업이 작으면 통상 비상근직을 보내지만, 투자 규모가 크면 재무적 투자가가 재무관리 전문가를 상근직으로 파견해 돈의 흐름을 감시하게 된다. 보통 GP를 맡는 펀드회사들은 적게는 대여섯 명에서 많게는 수십 명의 투자 분석가를 보유하고 있는데, 이들은 각종 산업의 투자 분석에는 전문가일지 몰라도, 실제 경영에는 경험이 없어 영업이나 기술 부분은 관여하지 않고 자금 흐름만 관리하는 것이 통례다. 펀드회사가 기업에 투자할 때는 실제 경영에 간섭하지 않지만, 펀드에서 실무를 담당하는 펀드매니저가 간혹 이면 계약을 요구해오는 경우는 있다. 즉, '내가 당신 회사에 투자하는 데 결정적 역할을 할 테니, 펀드의 투자

기간이 만료되면 내가 우선 매수권을 갖는 데 동의해달라'거나 '펀드가 만기되기 전에 내가 사직하게 되면 나를 당신 회사의 CFO로 임명해달라'는 식이다. 투자받아야 하는 기업의 처지에서 이런 조건을 수용하면 모든 절차가 수월하게 진행되고 수수료 측면에서도 유리한 위치를 차지할 수 있으므로 나쁘지 않은 거래다. 그래서 지금도 수많은 펀드매니저가 이런 방식을 통해 투자회사를 차려 독립하거나 개인이 직접 다른 회사를 인수하기도 한다.

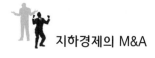

지하경제의 M&A

지금까지 설명한 관계 및 구조가 일반적으로 알려진 M&A 시장에서 쓰는 개념이라면, 기업사냥꾼이 활동하는 지하 시장에서 통용되는 의미는 확연히 다르다. 물론 광의의 개념과 구조는 같다고 할 수 있지만, 돈을 추구하는 목적, 흐름, 결과에 대한 보상과 책임은 180도 다르다고 보는 것이 정답이다. 그래서 제도권에 있다가 지하 시장에 처음 들어오는 사람들은 이곳 사람들의 수준, 용어 선택, 서로 간에 내비치는 불신 등을 접하고 적잖이 당황스러워한다.

일단 움직이는 곳이 지하경제다. 이곳은 수백억 원을 벌어도 세금 한 푼 내지 않고, 감옥에 갈지언정 남의 피해는 결코 보상하지 않는 냉혈의 세계다. 사람을 만나도 명함을 주고받지 않으며, 명함을 받아도 거기 적힌 이름이 본명인지 알 수 없고 애초 본명이라 믿지도 않는다. 일찍이 교도소에 들락거린 사람들은 판결 내용이 언론에 이미 노출되어 있기 때문에 대부분 가명을 쓴다. 재판을 통해 아예 이름을 바꾸는 경우도 있다. 이름도, 주소도, 회사도 모두 거짓이고 사기인 곳이 바로 지하 시장이다.

지하 시장에서도 전략적 투자가나 재무적 투자가라는 표현을 쓴다. 앞서 설명한 내용과 개념상 역할은 같지만, 상호계약의 내용과 출구 전략은 확연히 다르다. 일단 전략적 투자가 해당 업종의 전문가일 필요가 없다. 해당 업종에서 수년간 실적을 쌓아 수익을 내는 것이 아니라 작전을 통해 주가를 올리고 수익을 내는 구조이기 때문에 경영 전문가는 필요가 없다. 사회의 저명인사도 필요 없다. 재무적 투자가의 입장에서는 '내 돈을 잘 관리하고 수익을 낼 수 있는 사람'이 필요할 뿐이다. 사회 통념상 이율배반적이지만 이곳에서는 그렇다. 가정에서의 자식 교육은 그저 교육일 뿐이고, 이 시장에서 돈을 벌어야 하는 입장은 모두 같기 때문에 같은 배를 타고 무한 질주하는 세계가 바로 이곳이다.

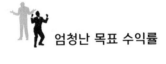

엄청난 목표 수익률

아무리 전문가가 나선다고 해도 투자 결과를 보장할 수 없으므로 전략적 투자가는 상당한 규모의 현금을 보유해야 한다. 물론 여기에도 뒷돈을 대는 사람이 있겠지만, 본인의 돈도 어느 정도는 확보해야 재무적 투자가들을 끌고 다닐 수 있다. 전체 투자 자금이 300억 원이라면 전략적 투자가 100억 원 정도를 갖고 움직이고, 나머지 200억 원은 재무적 투자가 대는 식이다. 지하 시장에서 전략적 투자가, 재무적 투자가의 의미는 제도권과는 전혀 다르다. 제도권에서는 앞에서 언급한 휠라코리

아처럼 해당 산업에 정통하며 인수할 기업을 직접 경영하는 전문 기업이 전략적 투자가이며, 기업 경영은 전혀 모르지만 휠라코리아의 경영 능력과 과거 실적을 보고 투자 결정을 내리는 금융기관이 재무적 투자가가 된다. 하지만 지하경제에서 전략적 투자가는 산업, 기업, 전문성과는 아무 상관없이 그냥 총대를 메고 앞장서는 쪽이 전략적 투자가이고, 뒷돈을 대며 일정 수익을 보장받는 쪽이 재무적 투자가다.

이때 두 집단은 같은 금액을 투자하지만 프리미엄을 지불해야 하기 때문에 원가 계산법은 다르다. 투자가 이루어지면 모든 주식은 재무적 투자가가 담보로 잡는다. 예를 들어 전체 투자금이 300억 원이고 프리미엄이 50억 원이라 가정하면 주식 가치는 250억 원이 된다. 이때 담보와 투자금을 일대일로 잡아도 마이너스 50억 원으로 시작하므로, 주가조작은 필연적이다. 이때는 신사업으로 어떤 재료를 붙일지 이미 결정된 다음이다. 만회할 금액이 50억 원이므로 50억 원을 투자금 250억 원으로 나누면 주가가 20퍼센트만 상승해도 전체적으로는 손익분기점에 다다른다. 하지만 이것은 이론적 계산일 뿐이다.

이들은 목표 가격과 계산 방식이 제도권과 다르다. 작전을 시작하면 수급 팀을 동원해 주가를 띄우고, 신사업 발표, IR 준비, 언론 플레이 등에 상당한 비용이 들어가므로 주가가 최소한 100퍼센트는 올라야 손익분기점을 넘는다. 주가가 두 배가 되면 서서히 빠져나가기 시작해서 세 배가 되면 '성공적'이라는 표현을 쓰게 된다. 작전에도 운이 따라야 하는데 2016년에 중국 바람이 불 때는 수익이 두 배, 세 배 정도가 아니라 스무 배나 오른 종목도 있었다. 하지만 그렇게 인기 있던 중국 관련 재료도 한번 시들해지자 이들은 절대로 손을 대지 않는다. 재료가 가진 인기는 시장의 관심도를 뜻하고, 투자가들의 관심은 바로 주가와 연결되며, 주가는 작전의 성공 여부를 결정짓는다. 이들은 오늘도 뉴스에서 나오는 인공지능, 4차 산업혁명, 신물질, 빅 데이터 등 주가가 오를 만한 재료를 찾아 헤맨다. 그런 재료의 요건은 남이 사용하지 않아 신선해야 하고, 쉽게 가치 평가를 하지 못해야 하며, 온 인류가 열광해 당장 매출이 조 단위로 나올 수 있어야 한다. 재료로 쓸 신사업을 철저히 준비하는 일은 작전을 성공시키는 데 결정적인 역할을 한다.

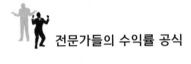

전문가들의 수익률 공식

일단 호재를 발표해 주가가 목표점에 이르면 재무적 투자가의 주식부터 털기 시작한다. 예를 들어 1000원에 M&A를 성사시켰다면, 1200원이 되면 전체 손익분기점에 이르고, 평균 매도가가 2000원이라면 재무적 투자가는 800/1200=67%의 수익을 단기간에 올리고 이 딜에서 빠진다. 하지만 이 공식은 투자금 전체의 수익률이라서 실제 계산과는 다르다. 지불한 프리미엄은 회사를 재매각할 때 전략적 투자가가 받으므로 재무적 투자가는 이 부분을 본인의 비용으로 간주하지 않는다. 즉, 재무적 투자자의 손익분기점은 1000원이고 2000원에 매도한다고 가정하면 수익률은 100퍼센트가 된다. 200억 원을 투자해 200억 원의 수익을 올린 셈이다.

그렇다면 전략적 투자가의 수익률 계산은 어떻게 될까? 전략적 투자가는 프리미엄을 자기가 냈으므로 출발부터 마이너스 50억 원으로 시작했고, 모든 작전이 순조롭게 진행되었지만 결과적으로 총수익 200억 원(500억 원-원금 300억 원)을 모두 재무적 투자가가 가져갔으므로 전략적 투자가의 수익은 0이 된다. 하지만 회사를 다시 매각하면서 50억 원의 프리미엄을 받을 수 있으니 결과적으로 50퍼센트(50억 원/100억 원)의 수익은 올린 셈이다. 그런데 투여된 자금 100억 원 중에서 일부가 사채시장에서 빌린 돈이라면 계산은 또 달라진다. 물론 이 정도도 성공한 작전이지만 만족하지 못하는 것이 사람의 심리다. 그래서 기업사냥꾼의 목표 수익률은 항상 100퍼센트 이상이 된다.

상장사 대주주의 주식 2500만 주를 매수해 M&A를 하는 경우 주당 현재가가 1000원, 프리미엄이 50억 원이면 총투자 금액은 300억 원이 된다. 전체 투자금 중 100억 원은 전략적 투자가가, 나머지 200억 원은 재무적 투자가가 부담했고 각각의 보유 주식 수가 500만 주, 2000만 주라고 가정할 때 주가의 등락에 따른 투자가별 손익은 다음과 같다. 물론 2500만 주 전체는 재무적 투자가에게 담보로 맡겨진다.

투자가별 수익 비교

(단위: 억 원)

주가	전략적 투자가	재무적 투자가	전체 손익
500	-100	-75	-175
800	-100	0	-100
1000	-50	0	-50
1500	-25	100	75
2000	0	200	200
3000	50	400	450

주: 전략적 투자가가 향후 다시 매각할 때 받을 프리미엄은 제외.

재무적 투자가에게는 원금 보장이 있으므로 주가 하락을 가정한다고 해도 800원이면 손익분기점에 맞출 수 있다. 하지만 전략적 투자가의 주식뿐 아니라 경영권도 담보로 잡기 때문에 실제 손익분기점은 이보다 낮다. 투자 금액이 표면상으로는 200억 원이지만 경영권도 담보로 갖고 있기 때문에 50억 원을 자신이 챙긴다고 가정하면 실투자금은 150억 원이 되고, 이를 보유한 전체 주식 2500만 주로 나누면 실제 손익분기점은 600원({200억 원-50억 원}/2500만 주)이 된다. 즉, 주가 하락으로 생기는 손실은 먼저 전략적 투자가의 원금과 프리미엄에서 제해나간다. 반대로 주가가 상승하면 이익은 앞에서 말한 것처럼 기하급수적으로 증가한다. M&A가 성사되도록 도와주는 대신 주가 상승분은 100퍼센트를 차지하고 하락에 따른 위험은 전략적 투자가의 주식과 경영권 프리미엄으로 상쇄(hedging)하는 것이다.

이에 비해 전략적 투자가의 수익률 곡선은 초라하기 그지없다. 주가 하락에 대한 위험은 고스란히 자기가 떠안고 주가가 두 배로 올라야 서서히 수익을 내기 시작한다. 주가가 세 배가 되는 3000원까지 오르고 프리미엄 50억 원을 받아도 수익률이 100퍼센트에 불과하므로 상대적으로 기대 수익이 낮다. 또 일부 사례에서는 재무적 투자가의 수익률을 보장하기도 하는데, 이 경우 주가를 올리기 위해 무리하게 작전을 하다가 회삿돈을 건드려 철창신세를 지기도 한다. 결국 남 좋은 일만 실컷 해주다가 자신이 모든 책임을 지게 되니, 지하경제의 진정한 무한책임사원이라고 할 수 있다. 이렇게까지 하면서 회사를 인수하는 이유는 돈은 부족한데 욕심은 많고, 현실은 따라주지 않는데 꿈은 원대해서 그렇다. 쉽게 돈을 버는 사람을 주위에서 많이 보았기에 무리수를 두지만, 실패했을 때 대가는 참혹하다.

전략의 진화

기업사냥꾼은 30억 원이 있으면 100억 원짜리 회사를, 100억 원이 있으면 300억 원짜리 회사를 사려고 하기 때문에 M&A 시장에서는 항상 재정적 후원가, 즉 재무적 투자가(FI)가 필요하다. 그렇다고 준비가 다 된 상태에서 일을 시작하는 것은 아니다. 돈이 항상 준비되어 있는 것도 아니고 인수 대상 회사가 줄을 서서 기다리는 것도 아니다. 이렇게 돈과 매물의 타이밍이 일치하지 않기 때문에 때로는 인수자의 과감한 결단이 필요하다. 특히 요즘같이 시중에 돈은 넘치는데 매물이 귀한 시기에는 프리미엄이 일정 수준으로 정해져 있으므로 좋은 매물은 바로 계약하는 것이 상책이다.

최근 코스닥 회사들의 공시를 보면, 경영권 양·수도 계약은 체결했는데 잔금 지급과 임시 주주총회일을 계속 미루는 경우가 많다. 이는 계약금만 치르고 잔금은 준비가 덜 되었다는 뜻이다. 소요 자금의 준비는 덜 되었지만 무리해서 모은다면 모을 수 있는 상황이라 판단되면, 일단 계약하고 FI를 구성하는 것이 요즘의 코스닥 트렌드다. 만약 사정이 여의치 않게 되면 주위에서 또 다른 매수자를 구할 능력을 갖춘 사람들이 구사할 수 있는 전략이다. 새로운 인수자를 찾아 계약 전체를 넘겨주면서 계약금에 더해 일정 규모의 프리미엄을 받는다. 이렇게 계약을 이전한다면 늦어도 주주총회일 2주 전까지는 마무리해야 한다. 그날이 지나면 이사 선임, 정관 변경 등 주주총회의 안건을 변경할 수 없다. 그래서 제3의 인수자를 구하지 못하면 주주총회 자체를 연기하면서 시간을 버는 것이다. 그래야 새로운 인수자가 원하는 이사를 주주총회에서 선임할 수 있다.

이렇게 M&A 계약을 하는 선수들은 계약금을 몇십억 원 내더라도 결코 떼이는 일이 없다. 손해를 보지 않기 위해 매도자의 동의를 얻어 계약금에 해당하는 주식과 맞교환해 최악의 상황에 이르더라도 주식을 팔고 빠져나올 수 있는 길을 준비해놓는다. 주식을 받는 것이 여의치 않으면 계약금을 법무 법인에 에스크로하되 잔금을 치르지 못할 상황이 되면, 각종 계약 위반을 트집 잡아 매도자로부터 계약금을 되찾아간다. 만약 매도측이 창업자 등 순수한 경영자 출신으로 이른바 선수가 아니라면 계약금을 그대로 지급하고 나머지 계약의 이행도 가급적 그대로 추진한다. 하지만 선수들은 자신의 잘못으로 계약이 마무리되지 못하더라도 협박, 조업 방해 등 갖은 '진상 짓'을 해 끝끝내 돈은 돌려받는다. 매도자도 이런 저질 인수자를 만나면 두고두고 후회하게 된다.

일반적인 M&A에서는 계약이 이행되고 나면 '합병 후 통합(post-merger integration: 이하 PMI)'이라는 절차를 통해 조직 통합과 화합을 도모해 주주 가치를 극대화하는데, 지하경제에서는 합병 후 통합이 다른 의미로 쓰인다. 이곳에서 PMI는 매도자의 흠을 찾아 고소·고발하고 협박하는 것이다. 그러면 잔금의 일부라도 돌려받을 수 있고 나중에 분사한 뒤 주기로 한 사업 부분을 주지 않도록 협상할 수도 있으니 결과적으로는 무조건 이익이다. 회사를 경영하다 보면 10억 원에서 20억 원 정도는 근거 자료가 미비해 상각해야 할 경우가 생기는데, 이를 핑계로 상당 금액을 갈취한 사례도 있다. 그래서 매도측에서는 '어떤 이유에서라도 민형사상 조치는 하지 않는다'는 문구를 계약서에 넣는 한편, 좀 더 질이 좋은 인수자를 찾게 된다. 가령 좋은 펄을 기반으로 신규 사업을 하려는 우량 투자가에게 회사를 넘기면 이런 최악의 상황을 피할 수 있다.

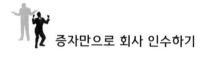

증자만으로 회사 인수하기

상장 기업을 인수하기 위해 경영권을 가진 대주주의 주식을 살 때는 일정 규모의 경영권 프리미엄을 지불하게 된다. 회사 규모가 크면 클수록 프리미엄 금액도 커지지만, 보통 코스닥 상장사라면 50억 원에서 100억 원 정도면 가능하다. 그런데 증자만 하고도 회사 인수가 가능한 경우가 종종 발생한다. 대표적인 경우가 자본잠식률[{(자본금−자기자본)/자본금}×100]이 한 해에 50퍼센트가 넘었는데 그다음 해에도 자본잠식 상태가 이어질 우려가 있거나, 어느 한 해에 자기자본이 100퍼센트 잠식될 우려가 있을 때다. 회계연도가 거의 끝나갈 때면 적자 규모가 어느 정도 윤곽을 드러내는데, 기업들은 관리종목에 편입되거나 상장폐지를 당하지 않으려고 증자를 하게 된다. 하지만 매년 12월이 되면 이런 식의 자금 수요가 많아져 돈을 구하기 어렵다. 대주주가 증자 대금을 구하려다가 실패하면 외부에서 수혈해야 하는데, 경영권을 다 넘기더라도 회사를 살리는 것이 시급할 경우가 있다.

이때 자금 수혈 방법은 무조건 유상증자여야 한다. 전환사채 같은 채권은 부채로 인식하므로 자기자본에 어떠한 플러스 효과도 없다. 그런데 이런 회사에 투자할 때는 아무리 경영권을 넘겨받는다고 해도 투자가는 위험을 감수해야 한다. 예컨대 유상증자로 50억 원을 넣어 회사가 자본잠식에서 완전히 벗어난다고 해도, 이는 현 경영진의 말이고 추측일 뿐이다. 회계감사를 하는 과정에서 적자가 예상보다 커져 증자한 뒤에도 자기자본이 마이너스가 되면 회사는 바로 상장폐지 된다. 그런데 인수자가 투자한 자금은 삼자 배정에 의한 유상증자이므로 1년 보호예수(주식의 예탁원 의무 예치)에 해당되고 그 사이에 매각은 금지된다. 그러면 증자에 참여한 돈을 모두 날리게 되므로, 둘 사이에는 '만약 증자한 뒤에도 자본잠식을 벗어나지 못해 상장폐지가 결정되면 증자 대금을 모두 변상한다'는 내용의 이면 계약서가 존재할 수밖에 없다.

이런 상황에 처한 회사는 언제나 예상보다 적자 폭이 크다. 그 이유는 첫째, 적자 규모를 축소 포장해 투자가가 먼저 발을 들여놓게 하고 나중에 추가 자금을 투입하게 하려는 전략이다. 둘째, 회계 법인에서는 이런 회사를 실사할 경우 좀 더 철저히 할 수밖에 없으므로 때로는 손실로 처리하지 않아도 될 항목을 상각시키는 경우가 종종 발생한다. 여기에 당하지 않기 위한 최선의 방법은 투자가가 회사의 등기 지배인이 되고 투자금을 직접 관리하는 것이다. 이렇게 제삼자가 투자금을 급히 넣을 때는 숨겨진 부외부채가 있는지 조심해야 한다. 유감스럽게도 부외부채의 존재 여부는 외부에서 알 수 있는 사항이 아니므로 최악의 상황을 가정하고 투자 결정을 내려야 한다.

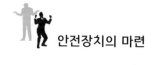

안전장치의 마련

투자가로서는 회사의 어떤 말도 믿을 수 없으므로 당연히 이중, 삼중의 안전장치를 마련해야 한다. 가령 찍기를 통해 주금 납입 확인서만 발급받고 바로 돈을 빼내는 방식도 사용해볼 수 있다. 아무도 모르는 사이에 법원의 압류명령이 떨어지고 법인 계좌가 동결되면 증자 대금은 바로 압류된다. 회사로 전달되는 송달 통지문을 회사가 대수롭지 않게 생각하면 적절히 대응하지 못할 수 있다. 돈이 사라진 뒤에는 적자 규모를 결정하는 회계 법인의 최종 판결을 초조히 기다리는 수밖에 없다. 하지만 상장폐지가 결정되면 이면 계약서를 쓰거나 찍기를 하는 경우, 모두 문제가 발생할 수 있다. 이면 계약서를 쓰는 경우 투자가가 경영자가 되므로, 자금의 불법 인출은 바로 횡령이 된다. 임원 대여금의 형식으로 정식절차를 밟아 돈을 빼낸다고 해도 궁극적으로는 본인의 부채가 되므로 회사에 갚아야 하고, 이는 끝까지 부담으로 남는다.

찍기를 하는 방법은 투자가가 돈도 직접 들고 있고 횡령 문제가 발생해도 현 경영진의 책임으로 돌릴 수 있어 더 선호된다. 하지만 이면 계약이나 찍기나 모두 결코 당당한 일은 아니기 때문에, 이름이 알려진 기업에서는 추진하기 어렵다. 하지만 코스닥 기업에서는 너도나도 당연시하는 방법이다. 자금을 넣는 사람으로서는 사모증자가 되면 주식이 1년 보호예수에 걸리므로 매각하지 못한다. 그래서 자금 관리는 절체절명의 조건이 되고, 회사가 이를 수용하지 않으면 아무리 조건이 좋아도 증자에 응하지 않는다. 그래서 사정이 급한 상장사는 투자가가 주식도 갖고 투자한 자금도 마음대로 쓰게 한다. 그 대신 상장폐지를 면하는 것이 확실시되면 증자 대금을 반반씩 나누고 경영권도 공유하는 것으로 사전에 조건을 걸기도 한다.

하지만 만에 하나 입금을 하자마자 법원의 압류명령이 들어와 돈을 고스란히 날릴 각오도 해야 한다. 물론 사전에 은행에 압류 여부를 확인하기 때문에 이럴 확률은 거의 없지만, 다음 날 인출하기 직전에 은행 본사로 압류명령이 송달되어 전산 처리되면 돈을 못 뺄 수도 있다. 프리미엄을 지불하지 않고 회사를 인수할 수 있다는 점에서는 매력적이지만 위험이 아주 없는 것은 아니므로 투자가 본인이 조심해야 한다. 압류명령이 지금은 없어도 한 시간 뒤에는 송달될 수 있으므로, 100퍼센트 안전한 장치는 어디에도 없다.

회사나 현 경영진에 대해 어느 정도 사전 지식이 있지 않다면 상당한 위험을 안고 추진해야 하고, 이런 분야가 생소한 사람이라면 아예 시도할 생각을 말아야 한다. 이곳은 마귀가 들썩이는 곳이다. 사기도박장처럼 대놓고 불법으로 하는 것이 아니라 모든 것이 합법적으로 이루어지기 때문에 더욱 무서운 곳이다. 사기도박에서 타짜가 더 뛰어난 타짜에게 당하듯이 M&A 시장에서도 많이 안다고 많이 아는 것이 아니다. 나보다 더 많이 아는 '강호의 고수'가 득실거리는 이곳에서는 어떤 일도 혼자 대응하는 것은 불가능에 가깝다.

이들의 이면 계약에는 또 하나의 조항이 들어 있다. 바로 증자한 자금을 누가 얼마만큼 쓸지를 정한 조항이다. 바로 상장폐지가 결정된다면 당연히 돈을 집어넣은 사람의 몫이 되겠지만, 상장이 유지된다면 전 경영진으로서는 너무 쉽게 회사를 넘기는 것이 되므로, 대부분 반반씩 나눠 쓰기로 약정한다. 이때 전 경영진의 몫은 부외부채를 상환하는 데 쓰거나 외부 투자를 가장한 방식으로 유출시킨다. 이런 회사에는 규모의 문제일 뿐 거의 다 부외부채가 있으므로 이렇게 계정 처리를 하는 데 딱히 문제가 없다.

회사에 사업부가 여럿 있는 경우라면 그중 사업부 하나 정도를 분리해서 전 경영진이 인수하는 방식을 택하기도 한다. 분리하는 사업부의 가치가 100억 원이고 증자 대금의 50퍼센트가 30억 원이라면 70억 원(100억 원-30억 원)에 매각 계약서를 쓰고 사업부를 양·수도 하면 모든 절차가 끝난다. 물론 이 사업부의 가치는 회계 법인이 정식 절차를 걸쳐 평가한다. 사업을 평가할 때 가장 중요한 부분이 미래에 대한 수익 예측인데 그런 전망치는 어차피 경영자가 줄 수밖에 없으므로 회계사는 회사 자료에 의존하게 된다. 특히 특허와 같은 무형자산의 평가나 향후 판매 전망 등은 극히 주관적인 부분이므로 기업의 평가 가치를 조작하는 데 흔히 이용된다.

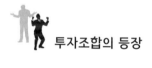

투자조합의 등장

불과 4~5년 전만 해도 인수자가 기업의 돈에 손을 대는 일이 일반적이었다. 예나 지금이나 기업 인수 자금이 부족하기는 매한가지인데, 예전에는 부족한 자금을 회삿돈을 담보로 제공하는 LBO(leveraged buyout: 기업의 자산을 담보로 돈을 빌려 해당 기업을 인수하는 M&A 기법)를 사용하다가 많은 사냥꾼들이 쇠고랑을 찼다. 이 기법은 사실 외국에서 흔히 사용하는 것이고 우리나라에서도 대기업의 M&A에서 자주 등장하는 용어인데, 코스닥 기업의 경우에 유독 수난을 당했다. 이는 LBO 자체의 문제라기보다는 인수한 뒤 회사 자금의 배임이나 횡령 때문에 말썽이 되었다. 그래서 지금은 인수하기 전에는 대상 기업의 자산에 대해 어떤 형태의 담보도 제공하지 않는다. 문제가 될 경우 매도자와 매수자 모두에게 문제가 된다는 것을 잘 알기 때문이다. 드문 경우지만, 인수한 뒤 회사 자금이나 전문 경영진의 구성에 일절 손을 대지 않은 채 그대로 다시 팔기도 한다. 그 나름대로 깔끔하게 마무리되었다는 증거다.

최근에는 LBO의 폐단을 보완하기 위해 투자조합이 등장했다. 일반적으로 투자조합이라고 하면 중소벤처기업부의 인가를 받은 창업 투자 회사가 일반 투자가의 자금을 모아 벤처기업에 투자하는 조합을 일컫는데, 최근 의미가 상당히 확대되었다. 창업 투자 회사의 정식 투자조합은 일정 기준에 부합하면 투자가가 10퍼센트의 세제 혜택을 받는다. 하지만 기업 인수에 참가하는 투자조합은 그런 혜택이 전혀 없는 일반 법인인 경우가 많다. 일단 다수의 투자가로부터 거액의 자금을 모을 수 있고, M&A 후에 발생하는 횡령·배임 문제에서 개인이 자유로울 수 있다는 것이 장점이다. 조합은 말 그대로 조합이니 아는 지인들끼리 돈을 모아 투자하는 것이지만, 이 시장에서 활동하는 투자조합은 사채의 다른 형태로 보는 것이 옳다. 돈을 모으는 방식에도 불법이 자주 자행된다. 쩐주에게서 기업 인수를 위한 자금을 유치할 때는 순수하게 투자 결과에 따른 과실 부분만 약속하는 것이 맞지만, 그렇게 해서는 돈을 모으기 어렵기 때문에 대부분 원금 보장은 물론이고 추가로 확정 수익률을 제시한다.

이는 유사 수신 행위에 해당하므로 불법이다. 하지만 주가가 올라 투자 성과가 좋고 모두가 만족할 만한 결과를 얻는다면 아무도 문제를 제기하지 않는다. 그래서 작전이 더욱 기승을 부리고 있다. 쩐주의 돈을 받아온 하수인은 어떻게든 주가를 올려 수익률을 맞추고 지불한 경영권 프리미엄 이상으로 자금을 회수한다면 대성공이다. 그러면 원금과 수익을 모두 돌려주고 자신은 상장사를 공짜로 얻는 셈이 된다. 반대로 주가가 하락하고 원금마저 회복하지 못할 정도가 되면 돈을 모은 하수인은 본인이 투자한 돈 전부를 날리고 이 바닥에서 생매장되든지 아니면 감옥에 가야 한다. 본인이 써준 수익률 확약서, 차용증, 공정증서, 지불 각서 모두가 불법의 증거이기 때문이다. 그러므로 기업을 인수한 뒤 주가의 움직임은 그들에게 목숨보다 더 소중하다.

07
지울 수 없는 범죄 흔적, 공시

현장 보존

살인 사건이 나면 현장 보존이 가장 중요하다. 지금은 풀지 못하지만 먼 훗날 과학이 더 발달하면 사용할 수 있을 증거가 현장에 남아 있을지 모르기 때문이다. 십수 년이 지난 사건에서 보존된 DNA로 범인을 잡은 사례도 있으니, 앞으로는 이미 공소시효가 적용되지 않는 살인죄뿐 아니라 모든 범죄에 공소시효를 적용하지 말아야 할 것이다. 주식시장에서 살인 사건의 현장과도 같은 것이 바로 상장된 회사의 '공시'다. 금융감독원 홈페이지(http://dart.fss.or.kr: DART라고도 한다)에 올리는 공시는 회사의 모든 내막을 낱낱이 알려주고 있다. 여기에는 사업보고서와 같이 기업의 기본 활동에 관한 내용은 물론이고 증자, 채권 발행, 주주총회 소집, 임직원의 횡령과 배임처럼 투자가가 알아야 할 주요 내용이 모두 포함되어 있다. 가장 오래된 자료가 1998년 사업보고서부터 올라와 있으니, 그때부터 회사가 존재했다면 거의 20년의 역사가 고스란히 남아 있는 셈이다. 회사가 지금은 아무리 정도 경영을 하고 대주주가 훌륭한 기업가의 탈을 쓰고 있다고 해도, 어두운 추억이 있는 그대로 남아 있는 곳이니 무서운 흔적이다.

2012년에 이어 2017년에 다시 대선 주자 물망에 오르는 A 씨가 과거 자신이 운영하는 A사에서 할인채 방식으로 신주인수권부사채를 발행해 지분을 크게 늘린 것은 널리 알려진 사실이다. 이 사채는 상장하기 직전인 1999년에 발행했지만, 이후의 공시 내용에도 상당 부분이 나와 있어 이제는 지울 수 없다. 지난 대선 때 이미 노출된 악재이기는 하지만 일반인은 이해하기 어려운 상품 구조였고, 결국 대선 후보가 되지 않아 묻혀 있었다. 당시 A사의 신종 파생상품 구조는 다음과 같다.

A사의 신주인수권부사채 발행 사례

일반 투자가들은 신주인수권부사채(bond with warrant: BW)가 무엇인지 자세하게 알지 못한다. 당시 비상한 두뇌 집단 A사는 이 상품의 장점을 간파하고 분리형 BW의 발행이 허가되자마자 일찍부터 작업에 나섰다. 1999년 2월 발행된 S사의 신주인수권부사채를 모방해 그해 10월 12일 기발한 조건으로 발행했고, 이를 통해 엄청난 부를 축적했다. 다음 자료가 의미하는 것처럼 S 은행이 유상증자를 유도하기 위해(기존 주주의 유상증자 참여) 신주인수권부사채를 발행했다면, A 씨는 본인의 자산 증식을 위해 발행했다.

S 은행은 1997년 금융 위기 직후 정부의 BIS 비율 충족 요구와 자본

시장 침체에 따른 부실 은행을 M&A 해야 할 필요에 따라 자본 확충이 절실했으므로, 1998년 처음으로 BW 발행을 검토했다. 당시 주가가 액면가(5000원)보다 크게 낮은 3000원 수준이었기 때문에 유상증자 참여를 유도하기 위한 방법으로 참가자에게 특별한 조건의 BW를 부여하는 방안을 검토했다. 그런데도 상황이 여의치 않자 회사는 발행 시기를 1999년 11월로 연기하고 유상증자 청약자에 한해 BW 인수 권리를 주는 조건을 제시해, 주간사인 D 증권사가 총액 인수를 하는 조건으로 기채(발행)에 성공했다.

• 신주인수권부사채란?

신주를 인수할 수 있는 권리가 붙어 있는 사채를 말한다. 일정 기간 안에 '정해진 가격(행사 가격)'으로 정해진 양만큼 신주를 사들일 수 있는 신주인수권은 발행 직후 채권과 분리할 수 있는 분리형, 채권과 신주인수권이 일체형으로 되어 있는 비분리형으로 나뉜다. 지금은 공모발행에 한해 분리형이 허용되며, 사모발행은 모두 비분리형만 가능하다. 사모는 대주주의 특수 관계인이 인수하는 형태이기 때문에 신주인수권의 양·수도를 통해 대주주의 재산 증식이나 편법 상속의 방편으로 많이 이용되었다. 설사 기관투자가가 인수를 해도 신주인수권의 50퍼센트를 대주주가 지정하는 사람에게 즉시 양도해야 한다는 조건이 붙어 있었다.

이 경우 양도 가격이 항상 논란의 중심에 있는데 옵션 가격 결정 이론과는 무관하게 낮은 수준에서 결정되었다. 예를 들어 신주인수권부사채 100억 원이 발행되면 여기에는 100억 원어치 주식을 살 수 있는 신주인수권이 부여되고, 채권을 인수한 투자가는 신주인수권의 50퍼센트인

50억 원어치를 사전 협의에 따라 대주주가 지명하는 사람에게 양도해야 한다. 당시 일반적인 양도가액은 50억 원의 5퍼센트인 2억 5000만 원 수준이었다. 즉, 2억 5000만 원으로 50억 원어치 주식을 살 수 있으므로 이를 레버리지(leverage) 또는 기어링(gearing)이라고 한다. 적은 금액으로 큰 권리를 행사할 수 있는 상품에 붙이는 용어다. 발행 이후 만기까지 주가가 계속 떨어지기만 한다면 이 신주인수권은 행사하지 못한 채 휴지가 되고 만다. 하지만 그런 경우는 극히 드물고 주가의 등락에 따라 대부분 행사할 기회가 주어진다.

발행 당시 주가가 5000원이었는데 1년 뒤 1만 2000원으로 상승했다면, 신주인수권의 보유자는 이를 행사해 신주를 받고 주식을 시장에서 매각하면 된다. 행사 가격은 물론 5000원이다. 사례처럼 50억 원의 신주인수권을 가진 사람은 100만 주(50억 원/5000원)를 인수하고 이를 시장에서 매각하면 70억 원의 이익을 취할 수 있다. 그런데 주가가 중간에 하락하면 '상법'상 최초 행사가의 70퍼센트까지 행사가를 조정(30% 할인)할 수 있다. 이를 '리픽싱(refixing)'이라고 한다. 만약 발행 후 주가가 2500원까지 하락했다면 행사가는 최대 3500원(5000원×70%)까지 내려가고 행사 주식 수는 약 143만 주가 된다. 이를 1년 뒤 1만 2000원에 전량 매도한다면 총수익은 120억 원이 넘는다. 이렇게 행사가 조정이 되면 발행주식 수가 증가하므로 같은 가격에 매도를 한다고 해도 이익은 기하급수적으로 증가한다. 이래서 신주인수권부사채나 전환사채는 적은 금액으로 큰 부를 이룰 수 있는 가장 좋은 금융 상품 중 하나다.

S 은행 신주인수권부사채의 최초 발행조건

1998년 9월 발행 예정으로 검토되던 S 은행의 신주인수권부사채는 투자가로서는 어마어마한 혜택을 누릴 수 있는 조건이었지만 논란이 커지자 취소하고 1년 뒤 다른 조건으로 발행했다. 이미 취소하기는 했지만 이 조건은 공시를 통해 세간에 알려졌고, 신주인수권의 레버리지 효과가 대주주의 지분 확보에 유리하다는 것을 눈치 챈 몇몇 회사에서 비슷한 조건으로 발행하기에 이르렀다. S 은행이 제시한 조건의 백미는 '❶ 만기 50년의 할인채(이율 연 15%), ❷ 행사 기간 50년'으로 요약된다. 이는 결과적으로 채권 투자에 10원을 넣고 50년 뒤 1만 원을 받으니 상속하기에는 최고의 상품이었고, 발행 직후부터 향후 50년 동안 액면가로 신주인수권을 행사할 수 있다는 점에서 대한민국 증시 역사상 최고의 상품이라고 할 수 있었다.

처음 검토된 내용이 취소되고 1년 뒤 실제 발행된 채권의 조건을 보면 발행 즉시 채권 부분의 상환(buy-back)을 제외하고는 만기가 3년으로 줄었고, 금리가 연 10퍼센트 이표채로 바뀌었다. 일반 채권(회사채 또는 국채)에서는 이표채와 할인채의 차이가 크지 않지만, 신주인수권부사채에서는 하늘과 땅만큼이나 큰 격차가 있다. 이표채는 신주인수권이 행사 가능한 주식에 해당하는 금액을 투자 당시 납부해야 하지만, 할인채는 신주인수권의 권리는 그대로 있고 채권의 할인된 부분만큼만 돈이 들기 때문이다. 그래서 이와 같이 50년 만기로 할인채를 발행하면 10원을 넣고 만기 때 1만 원을 받게 된다. 문제는 1만 원어치에 해당하는 신주인수권으로 바로 신주를 살 권리가 생긴다는 것이다. 즉, 10원을 납입하고 즉시 1000배의 주식을 살 수 있는 권리가 생기니 거의 무한대의 레버리지라고 할 수 있다. 이런 조건으로 상장사의 신주인수권부사채를 살 수 있다면 누구라도 재벌이 되는 것은 시간문제일 것이다.

S 은행의 유상증자 및 BW 발행조건

· 유상증자

- 공모(청약)일: 1999년 11월 17~18일
- 발행(납입) 일자: 1999년 11월 22일
- 권면 총액: 2750억(5500만 주)
- 발행 금액: 3025억(5500만 주 X 발행가 5500원)
- 배정 비율: 50%(20% 우리사주, 30% 하이일드 펀드에 우선 배정)
- 사채 배정 방법: 일반 공모

· 제4회 신주인수권부사채

- 신주인수권 행사 기간: 2000년 2월 23일~2002년 10월 22일
- 배정 비율: 유상증자 청약과 1 : 1(예: 신주 1000주 청약 시 청약 대금 550만 원을 내면서 배정된 BW 1000장을 모두 인수하는 경우 추가 1000만 원 납입, 총납입금 1550만 원)
- 액면가: 1만 원
- 금리: 연 10%(이표채)
- 만기: 3년(1년 풋옵션, 콜옵션으로 인해 사실상 1년 만기와 동일)
- 행사 비율: 100%
- 행사가액: 5790원
- 형태: 분리형(발행 1년 뒤 채권은 풋옵션 행사를 통해 상환하고 신주인수권만 보유)
- 대상 주식: 보통주
- 발행 가능 주식 수: 94,988,458주
- 특징: 11월 22일 청약 환불일에 채권 부분 바이백 조건(채권을 매도해도 신주인수권은 보유, 금리 10%를 원하면 1년간 보유)

A사의 신주인수권부사채 발행 사례

구분	발행조건	비고
발행일	1999년 10월 12일(제1회)	
발행 금액	25억 원	유상증자와 무관
발행가	3억 3950만 원	25억 원을 연 10.5%, 20년 할인
만기	20년	2019년 10월 11일
대상 주식	보통주	
행사 기간	19년	2000~2019년
행사 가격	1117원(액면가 500원)	최초 행사가에서 무상증자와 액면 분할 조정
금리	연 10.5% 할인채	표면 금리 0%
신주인수권 가격	0	

S 은행과 A사 발행조건의 차이

구분	S 은행	A사	비고
청약 대상	주주	대주주 단독 청약	절차상 위법
할인/이표채	이표채 (연 10%)	할인채 연 복리(10.5%)로 20년 할인	1년 풋옵션
신주인수권 행사 기간	2년 8개월	20년	S 은행 행사 기간의 8배
발행 목적	기존 주주의 유상증자 참여를 유도하기 위한 혜택	대주주 지분 확보	근본적인 차이
납입 금액	유상증자 대금 전액 + 채권 인수 희망 금액	신주인수권 부여 금액의 일부(13.6%)만 납입	A사는 25억 원의 신주인수권을 부여하면서 3억 3950만 원만 납입
수혜	금융 위기 이후 주가 상승에 따라 기존 주주에게 큰 혜택	대주주 개인의 특혜	발행 이후 금융시장 안정에 따라 주가가 큰 폭 상승

주: S 은행은 1998년 유상증자 청약을 유도하기 위해 BW 발행을 검토할 당시, 50년 만기, 연 15퍼센트 복리 할인채 조건이 논의된 바 있었으나 추후 과도한 특혜가 문제될 것을 우려해 원안을 폐기했지만, A사는 유상증자를 유도하기 위한 것도 아니면서 대주주 1인을 위해 발행하고 1년 뒤 코스닥 상장에 성공했다.

A사가 발행한 신주인수권부사채는 권면 금액 25억 원의 13.6퍼센트에 해당하는 3억 4000만 원에 대표이사 A 씨가 전량 인수했으며, 1년 뒤인 2000년 10월 13일에 주당 1710원에 전량 행사되어 보통주 146만 1988주가 발행되었다. 그런데 이 회사는 그로부터 11개월 뒤인 2001년 9월 13일에 상장되었고, 공모가는 2만 3000원이었다. 이 가격은 상장 직전인 2001년 8월 8일 기관투자가와 일반 투자가를 대상으로 수요를 예측해 확정된 가격으로, 당시 증시 상황을 고려했을 때 일반적으로 시장이 받아들일 수 있는 수준을 의미한다. 회사의 대표이사가 행사한 주식의 가치를 공모가 기준으로 산정하면 336억 원으로, 최초 신주인수권부사채의 투자 금액 3억 4000만 원에 비해서는 100배가 넘는 수익을 올렸다. 그런데 이 주식은 상장 후 4만 6000원에 시초가가 형성되었으며 일주일 만에 8만 800원까지 상승했다. 행사 주식을 이 가격으로 환산하면 1180억 원이 넘었으며 이는 최초 투자 금액의 347배에 달했다. 또 신주인수권이 행사되던 2000년 말 A 씨의 주식 수는 286만 5338주로 2016년 9월 말 현재 본인과 특수 관계인의 주식을 모두 합한 286만 1500주와 거의 같다. 다시 말하면 현재 A 씨 개인의 재산 가치는 모두 18년 전에 발행한 신주인수권부사채로 만들어진 것이라고 말할 수 있다.

한 회사가 상장을 하기 위해서는 최소한 2년의 기간이 필요하다. 그런데 이 회사는 상장일로부터 정확히 2년 전에 신주인수권부사채를 발행했고, 여기에는 상장 주간사인 M 증권사도 한몫했을 것으로 보인다. 신주인수권부사채를 발행할 당시에는 A사가 비상장사였으므로 감독을 받지 않겠지만, 상장 준비를 하는 과정부터 2001년 9월 코스닥 시장에 등록될 당시에는 이에 대한 법규 위반이 분명히 검증되었어야 했다. 당시 감독이 철저하지 못하고 법체계가 부실해 제도상 허점(loophole)이 존재했지만, 면밀히 검증했다면 발행 자체를 취소하거나 상장을 허용하지 않았어야 했다. 이런 조건의 사모사채 발행은 당시에도 논란이 많았다. A사의 사례는 세 가지 측면에서 위법이 발견된다.

세 가지 위반 사항

• '상법' 위반

'상법'에서는 신주인수권부사채에 부여된 신주인수권의 행사에 따라 발행할 주식의 발행가액은 그 사채 금액을 초과할 수 없다고 명시하고 있으며, 금융감독원의 공식 견해도 이를 부당한 발행으로 정의하고 있다. A사가 신주인수권부사채를 발행할 당시에도 이 법은 존재하고 있었으며 발행 자체가 불법이었다.

관련 조항

상법 제516조의2(신주인수권부사채의 발행)
③ 각 신주인수권부사채에 부여된 신주인수권의 행사로 인하여 발행할 주식의 발행가액의 합계액은 각 신주인수권부사채의 금액을 초과할 수 없다.

금융감독원 공식 견해
[기업공시 실무가이드라인 02(발행)-40 전환사채의 할인발행, 2006년 4월 12일 회신]

전환사채 등의 할인 발행

1. 목적 및 관련 규정
  1) 목적: 전환사채 및 신주인수권부사채의 할인발행과 관련해 100% 전환권을 부여

한 전환사채 등의 발행 가능 여부를 명확히 하고자 함

　2) 관련 규정: 상법 제348조, 제516조, 제516조의2

．
．

3. 신주인수권부사채의 할인발행

　1) 신주인수권 행사로 발행할 주식의 발행가액의 합계액은 신주인수권부사채의 금액을 초과할 수 없으므로 100% 신주인수권 부여 시 할인발행 불가능

　2) 사채권면의 일부에 신주인수권을 부여한 경우에는 할인 발행 가능

〈적용 사례〉

문: 주금 납입을 현금으로 해야 하는 분리형 신주인수권부사채의 권면액 전부에 신주인수권을 부여했으며, 권면 총액은 100억 원임. 동 사채를 98억 원에 발행할 수 있는가?

답: 불가능. 신주인수권 행사 시 신주의 발행가액이 신주인수권부사채의 발행가액을 초과할 수 없으므로 할인발행 불가능

• 정관 위반

　A사는 2000년 10월 6일 정관에서, 모든 주주가 동일한 권리를 갖고 있는 신주인수권부사채를 대주주 A 씨가 전액 인수하도록 했다. 그런데 현저히 낮은 가격(20년 만기 할인채, 통상적으로는 이표채를 액면가에 발행)에 신주인수권까지 부여된 채권을 기존 주주가 포기했다는 것은 정상적인 사고로는 이해할 수 없다.

　A사의 정관상 '모든 주주는 그가 소유한 주식 수에 비례한 신주인수권을 갖게 되어 있으며', 당시 '상법' 516조 3항에서는 "회사는 주주에게 신주인수권에 관한 세부적인 내용을 최고"하도록 되어 있으나, A사는 모든 절차를 무시했다. 만약 A사가 당시 주주였던 여러 기업에 동 채권의 발행을 통보하지 않았다면 A사는 법률 및 정관을 위반한 것이고, 이런 내

용을 통보받고도 특별한 사유 없이 이 주주들이 권리를 포기했다면 업무 상 배임이 확실하다.

관련 '상법' 규정

제516조의2(신주인수권부사채의 발행)

① 회사는 신주인수권부사채를 발행할 수 있다.

② 제1항의 경우에 다음의 사항으로서 정관에 규정이 없는 것은 이사회가 이를 결정 한다. 그러나 정관으로 주주총회에서 이를 결정하도록 정한 경우에는 그러하지 아니하다.

7. 주주에게 신주인수권부사채의 인수권을 준다는 뜻과 인수권의 목적인 신주인수권부 사채의 액

제516조의3 (신주인수권부사채의 인수권을 가진 주주에 대한 최고)

① 주주가 신주인수권부사채의 인수권을 가진 경우에는 각 주주에 대하여 인수권을 가 지는 신주인수권부사채의 액, 발행가액, 신주인수권의 내용, 신주인수권을 행사할 수 있는 기간과 일정한 기일까지 신주인수권부사채의 청약을 하지 아니하면 그 권리를 잃는다는 뜻을 통지하여야 한다.

정관

제10조 (신주인수권)

1. 이 회사의 주주는 신주발행에 있어서 그가 소유한 주식 수에 비례해 신주를 배정받을 권리를 가진다.

3. 주주가 신주인수권을 포기 또는 상실하거나 신주배정에서 단주가 발생하는 경우에 그 처리 방법은 이사회의 결의로 정한다.

• 양심 위반

A사는 설립(1995년 3월 18일)부터 상장일(2001년 9월 13일)까지 모두 한 차

A사의 사모사채 발행조건

회차	발행일	만기일 (만기)	이자율/ 할인율	만기 보장 수익률	액면 금액	인수 금액
제1회 신주인수권부 사채	1999.10.12	2019.10.11 (20년)	10.5%	10.5%	25억	3억 3950만 원
제2회 무보증 전환사채	2000.6.27	2002.3.15 (1년 6개월)	0%	10% (원금의 117.9% 일시 상환)	3.8억 원	3.8억 원
제3회 무보증 전환사채	2001.4.10	2004.4.10 (3년)	0%	0% (원금의 100% 일시 상환)	142억 8572만 원	142억 8572만 원

례의 신주인수권부사채와 두 차례의 전환사채를 발행했는데, 이 중 신주
인수권부사채만 본인이 인수하고 나머지 두 번의 전환사채는 모두 제삼
자인 특수 관계인들이 인수했다. 그런데 전환사채는 모두 이표채(즉, 채권
을 액면 발행하고 정기적으로 이자 지급)인 반면, 정작 본인이 인수한 신주인
수권부사채는 할인채로 발행해 실제 채권은 액면가의 1/7.3(액면가 25억
원의 채권을 20년 만기, 10.5%의 할인율 적용)인 3억 3950만 원에 인수했다.

또한 제2회와 제3회의 전환사채는 이표채인데도 이자를 지급하지 않
는 구조로(0% 이자율) 되어 있다. 특히 제3회 전환사채의 경우 109억 2844
만 8000원에 해당했는데 전환사채는 회사가 코스닥에 등록된 후 1년이
경과한 날부터 1개월 안에 반드시 전환하며 만기 보장수익률이 0퍼센트
인 극히 비정상적인 조건으로 계약되어 있는데, 이 전환사채는 A사가 인
수한 H사의 대주주 H 씨 외 14명이 전액 인수했다. 이런 특이한 조건의
발행은 일반적으로는 있을 수 없으므로 이면 계약에 의한 약정이 있는

것으로 보이며, 상장 이후 발행이므로 계약 내용을 밝히지 않은 점은 공시 위반에 해당한다.

이렇게 분리형 사모 신주인수권부사채가 편법적인 증여 및 부의 증식 수단으로 악용되자 현재는 공모에 한해서만 분리형을 허용하고, 사모 발행에 대해서는 일체형(채권과 신주인수권 분리 금지)의 발행만 가능하다. 따라서 사모발행을 하면 전환사채와 같다. 최근에는 코스닥 기업들의 사모사채는 모두 전환사채로 발행되고 있으며 법 개정이 없는 한 현 추세가 유지될 것으로 전망된다.

 ## D사의 신주인수권부사채 발행이 시사하는 점

A사가 문제의 사채를 발행하기 3개월 전 D사는 달러 표시 해외 신주인수권부사채를 발행하고, 이 중 채권을 제외한 신주인수권을 대주주 일가가 모두 취득해 막대한 부를 축적했다. 이것이 문제가 되자 신주인수권의 일부를 무상소각하기도 했지만, 이미 늘어난 부는 일반인의 상상을 초월한 뒤였다. 지금 같으면 그룹이 해체되고 연루자 전원이 구속될 정도로 어마어마한 사건이었지만, 당시에는 금융감독원에서 내린 범칙금 5억 원만 물고 끝났다. 그나마도 참여연대 등 시민 단체의 집요한 추적과 고발 덕분에 가능했고, 이마저도 없었다면 흐지부지 끝날 일이었다.

이 사건의 문제점을 살펴보자. 당시 해외 증권 발행은 증시가 호황이었으므로, D사는 주가를 올리기 위해 의도적으로 달러 표시 채권을 발행했지만, 거기에는 검은 의도가 숨어 있었다. 발행한 채권은 공모였지만 실제로는 미리 내정한 한국계 금융기관들이 인수했으므로 사모에 해당하고, 이는 명백한 공시 규정 위반이었다. 여기에서 나온 신주인수권을 모두 대주주의 자녀들이 인수했으므로 편법 증여 및 이면 약정에 의한 통정매매에 해당한다. 또 액면가까지 행사가를 조정하면서 행사 주식 수는 2008년 말 최초의 237만 주에서 1700만 주까지 폭증했고, 이는 당시 상장 주식 수 1800만 주(보통주)에 육박하는 어마어마한 규모였다. 이렇게 이들은 일반 투자가의 피해는 아랑곳하지 않는 범죄를 저질렀다.

2017년 D사의 주가는 마지막 행사가의 15배가 넘은 11만 원대를 호가하고 있으니, 이들의 축재 방식은 일반인들과는 차원이 다르다. 이는 일가의 부만 축적하면 다른 사람의 피해는 아랑곳하지 않는 재벌의 전형적인 행태이며 지금과 다른 점이 있다면, 예전에는 모든 재벌가가 남의 눈치를 보지 않고 대놓고 했다는 데 있다. 코스피 상장 기업인 D사를 거론하는 이유는 그만큼 신주인수권부사채의 레버리지 효과가 상상을 초월하기 때문에 이를 소개하려 한 것이고, 그다음 목적은 이렇게 비양심적인 재벌들의 과거를 답습해 졸부를 꿈꾸는 코스닥 경영진들의 만행이

D사의 신주인수권부사채 조건

- 1999년 7월 15일 1억 달러어치의 미화 표시 BW(신주인수권 237만 주에 해당)를 D 종금을 통해 발행해 룩셈부르크 증권거래소에서 상장
- 발행 목적: 자금난 해소
- 행사가: 주당 5만 100원, 2008년 사업보고서의 마지막 행사가는 6990원까지 낮아짐
- 행사가 조정: 액면가, 주가가 낮아지면 행사 가격이 연동되어 낮아지는 조건으로 현재는 '상법'상 최초 행사가의 70%까지 조정이 가능하고, 정관에 별도 정함이 있으면 액면가까지 가능

지금도 이어지고 있다는 것을 강조하고자 함이다.

　　D사는 발행 당시 정관상 액면가(5000원)까지 조정이 가능하도록 규정되어 있었고, 이 조항은 지금도 살아 있다.

 신주인수권부사채의 극단적인 사례

만기	100년			
할인 금리	10%	20%	30%	50%
투자 금액	725,657원	120원	0.04원	0원

주: 100억 원어치 채권 발행 가정. 만기를 100년으로 고정하고 할인 금리를 변동시킬 경우.

할인 금리	20%			
만기	10년	30년	50년	100년
투자 금액	16.2억 원	4212만 원	109만 원	120원

주: 100억 원어치 채권 발행 가정. 할인 금리를 20퍼센트로 고정하고 만기를 변동시킬 경우.

　　표와 같이 100억 원어치의 신주인수권부사채를 만기 100년, 할인 금리 10퍼센트에 발행해 대주주 1인이 인수한다면 73만 원만 지불하고 100억 원어치 주식을 매수할 수 있는 권리를 향후 100년간 갖게 된다. 우리나라 옵션시장에서 레버리지 13.7배의 콜이나 풋옵션을 100년 동안 갖는 것과 같으니, 증권시장이 망하지 않는 한 재벌이 되는 것은 기정사실이다. 만약에 금리를 20퍼센트로 올리면 대주주는 120원만 내면 되며 금리를 올릴수록 투자 금액은 0에 수렴한다. 또 할인 금리를 20퍼센트에 고정시키고 만기를 늘리면 만기 50년부터는 투자 금액이 급격히 감소하니 사실상 공짜로 신주인수권만 받는 셈이다. 더욱이 1년 풋옵션을 부여하면 1년 뒤 발행사에 채권을 제출하고 원금과 이자를 받으면서 아무 비용도 들이지 않고 신주인수권만 얻게 된다. 앞에서 언급한 S 은행의 사례처럼 주가가 액면가를 하회할 때는 주주들의 유상증자 청약을 유도하기 위해 발행하는 것으로 이해할 수 있지만, 대주주 개인의 이익을 위한 것이라면 사회적으로 용인될 수 있는 범위를 넘어선다. 계열사인 E사를 통한 S사의 후계자 계승도 이런 계산 방식에서 출발했기 때문에 파장이 컸다.

 한국거래소 공시의 치명적 허점

한국거래소에서 규정하는 코스닥 기업의 퇴출은 상장 요건만큼이나 준엄하다. 이 요건들은 주로 계속사업 손실이나 자본 잠식, 장기 영업 손실 등 수치에 집중된다. 물론 감사 의견 거절이나 최종 부도 등과 같이 즉시 퇴출의 조건도 있지만, 그 이전 재무 상태에서 이미 전조가 나타나므로 지표로 판단하는 것이 감독 기관으로서는 용이하다. 그런데 계량적 지표나 주요 서류 제출 못지않게 중요한 사항이 경영진의 자질 문제인데, 이를 측정할 방도가 마땅치 않다. 한국거래소는 최대 주주 및 경영진의 배임, 횡령에 관한 사항을 상장 실질 심사할 때 종합적 요건에서 판단한다. 심사 항목을 보면 이들의 불법 행위로 생기는 회사의 피해 규모와 구상권 행사 및 회수 가능성이 주요 고려 대상으로 보이지만, 이는 시기적으로 맞지 않는다. 대주주가 연관된 횡령, 배임이 대법원에서 확정되면 회사는 이미 수치상으로 회생 불능 상태에 빠지는 것이 대부분이다. 그나마 분식 회계도 내부 고발이 있지 않으면 알 수가 없다. 적정 의견의 감사보고서를 제출한 회계 법인이 몇 년이 지난 뒤 자신들의 과오를 인정할 리가 없고 경영진이 자백할 리도 없으니, 내부 제보 외에는 방도가 없다.

한국거래소에서는 경영진에 대한 고소·고발을 조회공시 대상으로 삼지 않는다. 혐의가 없는데 소가 제기되었다고 해서 이를 모두 공시하거나 벌점을 부과하는 것은 공정하지 않기 때문이다. 반대로 명백한 위법행위를 저질러 소송이 진행되어도 판결이 나지 않으면 공시 대상에 되지 않는다. 지금은 대표이사가 사기 혐의로 고소를 당해도 판결 전에는 어떠한 공시도 하지 않는다. 설사 판결을 받았다고 해도 이사 자리에서 물러나면 법인과의 관계가 단절되므로, 회사의 피해를 막을 수 있다.

그러나 고소·고발의 접수도 공시되어야 한다. 또 고소·고발 접수 당시 피고소인, 피고발인이 회사의 이사(집행 임원 포함)였다면 당연히 공시되어야 한다. 회사에 피해가 가지 않는 한 일반 투자가들이 알 수 있도록 조회공시를 하고, 그에 대한 판단은 투자가에게 맡기는 것이 옳다. 코스닥 사주들의 범죄행위가 만연하고 그 죄가 위중함에도 판결 이전에는 아무것도 공개되지 않는 현 제도는 반드시 개선되어야 한다.

현재 코스닥 공시 규정에 의하면 회사는 "임원, 직원 등(퇴직자 포함)의 횡령, 배임 혐의를 확인했을 때", "가장 납입을 확인한 때" 자율 공시를 하도록 정하고 있지만, 죄를 저지른 본인이 알아서 공시할 리 만무하다. 그런 사실을 아는 투자가가 내용 확인을 위해 한국거래소에 조회공시를 의뢰해도 이 또한 무용지물이다. 설사 피해자가 고소장을 직접 경찰이나 검찰에 접수하고, 이를 조회공시 해도 한국거래소에서는 "해당 사항이 없다"라고 답변하니 답답할 뿐이다. 그렇다고 이에 대해 명확한 내부 규정이 있는 것도 아니다. 코스닥 상장사는 한국거래소나 한국예탁결제원(이하 예탁원) 등 증권 유관 기관에는 이른바 '고객'에 해당되므로, 명확히 증명된 사실이 아니면 그냥 덮고 지나가려는 습성이 있다. 일반 투자가들은 한국거래소의 공시 담당자에게 전화해도 정확한 답변을 듣기 어렵다. 한국거래소, 예탁원에게 일반 투자가들은 그저 제삼자일 뿐이다.

현 제도에서 공시에 나오는 회사의 발표는 상당한 의미가 있다. 그중 최대 주주와 경영진의 법률 위반 행위를 짐작할 수 있는 공시는 다음과 같으며, 모두 조회공시 대상이다.

• 가처분 신청

최근 몇몇 코스닥 기업을 상대로 진행된 가처분은 '신주 발행 및 주권 교부 금지', '주권 상장 금지' 등이었다. 일반 주식의 발행과도 연관될 수 있지만, 실제 발생한 사례는 모두 전환사채와 관련된 것이었다. '가처분'이라고 하면 언뜻 보기에는 경미한 사안 같지만, 상장사 주식과 연관된 것은 위중한 의미를 담고 있다. 대부분 유가증권의 중복 발행이나 위조, 변조와 관련이 있다. 또 횡령, 배임과도 불가분의 관계에 있다. 이처럼 소를 제기하는 사람은 전환사채에 투자하고 유가증권을 받았는데 본인이 전환 청구를 하기 전에 발행 금액 전액이 전환 청구된 사실을 인지했을 때, 또는 회사에서 전환 청구를 받아들이지 않을 때 전환 절차가 진행 중인 사안에 대해 제기한 것으로 봐야 한다.

이것은 투자가로서 받은 전환사채 대금을 경영진이 횡령해 중복 발행하거나 또는 위조된 채권을 교부한 사례에 해당한다. 이렇게 발행된 채권을 '문방구 채권'이라고 부른다. 이것이 만약 주식이라면 '문방구 주권'에 해당한다. 이와 같은 소를 제기하는 투자가는 단순한 채권자가 아니다. 아무리 채권자라고 해도 당 회 차 전환사채의 투자가가 아니라면, 가처분을 걸었다가 역으로 소송을 당할 수 있으므로 무모하게 소를 제기하지 않는다. 일반 채권자는 전환사채 증서를 들고 있을 리가 없다. 그런데 최근 일부 대주주가 본인이 차입한 돈에 대해 회사 명의로 차용증을 발행하고, 담보로 전환사채를 중복 발행한 사례가 있었다. 일반적인 회사에서는 상상도 할 수 없지만, 최근 몇몇 회사에서 실제로 일어난 사건이다.

이 두 가지 신청 중 '신주 발행 및 주권 교부 금지 가처분'은 채무자가 전환사채의 발행사인 상장사가 되며, '주권 상장 금지 가처분'은 채무자가 상장사, 제3 채무자가 '한국거래소'가 된다. 그런데 신청서를 접수한다고 해도 유가증권 위조의 주범인 발행사는 절대로 스스로 공시하지 않는다. 자기에게 불리한 내용은 거래소에서 조회하지 않는 한, 자발적으로 공시하는 경우는 없다. 전환사채의 전환은 길어야 2주라 법원의 송달을 기다리기에는 너무 다급하므로, 법원 접수증을 받아 한국거래소 풍문팀에 조회공시를 하면 된다. 그러면 한국거래소는 이를 인정하고 상장 유예 조치를 취한다. 실제로 상장 하루 전날 한국거래소에서 접수증 사본을 받아 상장을 유예시킨 사례도 있다.

• 파산 신청
가처분은 단순히 전환 중인 주식에 관한 조치인 반면, 법인에게 직접 타격을 입히는 것이 바로 '파산 신청'이다. 이는 본사가 소재한 법원에 접수한 뒤 한국거래소에 신청하면 당일 조회공시가 뜨고, 바로 '관리종목'에 편입되어 거래가 정지된다. 통상 이런 경우는 1년에 한두 번 발생하는데, 대부분 합의를 통해 파산 신청자의 취하로 끝이 난다. 드물게는 소액의 파산 신청을 법원에서 '이유 없음'으로 기각하기도 한다. 파산 신청이 들어왔다면 대주주가 노골적으로 불법을 저지르고 있다고 간주해도 무방하다. 신청자는 어떤 형태로든 경영진과 채권·채무 관계를 맺고 있으며, 주가가 떨어지면 불리한 위치에 있다고 봐야 한다. 그런데도 거래 정지를 무릅쓰고 파산 신청을 하는 것은 보통 사태가 아닌 것이다.

한 코스닥 회사는 대주주의 만행으로 6~7건의 파산 신청이 동시에 접수되어 6개월 이상 거래가 정지된 적도 있다. 이런 회사는 아무리 신청이 기각·취하된다고 해도 감당할 수 없는 부외부채 때문에 결국 파산의 길을 걷는다. 파산 신청은 회사와 명백한 채권·채무 관계가 있어야 법원에서 받아주므로, 아무나 할 수 있는 것은 아니다. 그렇지만 신청자가 진짜로 회사의 파산을 원하는 것은 아니다. 내용이 공시되고 거래가 정지되면서 경영진에 경각심을 불러일으키고, 궁극적으로 채권을 회수하는 데 목적이 있다. 법원에서도 기업의 생존이 불가능하다고 여겨질 만큼 큰 금액이 아니면 파산 선고를 하지 않는다. 섣불리 신청을 받아주었다가 수천, 수만 명의 개인투자가들이 피해를 입으면 법원으로서도 부담이 된다. 이렇게 성공하지도 못할 파산 신청이 계속 접수된다면 회사가 민형사상으로 큰 문제에 직면해 있다고 간주해도 무방하다.

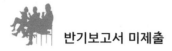

반기보고서 미제출

분기보고서는 회사가 작성해 직접 공시를 하므로 검증이 되지 않은 자료다. 매년 결산이 끝나고 회사가 작성하는 사업보고서도 분기보고서와 마찬가지로 회사가 임의로 작성한 것이다. 다만 감사보고서에 나오지 않는 사업 내용과 회사 개황이 자세히 언급되어 있어 나름대로 많은 정보를 담고 있다. 하지만 회계연도가 끝나고 회계 법인이 제출하는 감사보고서는 비록 재무 자료 위주이기는 하지만, 회사의 1년간 영업 성적표이자 경영의 건전성을 객관적으로 입증하는 중요한 자료다. 그래서 의견 거절, 부적정, 한정 등을 받으면 바로 상장폐지 된다. 회계 법인으로서는 지난 1년간 공시에 나온 각종 문제점에 대해 회사로부터 충분한 해명을 들어야 '적정' 의견을 낼 수 있다. 과거 회계감사가 미비했던 시절에는 친분이 있거나 돈으로 매수해 유리한 의견을 받아내기도 했지만, 지금은 제도가 엄격해져서 어림 반 푼어치도 없는 얘기다. 그동안 부정에 연루된 몇몇 회계 법인이 철퇴를 맞고 퇴출됨으로써 지금의 제도가 정립된 것이다.

감사보고서와는 달리 회계연도의 반이 지나면 한 달 반(감사보고서는 3개월) 안에 제출하도록 되어 있는 반기보고서는 성격이 모호하다. 약식 감사를 받기 때문에 회계 법인으로부터 정확한 평가를 받은 것으로 볼 수 없으므로, '적정', '한정' 등의 의견도 내지 않는다. 코스닥 퇴출과 관련해서도 반기보고서 미제출은 사업보고서와 함께 관리종목 편입에 그친다. 그리고 다음 해에 연속으로 제출하지 못하면 상장폐지 된다. 하지만 그 사이에 감사보고서를 제출해야 하므로 여기에서 모든 것이 판가름 난다. 반기보고서를 제출하지 못했지만 뒤에 감사보고서에서 적정 의견을 받았다면 그 회사는 회계 법인의 치밀한 검증을 통과한 것으로 간주되고, 이후 반기보고서는 무리 없이 받을 것으로 보인다.

그렇다면 반기보고서를 공시하지 못하는 기업은 어떤 상태에 있는 것일까? '지난 6개월간 회사에 중대한 사건이 발생했고, 이로써 회계 법인은 자신들이 적정 의견을 낸 전 회계연도의 보고서에도 자신이 없다'는 의미로 해석할 수 있다. 또 '현재의 회사 자산도 의심스러우며 부외부채의 존재에 관해서도 담당 회계 법인은 의심하고 있다'고 볼 수도 있다. 이 회사 때문에 회계 법인 스스로도 큰 피해를 볼까 봐 손을 못 댄다는 의미다. 다시 말해 일단 반기보고서 제출을 유예하고 세부적인 사항은 감사보고서를 제출할 때 세밀히 검증을 하겠다는 뜻으로 보면 된다. 이런 경우 회사의 자산은 거의 남아 있지 않다. 회사 자산을 담보로 차용하고 대주주가 개인적으로 사용하거나 사모사채를 중복 발행해 본인 빚을 상환하는 등 상상을 초월하는 비리가 비일비재하다. 이런 회사의 사주는 거의 예외 없이 고급 외제 차를 타고 다닌다. 사기꾼이기에 가능한 일이다.

 해외투자

100퍼센트 국내 매출밖에 없는 회사가 해외 자산을 취득한다면 눈에 불을 켜고 지켜봐야 한다. 명분은 신규 사업 진출이지만, 그동안 없었던

해외 사업이 갑자기 생기는 것도 이상하고 보유한 인력으로 봐도 사실상 추진하기 어렵다. 코스닥 회사가 해외로 눈을 돌리는 이유는 간단하다. 국내 투자 요건이 까다롭기 때문이다. 비상장사의 지분을 획득하려면 실사를 통해 평가(valuation)를 해야 하는데 부풀리는 것이 용이하지 않으므로 빼돌릴 것이 별로 없다. 오히려 잘못하면 업무상 배임죄에 걸리기 십상이다.

이에 반해 해외투자는 한번 이루어지면 사용에 큰 제약이 없다. 첫째, 장소가 해외인 탓에 감시의 눈이 적다. 둘째, 투자자산 평가를 현지 회계 법인에서 하므로 국내에서 재검증이 어렵다. 셋째, 해외 현지의 A사에서 B사로 한 차례 더 자본 이전이 되면 조작도 얼마든지 가능하다. 한국에서 주가조작으로 바쁜 사람들은 보통 해외에 자산을 놔두고 싶어 하지 않는다. 관리도 힘들고 다시 가져오는 데 제약도 많다. 하지만 일단 내보기만 하면 자기 마음대로 쓰는 데는 아무 지장이 없어 자주 애용되는 수법이다. 해외투자에 문제가 있는 것으로 의심이 가도 한국의 감독 기관이 현지에서 조사하는 것은 불가능하다. 범죄 사실이 완전히 입증이 되어 현지 사법 당국의 협조를 받지 않는 한, 감독 기관이 현지에 간다고 해도 밖에서 사진 몇 장 찍거나 회계 법인 사무실 앞에서 발길을 돌리는 수밖에 달리 방도가 없다. 상장폐지 후에 투자가들의 고소·고발이 있더라도 해외에서 관련 자료를 폐기해 증거를 없애는 것 역시 식은 죽 먹기다.

치밀하게 계획된 경제 범죄에 대해서는 법의 손길이 미치지 못하는 것이 현실이다. 몇 해 전 지면을 뜨겁게 달궜던 '구리왕 C', '선박왕 K'가 좋은 사례다. 국세청이 야심차게 추진했던 역외 탈세 근절을 위한 노력의 일환으로 1600억 원대의 세금이 부과된 C 씨는 과세 적부 심사에서 "세금 추징이 부당하다"라고 결론이 나면서 세금을 한 푼도 내지 않게 되었다. 국내 거주자에 해당하지 않는다고 판단한 것이다. 3051억 원의 세금이 부과된 K 씨도 대법원까지 가는 법적 공방 끝에 결국 2억 4400만 원에 대해서만 유죄 판결을 받았다. 이들은 모두 해외 거주자로 현지 법률가와 세무 전문가의 조언을 받아 어느 나라에서도 큰 세금을 내지 않는다. 법과 제도를 악용해서 그렇다. 세계가 글로벌화되면 될수록 이런 사례는 더욱 늘어날 것이다. 그래도 국세청은 국제화된 공조 체계를 갖춰가고 있지만, 금융감독원은 해외에는 전혀 손도 대지 못하고 있으면서 국내에서만 큰소리를 치고 있다. 그것도 만만한 금융기관을 상대로만 그렇다.

일반 형사 사범과는 달리 경제 사범에 대해서는 각 나라 간 이해관계가 엇갈린다. 과세 문제가 첨예하게 대립하기 때문에 협조를 받기 어렵다. 설사 유죄 판결을 받아 국내에서 복역한다고 해도 본인이 자발적으로 추징금을 납부하지 않는 한 해외에 있는 자산을 가져오는 것은 거의 불가능하다. 범죄행위에 해당하는 돈을 대신 빼앗는 것이 추징인데, 스스로 내지 않으면 검찰은 은닉 재산을 찾아내 민사소송을 통해 받아내야 한다. 하지만 3년의 집행시효가 만료되면 부과 효력이 소멸한다. 그래서 우리나라 재벌들이 해외에 현지법인을 설립하고, 이를 통해 현지에서 별장을 사면 국내에서는 그 누구도 알 길이 없다. 그런데 투자 대상이 현지의 다른 회사라면 이에 대한 평가도 어렵고, 몇 년 뒤 사업 실패를 이유도 전액 상각해도 이를 추적해 밝혀낼 재간이 없다. 우리나라 기업 중 수많은 회사가 이런 방식으로 수백억 원씩 빼돌렸지만, 구속된 사례를 찾기 어렵다. 해외투자에는 사법 당국의 영향력이 거의 미치지 못한다.

대표이사 변경과 경영권 양·수도

최대 주주에 비해 최고 경영자가 계속 바뀐다면 회사에 큰 문제가 있다는 징후다. 그것도 회사 업무와 연관이 없는 사람들이 들락날락한다면 내부적으로 심각한 문제가 있는 것이다. 대표이사가 횡령·배임에 연루되면 채권자들의 상환 압박이 심해지고 주가가 폭락하는 등 불리한 상황이 발생하므로, 회사로서는 이를 공시하지 않으려고 한다. 이때 할 수 있는 것이 경영에 계속 관여하면서 이사직에서는 물러나는 것이다. 그런데 한국거래소의 공시 규정을 보면 대표이사, 감사, 감사위원, 사외이사의 중도 퇴임에 한해 공시를 하도록 되어 있다. 즉, 대표이사가 중도 퇴임을 하면 공시를 해야 하는데, 만약 회사가 이것이 불리하다고 판단이 되면 대표이사를 변경하면 그만이다.

어떤 회사는 단독대표 체제에서 공동대표 또는 각자대표 체제로 자주 바뀐다. 공동대표는 복수의 대표가 합의를 하지 않으면 대표권을 행사하지 못하는 제도이고, 각자대표는 각각의 대표가 각자 많은 사업 부분에 대해 독립적인 의사 결정을 할 수 있는 구조다. 대기업에서도 경영의 효율성 제고와 힘의 견제를 위해 최근에 도입하는 추세다. 그러나 코스닥에서는 다른 의미로 해석해야 한다. 공동대표는 경영에는 관여하지 않는 쩐주가 회사에 들어와서 감시를 하는 경우가 많고, 각자대표는 새로운 투자가가 들어와 자기 투자금으로 자기 사업을 독립적으로 하는 경우로 봐야 한다. 이런 변화 속에 다시 단독대표 체제로 변동이 되면 양측의 합의에 의해 한쪽이 양보하는 것이다. 물러난 대표가 이후 평이사직에서 사임을 하더라도 공시할 의무는 없다. 이런 내부 사정은 아무리 노력해도 외부에서는 눈치채지 못한다. 이런 머리로 공부했으면 고시에도 붙었을 텐데 참으로 아까운 사람들이다.

 주요주주의 지분 공시

새로운 사주와 경영진이 구성되면 당해 법인의 주요 경영 사항에 대해 사실상 영향력을 행사하고 있는 주주는 지분율과 관계없이 주요주주로 분류되며, 보유 주식의 변동을 의무적으로 공시해야 한다. 그런데 회사의 일방적인 신고에만 의존할 뿐 이를 객관적으로 검증하거나 관리하는 체계가 없다. 보통 코스닥 회사를 인수하게 되면 부족한 돈을 쩐주에게 빌리고 쩐주는 인수한 회사의 주식을 담보로 잡는다. 이 과정에서 주식은 실물로 출고되어 쩐주의 금고에 보관된다. 문제는 그다음인데, 주가가 떨어져서 주식이 반대매매 되고 대주주의 지분이 내려가도 스스로 공시하지 않으면 투자가들은 전혀 알 수가 없다. 반대로 작전에 의해 주가가 급등하면 주식을 팔아 대출금을 상환하는데, 이 경우에도 투자가들은 그 내용을 알 방도가 없다.

몇백만 주에 달하는 대주주 지분이 장내에 매각되어 주가는 떨어지는데 그런 정보를 대주주와 쩐주 둘만 알고 있다면 이는 중대한 정보의 비대칭이다. 만약 주가가 하락해 쩐주가 대주주의 지분을 모두 팔아치우면 주가는 더 급락하고, 상황이 이렇게 되면 대부분의 쩐주는 바닥을 친 주식을 다시 긁어모아 대주주가 된다. 물론 빌린 돈을 못 갚을 경우에 대비해 쩐주는 이사들의 사임서와 경영권 양·수도 계약을 사전에 체결해놓았으니, 경영권에 대해 걱정할 필요는 없다. 이들은 주가가 떨어지는 이유와 반등하는 시점을 다 알고 매매를 하니 이익만 취하면 되지만, 이를 모르는 일반 투자가들은 주가의 급등락을 보고도 아무런 정보가 없으니 답답할 뿐이다.

현재의 지분 공시 제도 중에서 '주식등의 대량보유상황의 보고'(5% 룰: '자본시장과 금융투자업에 관한 법률' 제2절)와 '임원 등의 특정증권등 소유상황 보고'('자본시장과 금융투자업에 관한 법률' 173조)는 금융감독원이, '최대 주주 등의 소유주식변동신고'('유가증권시장 상장규정' 60조)는 한국거래소에서 담당하고 있다. 그런데 거래소의 최대 주주 지분 변동 신고는 유가증권시장 (코스피) 상장주에 한정된 규정이고, 지분이 변동할 때 "지체 없이 신고"하도록 되어 있으나 위반했을 때의 제재 조치가 없어 유명무실하다. 따라서 경영권을 보유한 주요주주에 대한 지분 감시는 '자본시장과 금융투자업에 관한 법률'의 규정을 준용해야 하고 금융감독원의 감독 기능에 의존해야 한다. '자본시장과 금융투자업에 관한 법률'에 의하면 주요주주가 된 날부터 5영업일 이내, 지분 변동이 있는 경우 관련 내용을 5영업일 이내에 보고하도록 되어 있다. 첨부할 증빙서류로, 장내 매매는 증권사의 매매 내역 전산 파일 또는 지점장 직인이 있는 매매 거래 원장이 있어야 하고, 장외 매매는 계약서와 대금 납입 및 주권 인도 관련 서류가 필요하다. 하지만 직인이 없는 매매 거래 원장이나 홈 트레이딩 시스템(home trading system: HTS) 매매 화면도 본인의 서명이 있으면 받아줄 뿐만 아니라, 사문서 위조를 쉽게 하는 사람들이 제출하는 계약서를 인정하고 있으니, 이런 규정 자체가 그다지 실효성은 없다(참고: 금융감독원, 『기업공시 실무안내』).

선량한 투자가를 보호하기 위해서는 대주주와 일반 투자가 사이의 불공정한 제도를 개선해야 한다. 가장 좋은 방법은 대주주와 특수 관계인의 주식은 금융기관에 반드시 예치하게 하고, 지분 변동이 있을 경우 해당 금융기관이 자동으로 보고하는 장치를 마련해야 한다. 그리고 주식담보를 할 경우 주식을 보관하는 것도 반드시 금융기관 계정에 제한하며, 장외 매매를 해도 지정 법무 법인이나 금융기관에서 인증을 받도록 해야 한다. 이를 모든 금융기관으로 확대하면 또 다른 방법으로 공시를 피해나갈 방법이 있으므로, 금융기관은 주식 매매나 수탁 기능이 있는 금융투자회사와 은행으로 한정해야 한다. 이렇게 하면 지금처럼 특수 관계인의 지분 변동 신고는 똑같이 해도 조회공시에 따른 지분 변동 신고의 부정은 막을 수 있다. 또 대주주의 반대매매나 주가 급등락을 이용한 차익 거래, 내부자 거래도 모두 적발할 수 있다. 설사 사전에 방지하지 못하더라도 사후 검증은 가능하니 함부로 부당한 주식 거래를 하지 못한다.

유명무실한 사내 감사

주식회사에서는 주주총회, 이사회 또는 대표이사, 감사 이 세 기관이 독립적으로 필요한 상설 기관으로 분류될 정도로 감사의 역할은 중요하다. 감사는 주주총회에서 선임되지만, 이사가 아니므로 이사회의 정식 회원은 아니다. 하지만 필요하다고 판단되면 이사회 참석도 가능하며 독립적인 직무 권한을 행사하는 등 막강한 힘을 갖고 있다. 그런데 우리나라에서는 대주주가 임명해 자리만 지키는 거수기 역할을 담당한 채, 궁극적으로 어떠한 책임도 지지 않으니 큰 문제다. 특히 순수한 경영상의 판단이 아닌 경영진의 비리와 관련된 부분에서 방관자적인 태도를 취하고 있고, 때로는 아예 같은 목적으로 움직이니 현행 감사 제도에 대한 보완이 절실하다.

감사는 이사들의 업무 집행과 회계에 관해 감사권을 갖고 있다. 즉, 경영상 문제가 있다고 판단되면 이를 파악하고 시정해야 하며 여의치 않을 경우 이사의 위법행위 유지청구권, 주주총회 소집 청구권 등 이사회에 대항할 정도의 권한을 갖는다. 그런 권한을 가진 만큼 그에 상응하는 책임도 있지만, 우리나라에서 기업이 상장폐지 된 뒤 감사에게 책임을 물었다는 얘기는 들어본 적이 없다. 통상 상장폐지가 되면 피해를 입은 투자가가 회사의 임원진을 상대로 소를 제기하게 된다. 회사가 망했으니 투자금을 회수할 방법은 없고, 임원 개인들을 상대로 소송을 제기함으로써 마지막 희망을 거는 것이다. 그런데 이 소송에서는 임원 개개인의 고의 또는 중과실이 있어야 하고, 이를 원고인 투자가가 입증해야 한다. 하지만 외부의 일반 투자가가 사내 임원의 중과실을 입증할 자료를 제시하는 것은 현실적으로 불가능하다. 이사와 감사가 책임을 다하지 못한 것이 회사가 망한 배경일 거라는 정황 증거 외에는 입증할 방법이 없는 것이 현실이며, 이와 비슷한 판례에서 투자가들은 거의 패소한다.

이를 보완하기 위해 현행 제도는 획기적으로 개선되어야 한다. 경영에 대해 결정하고 집행하는 이사와 달리 감시 기능을 담당하는 감사는 당연히 외부에서 지명되어야 한다. 변호사, 회계사 또는 금융기관 경력이 있는 전문직 인사들로 사전에 인력 풀(pool)을 구성하고, 회사가 요청할 때 주주총회에서 무작위로 한 명이 선임되도록 하면 된다. 감사는 회사의 경영을 감시해야 할 책무가 있으므로, 대주주와 관련이 없는 곳에서 나와야 객관적인 직무 집행이 가능하다. 또 회사에 문제가 있는 것으로 판단되면 관련 내부 정보를 감사가 공시하도록 권한을 부여해 대주주나 대표이사 등의 범죄를 사전에 방지하고 투자가를 보호해야 한다.

현행처럼 대주주가 임명하고 이사회에서 조직적으로 저지르는 범죄에 대한 과실 나누기에 급급하다면, 감사 제도 자체가 무의미해진다. 그리고 상장폐지 등 회사에 중대한 사고가 생긴다면 독립적 권한 행사 기관인 사내 감사가 그에 상응하는 처벌을 받도록 해야 한다. 그래야 변호사나 회계사가 개인 사업을 목적으로 감사 자리만 차지하고 범죄를 눈감아주는 비리를 막을 수 있다. 현 제도를 개선하지 않으면 이사와 감사 모두 대주주와 한통속이 되어 일반 투자가에게 피해를 전가하는 악습이 결코 바뀌지 않을 것이다.

법인 등기부 등본의 교훈

상장사의 공시가 살인 사건의 현장이라고 한다면, 회사의 법인 등기부 등본은 피살자의 혈흔과도 같다. 여기에는 사람의 주민등록번호에 해당하는 법인의 등록 번호, 주당 액면가, 주소, 사업 목적 등 기본적인 정보 외에도 임원 변경, 자본금 증액, 사모사채 발행에 관한 내용을 모두

일목요연하게 담고 있다. 특히 설립한 이후의 모든 변경 사항이 기재되어 있고 폐업한 후에도 그대로 남는다는 점에서 금융감독원의 전자공시와 함께 법인의 범죄 흔적을 추적할 수 있는 양대 축을 이룬다. 공시의 경우 중요한 사항이 아니면 하지 않고 넘어가기도 하며, 설령 중대한 공시 위반이라 해도 한국거래소의 벌점 외에 법인의 권익에는 별다른 피해가 가지 않는다. 하지만 법인 등기부 등본에 잘못이 있으면 훗날 법률적 책임을 질 수도 있으므로 상당한 주의가 필요하다.

매출액도 많지 않고 흑자와 적자를 매년 반복하는 수준의 코스닥 회사의 등기부 등본을 열람했을 때 페이지가 많다면 일단 문제가 있는 회사다. 잦은 주주총회 소집, 임원 변경, 증자 등기, 새로운 사업 목적의 추가, 사채 발행 등으로 누더기가 되어 있다는 증거다. 어느 상장사의 사업 목적을 보면 탄소 나노 섬유 제조 및 개발, 환경 기기 제조, 인터넷 쇼핑몰, 영상 및 음반 제조, 부동산 분양업, 의약품 수출업 등 서로 연관 없는 수백 가지 사업이 나열되어 있다. 재벌 그룹 전체가 달려들어도 하지 못할 일을 직원 20명인 회사가 하겠다는 것은, 안 하겠다는 뜻이다. 또 설립한 지 채 10년이 되지 않았는데, 등본이 40페이지에 달하는 회사도 있는데 모두 문제가 많은 경우다.

예컨대 선임된 임원이 자주 그만두는 것은 회사가 하는 일이 의심스럽고, 그 결과가 자신에게 피해로 돌아올까 두려워한다는 의미다. 그래서 이상한 회사를 보면 임원 재임 기간이 유달리 짧다. 대표이사의 사임 외에도 해임이 있으면 경영권 분쟁이 있었다는 증거이므로, 남아 있는 경영진에 대한 검증이 필요하다. 등본에는 또 대표이사(공동대표, 각자대표 포함)의 집 주소가 기재되어 있다. 물론 집 주소 자체도 상당히 유의미한 정보이지만, 부동산 등기부 등본을 열람해보면 그 대표의 소유 여부, 소유 기간을 추가로 알 수 있다. 집이 본인 소유인데 시세보다 큰 금액의 근저당이 설정되어 있다면 문제가 있다. 만약 전세 등기도 되어 있지 않다면 월세로 살고 있다는 뜻이다. 집은 최고급 주상 복합 아파트인데 대표이사가 월세로 살고 있다면, 그 사람은 정상적인 경영자가 아니라고 보아도 좋다.

08
상장폐지를 면하는 100가지 기술

기업 인수 시 주요 고려 사항

M&A에서 중점적으로 점검할 사항은 투자가의 성격에 따라 다르지만, 일반적으로 기업의 수익성, 성장성, 기술력, 자산 가치 등이 있다. 하지만 기업사냥꾼은 정상적인 경영을 통해 기업 가치를 올리는 것이 아니라 단기 재료와 작전을 동원해 수익을 극대화하는 데 목적이 있으므로, 기업 인수 시 접근 방법이 다르다. 이들은 큰돈을 들여 좋은 기업을 사는 것보다, 가치가 없는 껍데기 회사를 싼값에 사기를 원한다. 그래야 주가 상승의 여지가 크고, 작전의 성공 확률도 높아진다. 이와 동시에 단기 투자에 수반될 수밖에 없는 리스크의 최소화에도 주력한다. 이들이 상장사를 인수할 때 상기 조건 외에 반드시 확인하는 몇 가지 중요한 내용이 있다.

❶ 관리종목 여부
❷ 영업 손실의 지속 연수

❸ 납입자본금 규모

❹ 사내 현금 보유량

❺ 시가총액

❻ 사모사채 발행 잔액

　일단 관리종목이라면 관심 밖의 회사로 간주된다. 하지만 관리종목에 편입된 사유가 중요하다. 자본잠식률에 의한 것이라면 무상감자(減資)를 하면 되니 별문제 아니고, 법인세 차감 전 계속사업 손실 요건에 해당되면 벗어날 수 있는 여지가 있다. 제일 문제가 되는 것은 장기 영업 손실이다. 코스닥 시장 규정에 의하면 최근 4사업연도에 연속으로 영업 적자를 시현하면 관리종목에 편입되기 때문에 회사에 비상이 걸린다. 한 해만 더 영업 적자를 내면 바로 상장이 폐지되기 때문이다. 그래서 3년간 영업 적자를 낸 회사는 4년 차에 흑자를 내든가, 아예 자신이 없으면 해당 연도에 회사를 매각한다.

　때로는 관리종목이기 때문에 프리미엄이 낮은 것도 인수자에게는 매력적일 수 있다. 그래서 관리에서 탈피할 자신이 있는 투자가라면 가격을 후려쳐 관리종목을 인수하기도 한다. 이 경우에는 증자를 할 수 있는 자금력과 영업이익을 올릴 수 있는 기존 사업이 있어야 한다. 그런데 업계에서 잔뼈가 굵은 선수라면 돈 한 푼 없이 찍기 증자를 하고 주변 회사의 이익을 잠시 빌려오기도 한다. 법률 위반이고 회계 부정이지만, 결과적으로 이익이 된다면 그런 일도 위험을 무릅쓰고 하는 사람들이다. 이 바닥에서는 그것도 실력이다.

납입자본금과 전환사채의 처리

납입자본금이 크면 그만큼 유상증자나 전환사채 발행 등 자본조달이 많았다는 뜻이므로, 주식 수가 많아 주가 움직임에도 방해가 된다. 이런 회사라면 인수 주식의 수를 최소화하거나 인수 후 주식을 대량 매각한 다음 감자를 결의하고 납입자본금을 줄이면 된다. 회사에 특별한 호재가 있지 않는 한 감자를 하면 주가는 이론가에 비해 떨어지는 것이 일반적인 현상이다. 감자에는 유상감자와 무상감자가 있는데, 대부분의 상장사가 투자가에게 현금으로 보상하기를 원하지 않으므로 대개는 무상감자를 한다. 주가가 1000원인 회사가 2 대 1로 감자하면 이론가는 2000원이 되므로 시가총액에는 변화가 없다. 하지만 유통 주식 수가 반으로 줄면서 매물 압박이 감소해 작전을 하기에 용이한 조건이 된다. 또 이를 자본잠식 탈피를 위한 수단으로 실시했다면, 경영권을 넘기기 위한 목적으로 볼 수도 있다.

납입자본금이 크지 않더라도 미상환된 전환사채가 얼마나 남아 있는지도 중요하다. 회사의 공시(사업보고서, 반기보고서, 분기보고서)를 보면 발행된 사채의 잔액이 회차별로 나와 있어 조금만 관심이 있으면 앞으로 도래할 전환사채의 규모를 알 수 있다. 여기에서는 전환가가 매우 중요하다. 전환가가 현재 시세보다 현저히 낮고 전환 기간이 곧 도래한다면 이는 주식으로 전환될 가능성이 높으므로 그만큼 주식 수가 증가하는 단점이 있다. 하지만 기업가의 입장에서는 상환 의무가 사라지므로 짐을 덜게 되는 장점도 있다. 반대로 전환가가 현재가보다 높고 향후 오를 가능성이 없다면 이는 계속 빚으로 남아 있기 때문에 회사는 차환 발행을 하거나 현금으로 원리금을 갚아야 하는 부담을 안게 된다.

이미 발행된 전환사채가 풋옵션 행사로 조기상환(만기 전 상환)되면 코스닥 회사에는 호재가 된다. 투자가의 권리이므로 당연하다 생각할 수도 있지만, 최근 코스닥 시장에서 돈이 없어 풋옵션 행사에 응하지 못하는 곳이 많다는 점을 감안하면 그런 회사는 좋은 축에 속한다. 전환사채와 같은 사모사채의 발행 횟수가 과도하게 많다면 회사 경영보다는 자본 조달에 치중했다는 의미이니 감점 요인이고, 인수 시 발행 잔액이 크면 인수자가 상환 의무를 지게 되니 좋은 조건이 아니다. 전환사채 투자가의 실체도 중요하다. 국적 불명의 투자조합보다는 금융기관에서 사모사채에 투자하면 차환 발행에도 용이하고, 발행 시 시장 반응도 좋다.

 사내 유보 현금의 이용 방법

회사 내부에 현금을 상당히 보유하고 있다면 인수 1순위에 해당된다. 매도자에게 지불할 프리미엄을 여러 경로를 통해 회삿돈으로 지불할 수 있는 가능성은 열려 있기 때문이다. 물론 개인이 지불해야 할 프리미엄을 공금으로 지불하면 배임이자 횡령이 된다. 과거에는 사내 유보금을 내 돈처럼 가져다 썼지만, 지금은 감시의 눈이 많아 그렇게는 하지 않는다. 인수한 상장사가 다른 비상장사에 투자를 하고 이 자금이 다시 매도자에게 프리미엄으로 지불되는 방법을 쓰거나 합법적인 대여금 형태로 처리한다. 회계사가 인정하는 정상적인 방법으로 현금을 유출하면 일단 시간을 벌게 되고, 이 계정에 대한 처리는 천천히 고민해도 늦지 않다. 현금만 있다면 꼭 유출하지 않아도 처리할 방법이 도처에 깔려 있다.

요즘에는 기존 사업 가운데 일부를 신사업 형태로 물적 분할(인적 분할과 대비되는 표현으로 신사업을 별도 법인으로 분리시켜 기존 사업의 자회사로 편입시킨다)하고, 이를 기존 대주주에게 매각하는 식의 신종 수법도 등장했다. 이 경우 신사업을 최대한 저평가하기 위해 이미 상각된 무형자산 중 상당히 가치 있는 것은 귀속시켜 매도자에게 헐값에 넘기는 수법이다. 기존 대주주는 이에 대해 이미 가치판단이 선 상태이므로 본절차는 일사천리로 진행된다. 이런 출구 전략(exit plan)은 벌써 수년 전부터 세워왔었기 때문에 매수자와 합의만 잘되면 아무도 눈치채지 못하게 일을 마무리할 수 있다. 특히 바이오산업, 신재생 에너지, 벤처 산업 등은 특정 부분의 실적이 없는 경우 회계 법인에서 그 가치를 인정하지 않기 때문에 이런 수법을 구하기에 매우 용이하다. 회사가 M&A 된 직후에 사업의 분할과 매각 공시가 나온다면 거의 100퍼센트 이 경우에 해당된다.

기업 인수 시 가장 선호되는 가벼운 회사

이 요건들은 모두 인수한 뒤에 곧 퇴출될 가능성이 있는지를 판가름할 중요한 사항이다. 이런 조건에 따라 인수 시 프리미엄 규모가 결정되는데, 이른바 선수들이 가장 선호하는 회사는 시가총액이 낮아 주가 상승에 대한 기대가 높고, 기존 사업이 거의 없으며, 직원(특히 노조)이 없어 구조 조정을 할 필요가 없고, 보유한 현금이 얼마간 있어 지불할 돈의 일부를 사내 자금으로 충당할 수 있는 곳이다. 또 순 자산이 0이라고 해도, 매각할 수 있는 재산이 있다면 금상첨화라고 생각한다. 보통 사람이라면 이해가 되지 않겠지만, 이들은 회사 자산은 내 것이고 부채는 갚지 않아도 된다고 생각하는 별종이다. '설사 일을 그르쳐 교도소에 가는 한이 있어도 일단 돈을 챙길 수 있다면 챙기고 보자'고 생각한다. 이렇기 때문에 오늘도 수많은 기업과 투자가가 몸살을 앓고 있다.

일반인들은 기존의 매출액이 있고 종업원이 많으면 회사가 안정되었다고 생각하기 쉽다. 그것은 같은 업종에서 잔뼈가 굵은 기업가가 인수할 경우에만 맞는 얘기다. 기업사냥꾼은 매출이 크지만 이익 규모는 크지 않고 종업원이 많은 회사를 제일 싫어한다. 일단 무겁다. 비용 절감을 위해 직원 수를 줄이고 싶어도 상당한 시간과 비용을 지불해야 하는데, 인수자가 거기에 신경 쓸 겨를이 없다. 또 별도의 사업을 벌이기라도 하면 시장 반응과는 다르게 종업원들이 색안경을 끼고 보니 운신의 폭이 좁다. 조직이 큰 기업은 말이 많고 내부 정보가 새나가기도 쉽기 때문에 좋은 인수 대상이 될 수 없다.

설사 순수한 뜻을 가진 기업가가 창업을 하는 것보다 기존 사업체를 인수하는 것이 낫다고 생각해 인수하더라도, 기본적으로 제품의 내용과 특성을 알지 못하면 거의 실패한다. 작은 식당을 운영하려고 해도 주방일부터 서빙, 계산 등 모든 것에 능숙하지 않으면 낭패를 보듯, 어느 업종이든 문외한이 쉽게 할 수 있는 일은 없다. 그러므로 인수자는 기존 사업이 거의 없는 회사를 선호한다. 이들에게는 투자가들에게 충격을 줄만한 신규 사업을 붙여 주가를 상승시킬 수 있는 가벼운 셸이 필요한 것이다.

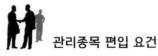

관리종목 편입 요건

　코스닥 시장의 퇴출 요건 중 일차 관문인 관리종목에 편입되는 요건
은 수십 가지가 있다. 그중 매출액, 시가총액 등의 요건은 비현실적으로
작고, 지분 분산, 불성실 공시, 사외 이사 같은 요건은 맞추면 되기 때문
에 크게 문제가 되지 않는다. 최근에는 불성실 공시 때문에 벌점을 맞는
회사가 많은데, 그것은 실무에 밝지 않거나 관리가 허술해서 그렇다.

　또 한국에만 있는 특별한 규정으로, 자본잠식률[{(자본금-자기자본) / 자
본금}×100]이 50퍼센트를 초과하면 관리종목에 편입된다. 여기에서 자본
금은 납입자본, 자기자본은 순 자산(총자산-총부채)을 의미한다. 예를 들
면 납입자본 100억 원인 회사가 결산을 하니 자기자본이 40억 원으로 줄
었다면 자본잠식률은 60퍼센트[{(100억-40억) / 100억}×100=60]가 된다. 하지
만 이 조항을 벗어나는 방법은 아주 간단하다. 감자를 하면 된다. 연말에
자본금 100억 원을 50억 원으로 2 대 1 감자를 하게 되면 자본잠식률은
20퍼센트[{(50억-40억) / 50}×100=20]가 되므로 문제가 사라진다. 하지만 이
조항은 문제가 있다. 지금은 법정 최소 액면가로 발행하거나 아예 무액
면주로 발행을 하는 것이 세계적인 추세이므로 납입자본금은 의미가 없
다. 국내에 상장된 일부 외국인 기업이 이미 무액면주로 전환했다. 이 경
우 납입자본금은 없고, 자기자본과 발행주식 수만 남게 되므로 이 조항
자체가 무의미해진다. 다만 같은 범주에 있는 '자기자본 10억 미만' 회사
의 관리종목 편입은 유의미한 것으로 볼 수 있다.

마법과 같은 감자의 효능

자본감소를 의미하는 감자에는 두 가지 종류가 있다. 어떤 보상을 지불하고 자본금을 줄이는 유상감자(대금을 납입하고 주식 수를 늘리는 유상증자와 반대 개념)가 있고, 아무런 대가 없이 줄이는 무상감자가 있다. 회사가 감자를 할 정도면 돈이 없다는 것이므로 여기에서는 무상감자를 말한다. 보통 자본잠식이라고 하면 자기자본이 납입자본금보다 적은 상태를 말하며 자기자본이 0 이하로 내려가면 완전 자본잠식이라고 한다. 그런데 납입자본이 아무리 크더라도 자기자본이 0 이상이라면 그다음부터는 숫자 놀이에 불과하다. 예를 들어 납입자본이 100억 원인 회사가 적자 누적으로 자기자본이 20억 원에 불과할 경우 10 대 1 감자를 통해 납입자본금을 10억 원으로 줄이면, 이 회사는 유보율 100퍼센트의 우량회사로 거듭난다. 보통 회계 쪽에서는 이를 '자본 감소 방법 중 하나로서 누적 결손금이 커질 경우, 자본금을 줄여 회계상의 손실을 털어내는 방법으로 이용된다'고 설명한다. 회사의 지표에는 전혀 변화가 없으면서 자본금을 줄여 결과만 좋게 만드는 일종의 착시 현상에 불과하다. 우리나라는 예로부터 납입자본금에 큰 의미를 두는 관습이 있어 그런 모양이다. 그래서 이를 '형식적 감자'라고도 부른다.

이에 반대되는 의미가 무상증자인데, 과거에는 회사가 무상증자를 발표하면 그만큼 주가가 올랐다. 가격 제한 폭이 작았으므로 며칠씩 상한가를 치는 사례도 많았다. 주식 수가 늘어나면 주머니가 두둑해지므로 이를 호재로 생각한 것이다. 무상을 100퍼센트 실시하면 보유 주식은 두 배로 늘어나지만, 주당 가치는 반으로 줄어든다. 즉, 주당 순 자산, 주당 순이익이 모두 2분의 1로 줄어드니 실제로 보유한 재산의 가치는 그대로다. 증권시장에서 100퍼센트 무상증자가 실시되면 이론권리락 가격은 2분의 1로 줄어드니 사실상 이익도, 손해도 아니다. 무상감자도 마찬가지다. 주식 수가 2분의 1로 준다면 1주에 해당하는 자산, 부채, 순 자산이 모두 두 배로 늘고, 이익과 관련된 주당 지표도 모두 같은 비율로 증가한다. 또 이론 주가가 두 배로 올라가니 계산상으로는 손해가 나지 않는다. 하지만 실제로는 무상증자 이후 주가가 하락하는 경우가 많다.

그동안 쌓아온 학습효과 때문에 주가가 오른 데 대해 거부감이 있고, 감자를 할 정도로 재무구조가 나쁘다는 사실 때문에 주가가 상당히 하락한다. 하지만 앞의 사례처럼 자본잠식률 때문이라면 감수해야 할 대목이다. 또 초기에는 원래의 주가로 회귀하는 습성 때문에, 시간이 좀 더 지나야 사람들이 이에 익숙해진다. 회사의 재무구조가 탄탄(?)해지고 주식 수가 감소하면 조그만 재료에도 크게 오르는 탄력이 생긴다. 무상감자는 중대한 경영상 판단 중 하나이므로 주주총회의 특별 결의를 통해 시행하도록 규정되어 있는데, 이럴 경우 반드시 해야만 하는 상황이므로 부결되는 예가 여간해서는 없다.

최근에는 무상감자 이후 주가가 급등하는 사례도 많이 나온다. 관리편입이나 상장폐지 같은 악재를 모두 털어버리고 깨끗한 회사로 거듭났으니 시장 선수들의 인수 타깃이 된다. 실제로 무상감자를 한 다음, 인수자를 물색해 팔고 나가는 경우가 많다. 이때 좋은 펄을 갖고 들어오는 인수자를 만나면 프리미엄만 받고 회사를 넘긴 후 보유하고 있는 물량을 상승기에 팔아 이중으로 이익을 챙기기도 한다. 감자 이후 재무제표상 큰 이슈가 없는데도 회사를 팔고 나간다면 사내 문제의 해결을 위한 것이다. 공동 인수 이후 현금의 사용, 자금 조달, 신사업 진출 등 경영권을 놓고 분쟁이 생기면 회사를 팔고 관계를 깨끗이 정리하는 것이 가장 좋은 해결 방안이다.

매출액, 시가총액 늘리기

최근에는 회계연도 매출액이 30억 원 미만이면 관리 대상이 된다. 하지만 매출이 30억 원에 못 미치는 회사는 좀처럼 찾아보기 어렵다. 상장사에 붙이고 싶은 비상장사가 도처에 널려 있으므로 신사업을 구하는 것은 쉽다. 다만 비상장사를 어떻게 평가하고, 어떻게 같이 갈 것인지가 관건이다. 만약 회사의 가치 평가가 부실하면 훗날 회계 부정으로 고발될 수도 있으므로, 요즘에는 인수하는 기업의 평가에 상당히 주의를 기울인다. 평가가 끝나면 지분의 일부만 사서 대주주가 되는데, 매출의 일부를 연결재무제표에 반영할 수 있는지, 완전 합병을 하면 당장 또는 일정 기간 뒤에 지분이 얼마나 줄어들 것인지가 고려 사항이 된다.

1년 내내 이조차도 못하고 있다가 연말이 다가온다면 매출액을 사오기도 한다. 손익에 플러스마이너스 없이 회계 장부상 매출액만 사오는 대신, 매출액에 해당되는 부가세를 대납하거나 그에 상응하는 대가를 지불하는 방식이다. 주요 거래처는 구매대행사 같은 유통업체나 업종에 상관없이 매출은 큰데 이익은 나지 않은 기업들이다. 이마저도 못하고 관리에 들어간다면 정말 무능한 경영진이다. 이런 작업은 상반기에 하면 수월한데, 주로 연말에 몰리는 이유는 게을러서 그렇다. 언제든 가능한 일이라고 방심하다가 시간에 쫓겨 결산 직전에 하려면 실패하기 십상이다. 때로는 사업에 대한 과신 때문에 일을 그르치기도 한다. 기업가들의 공통된 고질병은, 자신의 사업이 계속 확장되고 발전하리라고 착각하는 것이다. 외부에서 보면 전혀 그렇지 않은데도 자기 것만 잘될 것이라는 환상에 젖어 실기하는 사람들이 종종 있다.

시가총액이 40억 원 미만인 상태가 30일간 지속되면 이 역시 관리 요건에 들어간다. 요즘에는 이런 회사도 '한강에서 UFO 찾는 것'만큼이나 어렵다. 아무리 관리종목이라도 시가총액이 200억 원을 넘는 경우가 다반사인데, 이를 탈피하지 못했다면 상장폐지가 확정된 회사밖에는 없다. 상장폐지가 확정된 다음 정리매매 기간이 끝나면 비상장사가 되는데, 마지막 종가로 계산한 시가총액이 40억 원을 넘는 회사도 있다. 물론 이 숫자는 현실과 거리가 있다. 최근에는 감자 이후 상장폐지 요건을 모두 탈피해 시가총액이 200억 원 언저리인 회사들이 가장 인기를 끈다. 어떤 기업은 직원이 다섯 명이고 매출은 100억 원, 영업이익은 매년 ±5억 원 미만에 시가총액 180억 원을 유지하는데, 매수자의 줄이 끊이지 않는다.

이 밖에도 분기 월평균 거래량이 유동 주식 수의 1퍼센트에 미달해야 한다는 '거래량 요건'과 소액주주의 지분에 관한 '지분 분산 요건'이 있지만 별로 문제되지 않는다. 기업사냥꾼이 소유하고 있는 회사는 대주주 지분이 현저히 낮고 오히려 소액주주의 지분율이 높아 작전성 재료가 수시로 나오므로 거래량도 매우 많다. 일부 소형 금융기관이나 개인투자가들은 이런 회사에 투자하는 것을 더 선호하기도 한다. 주가의 진폭이 크고 살아 움직이는 생명체와 같아서 언제든지 빠져나올 수 있다는 자신감을 준다고 한다. 또 거래도 활발하므로 초단타 매매에 적합하다. 오전 내내 사 모았는데 오후에 팔리지 않아 하룻밤 포지션을 안고 가야 한다면 투자가로서는 큰 부담이 되지만, 아이러니하게도 선수들이 인수한 회사는 그럴 염려가 없다. 모름지기 상장사라면 거래가 활발해야 한다.

상장폐지, 증권시장에서의 교수형

코스닥 시장에서 바로 퇴출이 되는 사례를 보면 '유가시장 상장'처럼 잘되어 나가는 경우도 있고, '파산선고', '자본 전액 잠식', '최종 부도', '감사보고서 미제출' 등 기업으로서의 존재 의미를 상실한 최악의 경우도 있다. 또 정관 등에 '주식 양도 제한 규정'을 신설하는 이상한 경우도 있지만 흔치는 않다. 대부분은 앞에서 설명한 관리종목 요건에 해당되었다가 다음 해, 그다음 해에도 일정 요건에 걸려 완전 퇴출되는 경우다. 그중 가장 흔한 사례가 법인세 차감 전 계속사업 손실, 5년 연속 영업 적자 시현 등 두 가지인데, 회사가 아주 망가진 상태가 아니라면 어느 정도 극복이 가능하다.

누구도 원하지 않았지만 기업이 상장폐지 되는 사례로는 보통 두 가지다. 첫째, 내부에서는 영업이 악화되어 한국거래소에서 정한 퇴출 요건이 하나둘 쌓여가는데, 외부에서는 자본을 확충시킬 투자가가 전혀 없다면 회사는 상장폐지의 길로 들어선다. 이 경우 사업주 대부분이 창업주나 순수한 전문 경영인이다. 이들은 회사에 대한 애착이 너무 강해 반드시 살아날 것이 믿기 때문에 영업 외적인 방법으로 살릴 수 있는 기회를 찾지 못하고 놓친다. 기업을 살리기 위해 끝까지 고군분투하는 과정에서 재산 한 푼 건지지 못하고 회사와 운명을 같이하는 사람들이다.

다른 한 가지는 코스닥에서 퇴출되는 대부분의 기업이 이 경우에 해당하는데, 주가를 조작하고 횡령, 배임, 분식 회계 등을 통해 돈을 최대한 빼돌려 막다른 골목에 다다르는 사례다. 이들은 상장폐지가 되기 직전에 경영권을 넘기고 2선으로 물러나 배후에서 활동한다. 이 시점에 일선에서 활동하는 사람들은 마지막 찌꺼기를 청소하는 독수리다. 단돈 1000만 원이라도 있으면 가져가는 대신, 전임자에 대해서는 안전을 보장해주는 역할을 한다. 이런 기업의 경우 공시를 보면 많은 정보가 담겨 있는데, 분식 회계, 횡령, 배임에 따른 전직 임원 고발, 공시 위반에 의한 벌점, 개선 명령 등이 줄지어 나온다. 그런데 엉뚱하게도 본점 이전이 발표되는 경우가 있다. 투자가들은 이를 보고 회사가 경비를 아끼기 위해 임대료가 싼 곳으로 이전한다고 생각할 수 있다. 천만의 말씀이다. 몇 년치 사무실 임대료를 못 내 임대 보증금이 다 소진된 다음, 건물주의 명도 소송에 의해 어쩔 수 없이 이사를 하는 것이다. 건물 주차장에 주차를 했는데 회사에서 주차 도장을 찍어주지 못한다면 90퍼센트 이상이 건물주와 임대료 분쟁이 있는 것이다. 물론 강남 테헤란로의 많은 건물들이 방문객에게 주차 혜택을 주지 않는다. 이런 예외의 경우가 아닌 이상 입주회사의 모습을 보면 금방 알아차릴 수 있다. 회사가 이런 지경에 몰리면 임대료뿐만 아니라 직원들의 급여, 퇴직금, 매입채무 등 다양한 형태의 빚에 시달린다.

일선에서 물러난 선수는 이때부터 빼돌린 자금의 관리, 형사소송에 대비한 변호사 선임 등 차후 대책을 마련하고 고소 취하를 위해 노력하며 시간을 보낸다. 또한 후임자를 도와 회사가 회생하는 데 도움을 주기도 한다. 하지만 아무리 뛰어난 변호사를 써도 죄질이 나쁘면 실형을 살 수밖에 없다. 매년 봄은 상장폐지 발표와 함께 이런 부류들과 관련된 사건의 판결, 소송, 퇴출, 구속 등의 기사가 쉴 새 없이 나오는 계절이다.

후임자로 들어온 법인 청소부도 위험이 전혀 없는 것은 아니다. 상장폐지가 되면 일단 투자가로부터 소송의 대상이 되므로 본의 아니게 법적인 책임을 질 수가 있다. 그런데도 위험을 감수하는 이유는 회사에 남아 있는 돈을 몇 푼이라도 건지려는 것이다. 게다가 운 좋게 상장폐지를 면하면 예상치 않은 큰 이익을 얻을 수도 있다. 그들이 써먹는 전형적인 행태는 상장폐지 직전 유상증자나 사모사채의 발행을 발표한다. 물론 증자나 사채 납입 대금은 모두 찍기로 들어와 바로 빠져나간다. 하지만 상장이 유지되기만 하면 보호예수로 묶인 주식이나 채권을 1년 뒤 바로 매각해 큰돈을 벌 수 있다. 찍기와 같은 불법행위는 상장폐지가 되면 별로 문제가 되지 않을 것을 알기 때문에 그 정도 위험은 감수한다.

털어서 먼지 안 나는 사람 없다고 하듯이, 상장사를 정상적으로 운영했더라도 상장폐지가 되면 어떤 이유든지 문제가 되고 만다. 하물며 기업 가치를 제고하는 데 일말의 관심도 없는 선수가 인수한 기업이 퇴출되는 것은 사형선고나 진배없다. 코스닥 상장사를 인수한 사람이 가장 두려워하는 것이 바로 이 상장폐지다. 증권시장에서 사라진다는 것은 거래가 정지된다는 의미이고, 바로 수많은 피해자가 양산된다. 이렇게 되면 자금 조달의 지원군이던 일반 투자가들은 피해자가 되어 바로 원수 같은 적으로 돌변한다. 인수한 뒤부터 상장폐지까지 저질러온 수많은 만행이 폭로되고 고소·고발로 이어지면서 형사처분을 받게 된다. 실제로 최근 퇴출된 코스닥 회사의 경영진이 바로 구속된 사례도 다수 있다.

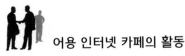

어용 인터넷 카페의 활동

인터넷상에서 활발히 활동하는 주주동호회는 회사를 견제하기 위한 좋은 장치다. 일반 투자가들은 주식을 사게 되면 일단 주주동호회에 가입해 회사에 관한 주요 사항과 정보를 얻는다. 거래가 활발한 상장사들은 최소 한두 개의 동호회가 결성되어 활동하는데, 내부 정보에 상당히 밝은 사람이 운영하므로 투자를 판단하는 데 크게 도움을 주는 경우도 많다. 그런데 최근에는 회사 임직원이 직접 동호회 카페를 개설해 투자가의 판단을 흐리기도 한다. 경영진에 불리한 공시나 뉴스가 나오면 이를 적극적으로 해명하고, 주가를 올릴 때는 선정적인 문구로 투자가들을 선동한다. 이뿐 아니라 회사에 적대적인 카페에는 악의적인 글을 올려 정상적인 활동을 못하게 하는 것이 어용 카페의 주된 활동이다.

일부 채권자가 회사를 고발 조치하거나 거래가 정지되면 이런 카페는 크게 힘을 발휘한다. 가장 좋은 예가 회사에 대한 파산 신청이다. 법인에서 채권을 변제받지 못한 채권자가 취할 수 있는 특단의 조치가 파산 신청인데, 법인 등기부등본상에 기재된 회사 소재지 지역 법원에 신청하면 된다. 그러면 신청한 내용이 회사로 송달되고 회사는 송달받는 즉시 한국거래소에 공시해야 한다. 하지만 못된 경영진이 운영하는 회사는 절대로 그냥 공시하지 않는다. 공시를 하기 전에 대주주 주식을 처분해 손해를 최소화하고, 이후 크게 하락하면 재차 매수해 반등 기회를 노린다. 팔 주식이 전혀 없어도 스스로 공시하는 법이 없고, 거래소에서 조회공시를 해야 비로소 공시에 나선다.

상장 법인에 관한 풍문이나 보도의 사실 여부를 거래소가 확인·요구하는 경우, 당해 상장 법인이 이에 관한 사항을 직접 발표하는 것을 조회공시라고 하는데, 대부분 채권자가 파산 신청서 사본을 거래소 풍문 팀에 제출함으로써 절차가 시작된다. 다른 사항과 다르게 법원에 신청한 접수증이 거래소에 전달되기 때문에 이 경우 회사가 공시를 면할 방법이 없으므로 바로 인정할 수밖에 없고, 거래소는 확인 즉시 매매를 정지시킨다. 이때 어용 카페에서는 파산 신청자의 실명을 거론하며 비난 글을 올리는데, 주식을 매매하지 못하는 회원들로부터 큰 호응을 얻을 수밖에 없다.

하지만 파산 신청까지 하는 채권자 대부분은 사기 피해자다. 정상적인 절차에 의해 채권이 발행되고 이를 변제받지 못하는 상황이라면 누구도 그런 극단적인 방법을 취하지 않는다. 따라서 파산 신청까지 하는 것은 경영진에게 엄중히 경고하는 행위인데, 그런 어용 카페 때문에 피해자가 인터넷상에서 뭇매를 맞고 실명이 공개되는 피해를 입는다. 이렇다 보니 회사는 인터넷 카페를 적극적으로 개설해 방어용으로 활용하는 추세다. 일반 투자가들은 이런 카페의 실체를 알기 어렵다. 일단 투자가의 입장에서 설명하고 기업에 관해 많은 정보를 제공하기 때문이다. 그러면서 주가조작에 이용하기 위해 거짓 정보를 흘리고 대주주를 보호하기 위해 왜곡된 주주 활동을 유도해 주주들의 눈을 흐린다.

투자가들의 피해를 막는 최선의 방법

• 상장폐지만이 능사는 아니다

기업에 문제가 있고 이 때문에 투자가의 피해가 커질 것이라고 판단되면 한국거래소는 정해진 절차에 따라 심사해 회사와 투자가들에게 경고 메시지를 주는데 그것이 바로 공시다. 공시에는 직접공시, 간접공시, 조회공시 등 세 가지가 있으며, 어떤 방식을 취하든 회사의 내용을 투자가에게 알리는 역할을 한다. 공시 내용이 불성실하게 작성되었거나 허위라고 판단되면 상장사에 벌점을 부과한다. 그러나 회사가 일정 요건을 갖추면 벌점을 받는 대신 제재금을 내도록 하고 있다. 벌점이 일정 수준을 넘어가 관리종목으로 편입되는 것을 막기 위해 통상 그렇게 하고 있다.

최근 1년 동안 받은 벌점이 15점을 넘으면 관리종목으로 지정되고, 이후 2년 동안 받은 벌점이 15점을 넘기면 상장폐지 실질 심사를 받게 되는데, 이는 잘못된 규정이다. 잘못을 저질렀는데 회사가 이를 돈으로 메운다는 것은 투자가 보호에 역행하는 조치다. 오히려 관리종목으로 편입시켜 경각심을 불러일으키는 것이 옳지만, 거래소는 책임을 회피할 수단을 제공하고 있는 것이다. 또 일정 수준 이상으로 벌점을 받으면 이를 직접 조사해 정확한 내용을 밝혀야 한다. 거래소는 기업의 상장 여부를 결정할 수 있는 기관이므로 회사에 증빙 자료 요청을 통해 압박을 가할 수 있는 위치에 있는데도 이런 책임을 다하지 않고 있다. 단순히 벌점만을 누적시키는 것은 개선책이 될 수 없다.

관리종목으로 지정된 뒤 벌점이 15점을 넘기거나 감사보고서를 미제출하는 등 기타 여러 사유가 발생하면 기업이 상장폐지 절차를 밟게 되는데 이 또한 잘못된 조치다. 명분상으로는 투자가 보호가 이유지만, 실제로는 전혀 보호 장치가 되지 못한다. 주식을 보유한 투자가는 두 부류로 나뉜다. 경영진 또는 대주주로 분류되는 특수 관계인과 일반 투자가인데, 두 집단의 가장 큰 차이는 회사 정보에 대한 접근 여부다. 특히 상장폐지에 관해서는 경영진이 제일 잘 알고 있으므로 주식을 팔고 빠져나갈 수 있지만, 일반 투자가는 전혀 그럴 수 없다. 그러므로 갑자기 상장폐지를 결정하고 정리매매에 들어가면 순수한 투자가들만 피해를 본다.

• 경영권 박탈은 경영진 비리 척결의 최선책

개미들의 피해를 막기 위해서는 상장폐지 기준이 훨씬 더 강화되어야 한다. 또한 경영진의 책임을 물으려면 경영권을 박탈하면 된다. 경영권은 등기 이사들로 구성된 이사회를 의미하는데, 등기 이사 전원을 특수 관계인이 아닌 제삼자로 교체하고 상장폐지를 일정 기간 유예하면 투자가들도 주식을 팔 기회를 충분히 가질 수 있다. 적합한 조건을 갖춘 인적자원들로 사전에 인력풀을 형성해 새 이사회에 참여할 수 있게 활용하고, 일정 기간이 지나도 기업 회생이 불가능하다면 그때 상장폐지를 하면 된다. 만약 경영이 정상화되면 공식 입찰 제도를 통해 새 주인을 맞으면 된다. 입찰 제도의 도입과 검토 시점에 경영진의 경영권 양·수도를 즉시 금지시키고, 대주주의 주식 매각도 1년 정도 금지시키면 어느 정도 책임을 물을 수 있다.

혹시 기존의 대주주가 임시 주주총회를 열어 새로운 임원진을 선임하지 않을까 의심스러울 수도 있다. 이는 적대적 M&A를 의미하는데, 그렇게 될 가능성은 전혀 없다. 일단 코스닥 상장사에서 대주주의 지분이 51퍼센트를 넘는 경우는 눈을 씻고 찾아봐도 없다. 상장폐지를 눈앞에 둔 사주가 주식을 다 팔았을 테니 표 대결을 할 여건이 안 될 것이다. 또 사측에서 주주명부를 갖고 있으므로 위임장을 받는 것이 수월하고, 무엇보다도 일반 투자가는 모두 경영진 편이기 때문에 우호 지분을 확보하는 것도 용이하다. 현재는 주주총회에서 전자투표가 확대되고 있고 참석하지 않는 주주에 대해서는 예탁원이 섀도 보팅(shadow voting: 정족수 미달로 주주총회가 무산되지 않도록 하기 위해, 참석한 주주의 득표 비율을 미참석 주주에게도 그대로 적용하는 방식)을 할 수 있으므로, 사고를 치고 쫓겨난 경영진이 표결에서 이길 확률은 없다. 그래도 가장 좋은 것은 특별법을 제정해 경영권이 박탈된 기업은 이사의 선임과 해임을 위해 주주총회를 열지 못하게 하면 된다.

이런 조치가 속히 취해진다면 전 경영진에 의한 사실의 왜곡, 증거 인멸, 주식 매각 등을 사전에 방지할 수 있으며, 처벌할 수 있는 근거를 확보하는 데 효과적이다. 또 최악의 순간까지 내몰려 주가 하락으로 투자가의 피해가 커지는 것을 막을 수 있다. 비록 경영진은 교체되지만 직원들은 일부라도 남아 있게 되므로 전 임원들의 비리를 파헤치는 데 도움을 받을 수 있고, 증거가 확보되면 얼마간의 피해 보상 청구도 가능해진다. 이런 제도가 정착되면 문제 기업의 직원들도 증거 보존에 힘쓸 것이며 금융 당국에도 적극적으로 협조하게 되므로, 기업사냥꾼의 사회적 입지를 약화하는 효과를 기대할 수 있다. 이렇듯 상장폐지를 하지 않고 해결할 수 있는 여러 가지 방법이 있는데도, 왜 무작정 퇴출시키려고만 하는지 이해할 수 없다. 현재의 상장폐지는 개인투자가들에게 일방적인 손실을 요구하는 것이어서 금융 당국이 투자가의 손해를 막기 위해 최선을 다하고 있다고 볼 수 없다. 현재의 법과 제도는 즉시 개선되어야 한다.

- **상장폐지 탈출에도 골든타임이 있다**

코스닥 상장 기업 W사는 비운의 회사다. 상장사인 H사와 합병해 우회 상장했고, 스마트폰 열풍에 편승해 엄청난 이익을 올린 최우량 중소기업이었다. 하지만 사세가 기울면서 H사와 분할해 결별하고 2017년 4월 13일 결국 코스닥 시장에서 상장폐지 됐다. 이 회사가 몰락한 가장 큰 이유는 국내 굴지의 S사를 따라 베트남에 진출하면서 막대한 투자를 했고, 시장 상황에 따라 실적이 악화된 것이 주된 원인이었다. 2015년도에는 오랜 기간 거래가 정지되는 아픔을 겪었고, 2016년도에는 재무 상태가 악화되어 관리종목으로 지정됐다. 전 회계연도 실적 집계에서 3사업연도 연속으로 법인세 차감 전 계속사업 손실률이 50퍼센트를 초과해 전액 자본잠식 상태로 들어가 거래가 다시 정지되었다. 이는 상장 규정에 의해 상장폐지 사유에 해당될 뿐 아니라 발표된 수치를 살펴보아도 이미 회생하기 어려운 상태였다.

그런데 공시를 살펴보면 이 회사에도 상장폐지를 면할 수 있는 시간이 있었음을 알 수 있다. 베트남 자회사의 매출이 늘수록 손실은 커져갔고, 한국 본사의 부담도 꾸준히 증가한 것으로 보인다. 하지만 더 직접적으로 영향을 준 것은 영업 외적 손실이 눈덩이처럼 불어났다는 점이다. 즉, 과도한 부채에 의한 이자 부담과 매출채권 대손상각, 재고자산 평가 손실 등이 재무 악화에 결정적으로 영향을 미쳤다. 이 회사는 경영난을

타개하기 위해 2016년에 이르러서야 일부 사업 철수와 용인 공장 폐쇄를 결정했다. 그러나 이미 때는 늦었다. 오랫동안 동지로 지내온 H사가 회사 분할을 요청한 것은 내부에서 봐도 이미 W사의 사세가 기울었다고 판단한 것이므로, 분할을 진행하면서 자회사 매각과 사업 중단, 채무 동결, 금융권의 출자 전환 등을 실시해야 했다. 특히 출자 전환은 부채가 자본금으로 전입되므로 부채가 줄고 자본이 확충될 좋은 기회였는데도, W사로서는 결정적인 실수를 한 셈이다. 3/4분기 보고서에 나오는 장·단기 차입금 1400억 원을 출자 전환해 자본잠식에서 벗어나고, 사업 중단으로 적자 폭을 일부나마 줄였다면 상장폐지는 충분히 면할 수 있었다.

이 회사는 공시에서도 많은 허점을 보였다. 많은 수치에서 오류가 있고 앞뒤가 맞지 않는 것을 보면 내부 관리에도 어려움을 겪은 것으로 짐작된다. 기재 정정도 수차례 있었다. 잘 나가던 시기에 현금을 수백억 원씩 쌓아놓은 회사라면 실적이 악화되어도 빠른 대처로 최악의 상황은 막을 수 있었다. 그러나 W사는 300억 원씩 교환사채를 발행할 만큼 건실한 회사였지만 투자가의 상환 요구에 응하지 못했고, 2016년 8월 교환사채를 주식으로 교환한 투자가는 막대한 손실을 감수하고 이를 모두 시장에 매각해버렸다. 이미 오래전부터 회생이 어렵다고 판단했겠지만, 보호예수 때문에 그때서야 판 것으로 보인다.

물론 이 글은 공시에 나온 발표를 토대로 구성한 것이므로 실제 상황과는 다를 수 있다. 하지만 어떤 경우를 가정하더라도 회생할 수 있는 골든타임을 회사가 놓친 것은 분명하다. 상장폐지를 면하기 위해서는 주도면밀한 계획과 실천이 필요하다. 때로는 과감하게 결단을 내리고 살을 도려내는 아픔을 감수하지 않으면 투자가의 신뢰를 얻지 못한다. 시장은 냉정하다. 회생이 가능하다고 판단이 되면 모두가 지원군이 되어 자금 조달에 도움을 줄 수 있지만, 그 반대인 경우에는 냉혹하게 등을 돌리는 것이 현실이다. 상장폐지의 기로에서는 건실한 기업가든 기업사냥꾼이든 간에 냉정하고 명석하게 판단하는 사람만이 살아남는다.

09
비상장사의 딜레마

 **상장사와의 차이**

　우리나라의 상장사는 2000개가 넘지만 등록된 전체 법인의 수는 60만 개로, 300개 기업이 생기면 그중 하나 정도가 상장되는 수준이다. 그만큼 규모나 수익성 및 안정성 측면에서 어느 정도 객관적으로 검증된 기업만이 상장사의 지위를 누리게 된다. 상장이 되는 시장으로는 크게 코스피(유가증권)와 코스닥이 있는데, 코스피의 상장 요건은 훨씬 까다로워 웬만한 중소기업은 이에 맞추기 쉽지 않다. 그러나 한번 입성하면 쉽게 퇴출되지 않는 장점이 있어 기업가라면 코스피 상장사를 갖는 것을 꿈꾼다. 일반적으로 신규 상장이라면 코스닥 시장으로 가는 것이 원칙이다. 그마저도 어려우면 코넥스 상장도 있지만, 자금 조달에 한계가 있으므로 선호의 대상은 아니다. 한때 리츠(REITs: real estate investment trusts, 부동산투자신탁) 회사도 인기가 있었지만, 부동산업 외에는 할 수가 없고 지분 보유에도 제한이 있어 인수자에게는 기피 종목이다. 특히 '부동산투자회사법'

을 근거로 하는 회사로서 리츠 사업을 조건으로 상장되기 때문에 리츠 면허를 반납하면 바로 상장이 폐지되는 단점이 있다.

기업이 상장을 하게 되면 주요주주가 아닌 일반 투자가에게서 영업에 필요한 자금을 조달할 수 있으므로, 자금 동원력은 기하급수적으로 커진다. 하지만 그 반대로 기업공시 의무가 강화되면서 법무, 회계, 공시 및 투자가 관리를 위한 인원 충원에 많은 비용이 들고 정기·수시 공시를 해야 하므로, 기업가로서는 기밀을 유지하기 어렵다는 단점이 있다. 또 비상장 시절에는 공금을 주머닛돈 정도도 여기고 마음대로 써도 문제될 것이 없지만, 상장이 된 뒤에는 감시의 눈 때문에 행동에 제약이 따른다. 한마디로 개인회사에서 공공의 회사로 바뀌는 것이다. 그것은 공공의 자금을 끌어 쓰는 대신 객관적이고 투명하게 정도 경영을 하라는 압력이기도 하다. 그렇지만 비상장 기업이라고 해서 관련 비용이 전혀 들지 않는 것도 아니다. 상장과 관련된 제도 조사, 외부 자금 조달 비용의 증가, 부족한 외부 지원 등 어려움이 없을 수 없다.

특히 자금 조달 부분을 보면 비상장인 상태에서는 대주주 본인 또는 특수 관계인의 자금 동원력이 일차로 중요한데 특수 관계인이라고 해봐야 대부분 가족이므로, 그냥 대주주 본인의 자금력이라고 보면 된다. 그 다음 일반적인 조달원이 제1금융권인 은행과 기타 제2금융권이다. 그러나 은행도 일정 수준의 수익성을 보이지 않는 기업에 담보를 요구하므로, 초기에는 신용 대출을 기대하기 어렵다. 은행으로부터 신용 대출을 할 수 없는 기업이 추가로 자금이 필요하면 소유하고 있는 부동산에 추가 담보를 설정해 저축은행 등 제2금융권에서 돈을 빌리는데, 이럴 경우 금리가 30~40퍼센트 올라가므로 건전한 기업 활동이 점차 어려워진다.

금융권에서는 무조건 담보대출이 먼저다. 그러다가 매출이 늘고 영업이익이 지속되면 신용 대출을 조금씩 해주는데, 실적이 악화되면 바로 회수에 들어간다. 이뿐 아니라 무형자산 상각이나 조업도 손실 등 영업 외적인 원인에 의해 순 자산이 감소할 때도 마찬가지다. 만약 자본잠식 상태에 들어가기라도 하면 그 기업은 은행의 영업점에서 바로 본점의 기업회생 전담 부서로 이관되어, 대출 회수 대상으로 전락하고 만다. 이를 워크아웃(workout)이라고 하는데, 대부분 채권단이 기업의 도산을 막기 위해 이자율 감면 등 혜택을 주는 것을 말한다. 이때부터는 사유가 어떻든 추가 대출이 되지 않는다. 그리고 채권 회수를 위해 사업부의 분할, 매각, 사업 중단 등 조치를 취하며, 사업의 계속가치에 비해 청산가치가 높다는 분석이 나오면 기업의 경영권 양도 조치도 추진된다. 하지만 사업주가 외부에서 투자 자금을 유치하게 되면, 이에 상응하는 도움을 주기도 한다. 바로 출자 전환인데 채권단이 갖고 있는 채권의 일부를 자본금으로 전환해 부채비율을 낮추면서 재무구조 개선에 같이 노력하기도 한다.

우리가 투자를 할 때 기업의 부채 규모(여기에서는 절대 금액이 아닌 순 자산 대비 비율인 부채비율이 주로 사용된다)는 물론이고 부채의 내용도 중요한데, 그중 한 가지는 제2금융권의 대출이다. 특히 영업이익이 나지 않는 회사라면 기본 적자에다가 고리의 이자도 내야 하고, 이런 상태에서 금융기관은 원금 상환을 압박하므로 기업 활동을 정상적으로 할 수 없는 경우가 많다. 이는 개인의 부채 관리와도 상황이 흡사하다. 본인의 소득 수준을 초과하는 이자를 부담하게 되면 재산 규모는 어느새 줄어든다. 나이가 들수록 만회할 기회가 점점 사라지는 것과 마찬가지다.

금융기관의 갑질

금융기관도 문제다. 회사가 돈을 잘 벌면 '돈 가져다 쓰라'고 아우성 치다가 상태가 조금 나빠지면 자금을 회수하는 데 혈안이 된다. 그 과정에서 담보 비율, 수익성, 재무제표가 중요시되고 미래 가치나 사업의 전망은 고려되지 않는다. 기업가는 이럴 때 배신감을 느끼는데, 은행들은 다 그렇다. 골프 등 접대받는 데는 이골이 나 있으면서 기업의 실상을 파악하는 데는 그다지 관심이 없다. 한마디로 힘들기 때문이다. 담보 확보라는 쉬운 길이 있는데 굳이 경영에 깊숙이 파고들고 싶지 않은 것이 우리나라 금융기관의 현주소다. 저녁에는 거래처와 같이 술 마시고 주말이면 골프 치는 것이 영업이라면 영업일 수도 있겠지만 엄밀히 말하면 아니다.

특히 은행에 근무하는 사람들은 절대로 돈을 내지 않는다. 저녁에 술을 마시고 2차를 가더라도 거래처에서 전액을 지불하므로, 은행원들은 항상 접대를 받는 입장이다. 겉으로는 기업의 현황을 파악하기 위해 시간을 낸다는 명분을 내세우지만, 속으로는 대출에 대한 대가라고 생각한다. 이에 반해 기업인들은 돈독한 관계를 유지함으로써 경영 상태가 나빠지더라도 대출금 회수는 없을 것이라고 믿지만, 이는 큰 오산이다. 재무 상태가 악화되면 신용 대출에 대해 바로 상환을 요청하고 기업이 이에 응하지 못할 경우 부실채권으로 간주해버린다. 그리고 해당 기업에 대한 채무 관리는 지점에서 본점의 구조 조정 본부로 이관된다.

이때부터는 기업의 현재 가치와 향후 전망에 따라 조치가 달라지는

데, 청산가치가 크다고 판단되면 자산 매각(대부분이 담보로 잡은 토지와 건물) 즉 사업 전체 또는 분할 매각을 하고, 이보다 계속기업으로서의 가치가 크다고 판단되면 좀 더 회생 시간을 준다. 그렇지만 회생에 필요한 추가 자금 지원은 결코 없다. 이 단계에서 은행은 대주주의 자구책을 요구하는데, 추가 자금이 없는 사주라면 사업의 매각이나 투자 유치에 나서게 된다. 하지만 일단 부실기업으로 전락한 비상장사에 돈을 집어넣을 투자가를 찾기란 쉽지 않다. 설사 투자가가 나타난다고 해도 기업주와 투자가 간에는 '요르단강'만 한 괴리가 있어 간극을 좁히기는 상당히 어렵다.

기업가는 아마도 다음과 같이 희망할 것이다.

❶ 경영권을 침해하지 않는 자금, 즉 천사의 미소를 머금은 돈을 원한다.
❷ 자금 관리는 물론이고, 경영 전반에 간섭하는 것을 원치 않는다.
❸ 환상에 가까운 미래 가치를 꿈꾼다. 주식(신주 발행 또는 구주 매각)이나 전환사채를 발행하면서 회사의 가치 평가(valuation)에 따라 발행가 또는 전환가를 산정하게 되는데, 현실과 너무 동떨어진 상상을 한다. 일반적으로 과거 3년간의 수익성과 현재의 재무 상태를 평가하고 여기에 향후 전망을 감안해 가치 평가를 해야 하는데, 대주주는 거의 예외 없이 상상할 수 있는 최고의 시나리오를 기반으로 자기 회사가 평가되기를 원한다. 대부분 망상에 가깝다.

이에 반해 투자가는 다음과 같이 요구할 것이다.

❶ 주식 50퍼센트＋1주 이상의 지분 확보
❷ 이사회의 과반수 점유 및 자금 관리

❸ 경영 참여

투자가는 전체 지분의 반 이상을 갖기를 희망하지만, 그렇다고 100퍼센트 보유는 원하지 않는다. 그것은 기존의 대주주들이 너무 낮은 지분 때문에 경영에 흥미를 잃지 않도록 하기 위한 방편이다. 만약 지분을 100퍼센트 취득하게 되면 중간에 SPC(special purpose company: 특수 목적 회사, 일종의 페이퍼 컴퍼니)를 설립하고 대주주가 받은 주식 매매 대금의 일부(보통 30~40%)를 SPC에 재투자하도록 한다. 이때 투자가의 자금은 전환사채와 같은 메저닌(mezzanine: 주식 연계 채권)으로 들어오고, 대주주의 자금은 주식 형태로 투자된다. 이런 구조의 가장 큰 목적은, 만약 피투자회사의 경영이 실패해 최종적으로 청산 절차를 밟게 될 경우 메저닌 투자는 선순위로 원리금을 정산받고 대주주의 주식은 후순위로 변제를 받게 하는 데 있다. 이렇게 해야 투자를 받은 사주가 회생을 위해 노력하고 정도 경영을 하도록 할 수 있다.

 투자가의 종류

이 경우 투자가는 두 부류로 나뉘는데, 첫째, 동종 기업이 M&A를 하는 경우에는 새로 선출된 주요 이사들이 회사 경영을 원하므로, 인수하고 1~2년이 지나면 기존 경영진은 완전히 배제된다. 둘째, 사모펀드인데 이 회사들 역시 50퍼센트 이상의 주식 지분 확보와 이사회의 과반 점유 및 자금 관리는 양보할 수 없는 조건이다.

이 둘 사이에 협상이 진행되면 처음에는 분위기가 화기애애하지만, 경영권 양도를 놓고 첫 번째 난관에 봉착하면 '착한 돈은 없다'는 사실을 기업가는 곧 깨닫는다. 은행도 담보에 대해 130퍼센트의 질권을 설정하는데, 자본시장에서 아무 담보도 없이 내 돈을 그냥 쓰라고 할 사람은 없다. 그런데도 착각에 빠지는 이유는 내 회사가 업계 최고라는 콩깍지를 떼버리지 못하기 때문이다. '이렇게 좋은 기업에 투자하면서 지분을 30퍼센트나 보유하면 좋은 것 아닌가?'라는 착각 때문에 서로의 견해차만 확인하므로, 대부분 이 단계에서 협상은 결렬된다. 여기에서 대화가 끝나면 그나마 낫다. 경영권 양도를 하기로 하고 주식 가치를 산정하는 과정에서 둘 사이의 의견차는 점점 더 벌어진다. 논리의 출발점이 서로 다르기 때문이다.

창업자의 착각

기업가는 창업 내지 인수한 뒤부터 지금까지 본인과 가족이 고생한 인생사를 늘어놓으며 감성에 호소하고, 최상의 시나리오를 동원해 기업의 미래 가치를 부풀린다. 반대로 투자가는 시장 논리에 의존한다. 대표이사가 아무리 고생을 많이 했더라도 현재 가치는 재무제표가 말해주므로 회사의 순 자산에서 일단 출발해, 과거 추이를 보아 앞으로 현격한 이익의 증가는 불가능하다는 전망을 내놓게 된다. 여기에다가 대주주의 나이와 예상치 못한 시장 상황의 변화 등을 감안해 미래 가치를 적당히 할인한다. 향후 투자금 회수라는 큰 숙제를 안고 있기 때문이다. 펀드로서는 이익을 극대화하기 위해 최대한 싸게 사는 것이 위험을 줄이는 방법이다. 그래서 양측의 추정치에는 당연히 큰 차이가 날 수밖에 없고 이를 위한 협상이 길어지면 또 결렬되기 쉽다.

결과적으로 더 큰 회사에 인수되거나 사모펀드의 투자를 받게 되면 그동안의 세월에 비해 턱없이 부족하다는 생각이 들어 직원이나 가족들 보기 민망해 우선은 자괴감이 들겠지만, 결과적으로 투자를 받는 것이 이익이다. 새로운 자금이 투여되고도 경영이 개선되지 않는다는 것은 역설적으로 보면 그런 자금마저 없었다면 더 빨리 도산할 상황이었다는 뜻이다. 반대로 이를 통해 기업이 살아난다면 이 역시 잘한 선택이다. 또한 새로운 경영진이나 파트너와의 공동 경영이나 직간접 지원을 통해 1인 기업이 도달할 수 없는 궤도로 경영을 끌어올리는 효과도 있다. 본인이 경험하지 못했던 세상으로 한 단계 도약할 수 있는 기회를 얻는다는 점에서 비상장사의 투자 유치는 회사의 운명을 가르는 중요한 전환점이다.

상장사의 주인은 회사 경영에 대한 노하우와 더불어 투자가 관리, 감독 기관 접촉, 공시 등 다양한 경험이 있다. 이에 반해 비상장사를 오랫동안 경영해온 사람들은 자기들만의 작은 울타리 안에서 현실과 동떨어진 사고를 곧잘 한다. 이들이 갖고 있는 큰 착각 중 하나가 세금 문제다. 세목이 무엇이든 대한민국 거주자라면 누구도 피해갈 수 없다. 상속세나 증여세 금액이 크다면 공짜로 받은 재산이 많다는 뜻이고 양도세가 크다면 원가에 비해 큰 차익을 얻었다는 의미이니, 속으로는 아깝지만 결국에는 낼 수밖에 없다. 그런데도 경영권 양·수도 계약의 마지막 단계에서 본인의 세금 문제가 해결되지 않으면 끝끝내 서명을 하지 못하겠다고 버티는 창업자들이 의외로 많다. 본인들 스스로 오랫동안 고민하고 절세 방법을 찾아야 했음에도 안이하게 지내오다가 마지막 순간에 마치 내지 말아야 할 돈을 내는 것처럼 행동한다. 비상장사의 경영권 양·수도를 수반하는 주식 매매가 최종 단계에서 결렬되는 가장 큰 이유 중 하나가 바로 대주주의 세금 문제다.

 투자가의 위험

이와 같이 경영권을 완전히 장악하거나 최소한의 자금 집행 기능을 확보함으로써 기존 대주주가 횡포를 부리지 못하도록 충분한 장치를 마련하지 않는다면 외부 투자가는 엄청난 위험에 직면하게 된다. 비록 과거의 명성이 훌륭했다고 해도 외부 자금을 받기로 결정했다면 이는 내외적으로 자금 압박이 매우 심했다는 얘기고, 어쩌면 회사가 회생할 수 없는 지경에 이르렀는지도 모른다. 투자가는 이런 경우에 대비해 철저히 실사(due diligence)를 하지만, 업계의 내막을 속속들이 알지 못하므로 중요한 사실을 놓치는 경우도 있다. 투자를 받는 입장에서는 회사의 좋은 측면만 부풀려 강조할 테니 그 사이에 숨은 진실을 알아내는 것은 투자가의 몫이다.

투자를 결정해도 최소한의 자금 관리는 투자가가 선임한 임원이 해야 한다. 이마저도 하지 않는다면 '내 돈 편하게 마음대로 쓰세요' 하는 것과 진배없다. 경영자는 어려운 처지에 신규 자금이 들어오면 기존 사업의 회생과 신규 사업을 위한 투자를 우선적으로 고려하면서도 한편으로는 사업이 잘못될 경우를 염두에 두게 된다. 본인의 투자금, 연대보증을 받은 은행 빚, 친인척에 대한 채무 등이 부담으로 작용하기 때문에 자금 횡령으로 이어질 가능성도 배제하지 못한다. 창업 후 외부 자금을 처음으로 받는 고령의 기업가도 위험하다. 상속, 후계자 선정, 은퇴를 고려해야 할 예순을 넘긴 창업자에게 갑자기 건강상의 문제가 발생하고, 이로써 지분 변동이 생긴다면 투자가는 예전에 없던 큰 위험에 직면하게 된다. 따라서 투자가는 만일의 상황에 대비해 경영권 확보와 함께 정밀한 계약서를 요구할 수밖에 없다.

주머닛돈이 쌈짓돈

앞의 예는 일반적인 경영자의 경우지만, 애초부터 배임과 횡령을 목적으로 자금을 받는 사례도 많다. 그중 하나로 2008년 주주와 은행, 증권사를 속이고 수백억 원을 횡령한 B사를 들 수 있다. 이 회사는 2008년 상반기 실적을 매출 144억 원과 순이익 32억 원으로 발표해놓고 연말에는 매출 231억 원에 순이익 -91억 원이라고 발표했다. 상반기에 적자를 기록했음에도 하반기에 신규 투자를 유치하기 위해 거짓 재무제표를 작성한 것이다. 600명이 넘는 주주가 이 회사에서 생산하는 임플란트 제품의 실구매자인 치과의사였고, 동종의 회사인 O사가 상장되어 주가가 고공행진을 하던 시절이었기 때문에 투자가들의 관심이 컸다. 주주의 구성이 이상적이므로 영업 활동이 정상적이었다면 망할 수 없는 회사였지만, 경영진의 생각은 애초부터 달랐다. 2008년 내내 신규 투자가를 모은 이 회사의 피해자들은 대부분 치과 의사였다. 하반기에는 신주인수권부사채 40억 원을 발행하는데 여기에 참여한 증권사, 은행도 피해자가 되었다.

경영진은 투자금을 유치하자마자 본연의 사업에 맞지 않는 신규 사업 얘기를 자주 했다. "'무인 항공기'나 '잠수함'에 투자를 하기로 했는데 엄청난 수익이 예상된다"라고 했지만 그것을 믿는 사람은 없었다. 평생 해본 적이 없고 기존 사업과는 무관한 일을 한다는 것 자체가 말이 되지 않기 때문에 많은 사람들이 말렸지만 소용이 없었다. 애초부터 돈을 빼돌리기 위한 수단이었다. 이들은 황당무계한 사업일수록 실패를 정당화할 수 있다고 판단한 듯하다. 결국 회사는 2009년 한 나스닥 회사와의 합병 계획에 승인하고 미국 시장에 진출한다는 기사를 남긴 채 세상에서 사라졌다.

이렇듯 경영진이 마음을 달리 먹으면 수백 명이 되는 주주들도 막지 못한다. 특히 사회적 체면이 있고 생업에 바쁜 의사들이 주주인지라 이 사건은 큰 소송 없이 막을 내렸고, 하반기에 40억 원을 투자한 금융기관들도 회사 상태를 파악한 후 투자금을 모두 상각해 장부에서 지워버렸다. 잘못된 투자는 빨리 인정하고 없애버리는 것이 담당자의 연말 평가나 승진에 유리하기 때문이다. 이 정도 되면 사실상 범죄지만, 관련자들 모두가 무심히 넘긴 탓에 그들은 너무 쉽게 돈을 벌었다. 그리고 이 범죄의 가장 큰 조력자는 바로 자금줄을 틀어쥐지 못한 주주와 금융기관이었다.

2000년대 말에는 외국의 사모펀드가 한국의 교육산업에 진출하기 위해 물밀 듯이 들어왔고, 국내 펀드들도 이에 뒤질세라 투자를 서둘렀다. 사교육 열풍으로 상장사들의 주가는 급등했고 비상장사에도 투자가 몰렸다. 당시 사교육 관련 기업들의 이익 규모는 그다지 크지 않았으나 분위기에 휩쓸려 기업 평가가 부풀려졌고, 이는 투자 실패와 대규모 손실로 이어졌다. 상장사의 경우는 시장에 주식을 팔고 빠져나올 수도 있지만, 이 분야의 업체들은 대부분 비상장사였으므로 매수자가 나타나거나 IPO(initial public offering: 신규 상장)를 하지 못하면 빠져나올 수 없는 근본적인 문제를 안고 출발했다.

2008년 금융위기와 정부의 교육정책 변화가 사교육 시장의 위축에 한몫을 하기도 했지만, 무엇보다 투자를 받은 이후 대주주의 방만한 경영이 더 큰 피해를 양산했다. 상장사인 M사에 투자한 여러 사모펀드가 수백억 원의 손실을 보고 주식을 매각했으며, EL사, E사 등은 상장이 폐지되었다. 비상장사인 T사, Y사, A사 등도 투자를 받았지만 모두 실패로 끝이 났고, 최근에는 W사에 200억 원을 투자해 지분 80퍼센트를 취득했던 미국계 사모펀드 리버사이드가 9년 만에 큰 손실을 감수하고 지분을 K사에 넘긴 것으로 알려졌다. W사는 2008년 투자 당시에는 성장세를 지속했으나 투자를 유치한 뒤로는 영업이익이 계속 감소했으며, 2015년에는 순이익도 마이너스로 돌아선 것으로 알려졌다.

이렇게 된 데는 사교육의 본질을 모르고 투자를 감행한 사모펀드의 무지함에도 책임이 있다. 아무리 매출이 크다고 해도 사교육의 모태는 학원이며, 학원은 스타 강사들이 주축인 점조직으로 구성되어 있다. 스타 강사들 때문에 많은 학생들이 몰리고 철새처럼 강사들을 따라다니는 경향이 강하다. 또 규모가 크다고 해도 한 주체가 여러 점포망을 갖는 것이 아니라 수많은 학원이 병렬식으로 모이는 특이한 구조다. 사모펀드는 이를 모르고 수백억 원을 투자하며 양심적인 경영을 바랐지만 실상은 정반대였다. 큰돈을 챙긴 강사들은 직접 업체를 차린 다음 시차를 두고 이동했으며, 결국 기존 법인의 부도는 이미 정해진 순서였다.

학원 사업과 유사한 구조인 외식업 투자도 비슷한 결과를 보여주고 있다. 대표적인 사례가 부대찌개와 보쌈 등으로 잘 알려진 N사다. 이 회사는 2011년 말 모건스탠리 사모펀드에 지분 100퍼센트를 넘기면서 1200억원의 돈을 챙겼다. 토종 외식 브랜드 최초로 외국자본을 유치한 사례다. 회사는 2010년과 2011년에 각각 1113억 원, 1084억 원의 매출액을 기록했고, 영업이익은 81억 원, 113억 원, 당기순이익은 36억 원, 27억 원을 각각 기록했다. 하지만 이후부터 매출액은 정체되었고 영업이익은 계속 감소했다. 특히 순이익은 단 한 해를 빼고 계속 손실을 기록하고 있어 모건스탠리의 투자금 회수에 어두운 그림자를 드리우고 있다.

줄곧 성장세를 보이며 상당한 이익 규모를 자랑하던 기업들이 투자를 받은 뒤 현상 유지도 못하고 오히려 쇠퇴하는 것은 결코 우연이 아니다. 여기에는 인간의 본성이 숨어 있다. 아무리 기업가 정신이 투철한 경영자라도 큰돈을 받은 상태에서 지분도 거의 없는 회사를 예전 같은 열정으로 경영하는 것은 무리다. 의도적으로 돈을 빼돌리지 않고, 또 아무리 열심히 한다고 해도 이미 한계점에 이르렀기 때문일 수도 있다. 대개 비상장사가 경영권을 넘기는 시점은 본인의 나이나 능력의 한계를 깨달았을 때다. 이런 까닭에 요즘에는 사모펀드가 비상장사에 투자할 때 결코 100퍼센트의 지분을 인수하지 않는다. 반드시 지분의 60~70퍼센트를 인수하거나 아니면 100퍼센트를 인수한 뒤 매도자가 매도 대금의 일부를 펀드에 재투자하도록 함으로써 가능한 한 위험을 줄이는 방법을 택한다.

비상장사의 메이저리그 진출

비상장사가 상장이 된다는 것은 운동선수가 마이너리그에서 뛰다가 메이저리그로 올라가는 것과 같다. 장내 거래가 되면 유동성이 풍부해지므로, 일반 투자가에게 자금을 수혈받을 수 있고 기관투자가의 자금도 받을 수 있으므로 혜택이 상당하다. 하지만 부작용도 만만치 않아 한국거래소에서는 갖가지 조건을 마련해놓았는데, 이 조건을 충족시키는 것은 그리 녹록지 않다. 미국에서는 적자 기업이던 테슬라(Tesla: 전기자동차 전문 제조업체)를 나스닥에 상장시켰다. 테슬라는 영업이 정상 궤도에 오르지 못해 적자 상태였으나 우수한 기술력을 인정받아 2010년 상장되었고, 이를 계기로 글로벌 기업으로 도약했다. 우리나라에서도 거래소 요건 때문에 안정적인 기업만이 상장되는 문제를 해결하기 위해, 성장성이 입증되면 적자 기업이라도 상장을 허용하는 특례 제도를 이미 신설했다.

2005년에 기술특례 상장제도가 도입되면서 기술력이 뛰어난 회사가 상장할 수 있도록 기준을 낮췄다. 기술보증기금, 나이스평가정보, 한국기업데이터 등 기술 평가 기관 세 곳 중 두 곳에서 A, AA 등급 이상임이 증빙되면 거래소의 상장 예비 심사를 청구할 수 있다. 이후 10여 년 동안 30여 개 기업이 이 제도를 통해 코스닥 시장에 상장되었고, 지금도 상장 기회를 확대하기 위해 제도의 규제가 계속 완화되고 있다. 이렇게 상장된 회사들은 일반 기업보다 경영의 안정성이 높은 것으로 나타났다. 2015년 이전에 상장된 특례 상장 기업 15곳 중 단 두 개 회사만이 최대 주주가 변경되었는데, 이는 같은 기간에 경영권이 넘어간 코스닥 기업의

10분의 1에도 못 미치는 수치다. 변경된 두 개 회사의 경우에도 채권자의 인수와 기존 최대 주주의 이사 사임에 의한 것이어서 경영권 양·수도에 의한 변경이 아니었다. 하지만 이 기업들도 한번 경영권이 넘어가면 그 뒤부터는 다른 코스닥 회사와 같은 길을 걷게 된다. 새로 인수한 사람이 순수한 경영자일 리 없고, 부족한 돈을 빌려왔을 테니 필연적으로 주가를 조작할 수밖에 없다. 민간 기업의 경영권 양·수도를 제도적으로 막을 수는 없겠지만, 이런 악순환이 계속될수록 결국 일반 투자가의 피해가 커진다는 점에서 시급히 대책을 논의해야 한다.

10
먼 나라 이야기, '민사소송'

보통 사람들

대한민국에 태어나서 정상적으로 직장 생활을 하고 은퇴한 사람이라면 소송과 거리가 멀다. 대기업 직원이나 공무원 등 직장이 안정된 사람이라면 더더욱 그렇다. 집을 여러 번 사고팔아도 부동산 등기부등본 하나 제대로 볼 줄 모르고, 표제부, 갑구, 을구의 뜻도 모른 채 평생을 살아간다. 부동산 중개인을 너무 믿는 탓이다. 그래도 대부분이 아파트 매매를 하며 별 탈 없이 살아왔다. 이런 평범한 사람들은 대개 집안의 재산도 고만고만해서 크게 받을 유산도 없다. 부모님이 돌아가시고 얼마 되지 않는 유산이라도 형제들끼리 나누려면 알력이 생기고 심한 경우 소송에 휘말리고 한다. 그러다가 직장을 그만두며 퇴직금으로 조그만 사업을 시작하려고 할 때야 비로소 남을 믿는 것이 얼마나 위험한지 실감한다. 이것이 대한민국에 태어나 세상을 늦게 배우는 일반인들의 모습이다.

직장은 대개 비슷한 가정환경과 학력을 갖춘 사람들이 모인 집단이고, 거래처도 비슷한 수준의 사람들로 구성되어 있으므로 생각과 판단의 오차가 크지 않다. 하지만 어려서부터 사업을 한 사람들은 남에 대한 사고의 기준이 사뭇 다르다. 거래처는 비슷한 업을 영위하는 사람들일 뿐 어떤 환경에서 살아왔는지 정보를 얻기 어렵다. 그래서 더 꼼꼼하게 따지고, 두들기고, 싸우면서 처절히 살아간다. 시장 사람들부터 대기업가에 이르기까지 모든 이들이 죽기 않기 위해 그리고 살아남기 위해 매일매일 전쟁과 같은 삶을 산다. 대기업 회장들이 예외 없이 모두 전과자인 것은 결코 우연이 아니다. 그렇다고 그들이 억울한 처벌을 받은 것은 더더욱 아니다. 그들의 전과는 남을 짓밟고, 죽이고 그 자리까지 올라갔다는 과거의 흔적이고 훈장이다.

직장 생활도 출퇴근 시간 맞추려면 뛰어다녀야 하고 회식 때는 술도 못 마시면서 2차, 3차까지 술자리를 따라다녀야 하는 고통이 있지만, 사실 개인 사업에 비하면 우아한 직업이다. 개인 사업을 하는 사람들은 직장에서 상상도 못하는 냉엄한 현실에 부딪혀 좌절하고 속아본 쓰디쓴 추억을 안고 있다. 물론 그것이 다 의도된 사기에 당한 것은 아니다. 사업이 잘되지 않아 돈을 갚지 못하는 동네 상인도 있을 테니 모든 것인 계획된 것만은 아니다. 하지만 믿고 시작한 신뢰 관계가 돈 문제로 깨지고 소송에 휘말리게 되면 믿음이라는 것이 얼마나 허무한 것인지를 금세 깨닫게 된다. 퇴직금을 털어 시작한 프랜차이즈 가맹점 사업을 본사의 횡포 때문에 접어야 하는 점주들이 있는가 하면, 가로수길·경리단길이 번화하면서 가파르게 오른 임대료를 감당하지 못해 권리금 한 푼 받지 못한 채 인테리어를 원상 복구하고 나가야 하는 상인들의 눈물도 있다. 이들은 약자의 처지에서 억울함을 호소하고 선처를 바라지만 현실은 냉엄하고 법은 항상 강자의 편이다.

직원들 거느리고 월급을 주려면, 여간 독해지지 않고는 살아남지 못하는 것이 사업이다. 일요일 오후 괜스레 임원회를 소집하는 것은 긴장감을 조성하려는 의도도 담겨 있다. 실제로 휴일에 할 중요한 일도 없으면서 직원들 노는 꼴은 보지 못해 불러대는 상사들이 많은데, 그렇게 하지 않으면 마음이 편치 않아 그런다. 대기업에서 수많은 직원들을 거느리고 기사가 모는 승용차를 타고 다니다가 퇴직 후 사회로 나온 임원들은 마치 물가에 버려진 어린아이와도 같다. 지하철 충전도, 버스 환승도 할 줄 모르고, 백화점에서도 우기면 깎아준다는 것은 꿈에도 상상하지 못한 채 살아온 철부지다. 그리고 우습게 알았던 외식업이 얼마나 힘든지, 돈이 건너가면 얼마나 받기 힘든지 깨닫기까지 몇 년이 걸린 다음에야 서서히 자신을 내려놓고 준엄한 현실을 깨닫는다. 이런 것조차 모르고 은퇴후 인생 후반기를 살아가는 사람들은 극소수에 불과하다. 대부분은 자신이 몸담았던 곳이 얼마나 따스하고 안전했는지, 야생의 세계가 얼마나 험하고 무서운지 뒤늦게 깨닫고 많은 후회를 한다.

 소송과 더불어 같이 사는 사람들

그러면 같은 하늘 아래 남에게 고통까지 안겨주면서 그토록 처절하게 사는 사람들은 무엇을 위해 살아갈까? 단 한 가지, 바로 돈이다. 간혹 "돈이 뭐 그렇게 중요하냐?"라며 고고하게 말하는 사람들이 있는데, 100퍼센트 위선이거나 돈이 주체할 수 없이 많아서 그렇다. 사람은 사람을 속이고 거짓말을 하지만, 돈은 있는 그대로 값어치를 한다. 돈은 거짓말을 하지 않는다.

그 '쩐의 전쟁'이 매일 벌어지고, 하루에도 몇 차례씩 승자와 패자가 갈리는 곳이 바로 M&A 시장이다. 거짓으로 주가를 띄우고, 주위 사람들에게 큰돈을 안기다가도 어느 날 큰 손해를 입히면 원수가 되기도 한다. 하지만 이 바닥에는 영원한 아군도 영원한 적군도 없다. 몇 개월 뒤 원수와 다시 손을 잡고 기업 인수에 나서기도 하니 말이다. 한때는 서로 죽이겠다고 칼부림을 해 구치소까지 갔던 사람들이 나중에 화해하고 동업까지 하는 것을 본 적도 있다. 목표가 같고 서로를 형제만큼 잘 알고 있으니, 나중에는 서로 피해를 입을 일이 없다고 생각하는 모양이다.

이런 아수라장에서 피할 수 없는 것이 바로 소송이다. 때로는 동업자끼리, 때로는 채권과 채무의 관계로 무수한 법률적 이해관계가 형성되고, 그 결과가 좋지 않으면 반드시 소송으로 이어진다. 누구나 알고 있듯이 소송에는 형사소송과 민사소송이 있다. 형사소송과 민사소송은 증거의 기준이 다르고 형벌도 다르다. 형사소송의 피고인은 '확실한 증거'에 의해서만 유죄 선고를 받지만, 민사에서는 '더 유리한 증거'만 있으면 승소한다. 무엇보다 징벌의 차이가 중요한데, 형사소송에서 유죄 판결을 받으면 벌금형이나 집행유예가 아닌 이상 감옥신세를 지지만, 민사에서 진 당사자(피의자라고 부르지 않는다)는 그저 법적인 배상 절차를 따르면 된다. 이 차이는 하늘과 땅만큼 커서 당사자들이 느끼는 부담도 천지 차이를 보인다.

코스닥 기업의 M&A 시장에서 일하는 사람들은 매일매일 합법과 불법의 경계선에서 줄타기를 하면서 하루하루를 법과 씨름하며 살아간다.

이 바닥에서 선수라고 불리는 이들은 웬만한 분야에서는 변호사보다 더 많은 지식을 갖추고 있다. 특정 분야에서 법조인 이상으로 경험하고 고민한 흔적이라 할 수 있다. 여기에는 합법의 테두리에서 최적의 사기 공식을 세우고, 불법을 최대한 미화해 형량을 낮춰야 한다는 절체절명의 의지가 담겨 있다. 이들은 아침이면 돈을 얼마나 벌 것인지 고민하며 하루를 시작하고, 배상해야 할 돈과 형량을 저울질하면서 룸살롱에서 하루를 마감하는 인간쓰레기들이다.

"내가 헛되이 보낸 오늘은 어제 죽은 이가 그토록 바라던 내일이다." 그리스의 3대 비극 시인 중 한 사람인 소포클레스(Sophocles)가 한 말이다. 사기꾼은 오늘도 돈을 뜯어내기 위해 최선을 다한다. 마치 오늘이 인생의 마지막인 것처럼.

전과자의 세계

기업 인수를 업으로 삼고 있는 사람들은 모두 민형사상 소송에 이골이 나 있지만, 그중에서도 형사소송에 대해서는 아주 민감하다. 교도소에 한 번은 다녀온 이들이라 겉으로는 형사소송에 태연한 척하지만, 실제로는 그 아픈 추억을 되풀이하고 싶어 하지 않는다. 벤츠를 타고 다니며 수백억 원을 주무르다가 수의를 입고 차가운 방구석에 앉아 있으면 얼마나 비참한 마음이겠는가? 큰돈을 만졌으니 유능한 변호사도 고용해 절대로 구속되지 않는다고 확신하며 대로를 활보했지만, 결과는 기대와는 다르게 흘러간다. 그 이유는 본인들의 사고방식에 있다. 저지른 죄는 무겁고 피해자들의 아픔은 크지만, 정작 본인들은 그런 사실을 인지하지 못하기 때문이다. 수많은 소액 투자자의 돈을 모아 물 쓰듯이 쓰고, 때로는 횡령·배임에 유가증권 위조까지 서슴지 않는 게 바로 이들이다.

이들이 범죄를 저지르면서도 태연하게 지낼 수 있는 이유는 바로 경제사범이기 때문이다. 경제와 관련된 범죄가 점점 늘고 있고 피해 규모도 어마어마하지만, 실제 기소율은 형사범죄 중 가장 낮다. 죄임이 너무도 명백한 살인, 강간, 절도에 비해 범죄 사실을 규명하는 것이 상당히 어렵다. 길에서 빵 하나를 훔친 절도범을 기소하기는 쉽지만 경제 범죄는 내용도 복잡하고 피의자가 그 방면의 전문가여서, 허점을 잘 노출하지 않는다. 그래서 수백억 원을 사기 쳐도 결국 무죄로 풀려나는 사건이 많다. 설사 실형을 선고받는다고 해도 대부분 집행유예로 나오므로, 이는 시차를 두고 또 다른 범죄를 유발한다.

코스닥 상장사를 인수한 후 배임과 횡령을 저지르면 내부자 고발이나 채권자 고소가 있지 않는 한 적발하는 데 한계가 있다. 소송을 당한다고 해도 대부분 경찰서에서 조사를 하는 데 1년이 걸리고, 송치하는 것도 쉬운 일은 아니다. 송치한 후 자료가 부실하거나 검찰의 이해가 부족하면 재수사를 위해 사건은 다시 경찰로 내려가고 몇 달이 더 소요된다. 만약 불기소 의견으로 검찰에 송치되면 거의 무죄로 끝나고, 기소 의견이라도 반 이상은 약식 재판을 통해 벌금형이나 무죄 처분을 받으므로, 반 이상이 정식재판에 넘어가지도 않는다. 이런 사실을 잘 아는 기업형 범죄자들은 구속이 되거나 형이 확정될 상황이 아니면 절대로 보상하지 않는다. 그 이전에 합의를 한다면 피해자가 입은 손실에 비해 아주 적은 금액을 보상함으로써 소를 취하하도록 하는 것이 이들의 전략이다.

법원이나 검찰 주변에서 흔히 쓰는 용어가 있다. '1도, 2부, 3빽, 4쩐' 이다. 이는 인신 구속이 될 것으로 판단되면 먼저 도망가고, 잡히면 무조 건 부인하고, 그래도 안 되면 빽을 동원하며, 마지막으로 돈을 쓰라는 말 이다. 이를 다시 해석하면 이렇게 하는 것이 피의자에게 유리하다는 점 이 이미 입증되었다는 말이고, 법조계에 빽과 돈이 통한다는 의미도 된 다. 기업형 범죄자들도 이런 원칙에 충실하다. 일단 영장 실질 심사에는 되도록 나타나지 않는다. 왜냐하면 구속으로 결론이 나면 바로 구치소 로 가야 하기 때문이다. 법원의 영장심사나 검찰의 출석 요구에 계속 불 응하면 결국 지명수배가 내려지는데, 변호사를 통해 수배 등급을 확인해 구속 수사와 실형이 거의 확실시되면 그때 가서 합의를 시도하는 것이 이들의 전략이다. 비록 무죄가 되지는 않더라도, 최후의 순간에 합의를 하면 형이 상당히 경감된다는 것을 잘 알고 있기 때문이다. 또 되도록 활 동할 수 있는 시간을 확보해 자산 은닉이나 반출을 더욱 철저히 하기 위 한 목적도 있다.

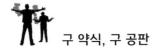 구 약식, 구 공판

'구 약식, 구 공판'은 일반인들은 모르는 말이다. 평소에 착하게 살지 않아 '착하게 살자'가 목표인 것처럼 평범하게 사는 사람들은 평생토록 들 어보지도 못할 말이지만, 이 바닥 사람들에게는 아주 익숙한 표현이다. 검사가 기소할 때 약식기소를 하는 것을 구 약식이라고 하고, 정식재판을 원할 때 하는 것이 구 공판이다. 약식기소란 정식재판에 회부하지 않고 검

사가 벌금형을 바로 내리는 것인데, 돈을 많이 벌어놓은 사기꾼들에게는 하늘의 축복과도 같은 결과다. 법정에 출석할 필요도 없고 서류만 가지고 재판을 하는 약식명령이므로, 구속된 상태였다면 바로 석방된다.

이것도 기소의 일종이니 호적에 이른바 빨간 줄(이미 폐지되고 없는 제도)이 간다고 착각하는 일반인들은 두려워할 수 있다. 하지만 사기가 전문인 사람에게는 이는 축하 메시지에 불과하다. 벌금만 내면 사회생활에도, 해외여행에도 전혀 지장이 없는 면제부이기 때문이다. 이는 법원의 판결이 아니므로 피의자가 이에 불복해 정식재판을 청구할 수 있지만 굳이 그러지 않는다. 석방되는 날 그동안 수고한 측근을 불러 강남 룸살롱에서 거나하게 취해 무용담을 늘어놓을 시간도 부족한데, 그런 쓸데없는 데 시간을 낭비하지 않는다. 만약 정식재판을 원하는 사람이 있다면 정말 결백한 사람이다. 흡사 20년 실형을 다 살고 나온 사람이 재심을 청구하는 것과 같다. 경제사범인 피의자들은 대체로 본인이 한 짓을 부인하지 않는다. 다만 사기를 칠 의도가 없었고 피해를 보상하고자 최대한 노력하고 있다고 설명한다. 거짓말이다. 그것은 처음부터 의도된 사기이고, 추후 피해 보상을 위한 노력은 그저 사기 범죄의 성립을 면하기 위한 방책일 뿐이다.

이들은 사기와 관련해 본인들이 관련된 사건이 어떻게 흘러갈지 궁금해하기 때문에 비슷한 사건에 관심을 기울인다. 검찰의 동향을 파악해 대응 전략을 마련하고 향후 사기에 필요한 전술을 수립하려는 목적도 있지만, 본인의 사건 추이에 두려움을 느끼기 때문이다. 그러면서도 대놓고 범죄를 저지르는 까닭은 실제로 처벌되는 비율이 높지 않아서 그렇다. 물론 우리나라의 고소율은 선진국의 50배에 달할 정도로 높다. 사법

부가 몸살을 앓을 정도로 고발을 남발해 그렇기도 하지만, 이를 감안해도 처벌이 너무 관대하다.

　경찰서 경제사범 전담 부서에는 "고소·고발을 자제해달라"라는 문구가 붙어 있다. 민사로 가면 피해금을 받아내기 어렵다고 판단한 피해자들이 사건을 형사 사건으로 몰고 가기 때문이다. 이런 까닭에 강남·수서 경찰서 등 요지(?)의 담당 조사관은 한 명당 약 50여 건의 사건을 동시에 조사한다고 한다. 이렇다 보니 업무 과중으로 면밀한 조사가 어려워 부실 수사로 이어지고, 결과적으로 처벌되는 비율도 현저히 낮을 수밖에 없다. 우리나라도 미국처럼 경제사범에 대한 처벌 수위를 지금의 몇 배로 올려야 한다.

지능 범죄의 기소율

　우리나라에서 경찰이 사기 사건을 조사한 후 검찰로 송치하면서 기소 의견을 내는 경우는 전체 사건의 3분의 1밖에 되지 않는다. 이후 검찰 조사가 끝나고 기소 또는 불기소가 결정되는데, 2015년 통계를 보면 불기소 처분이 전체의 77퍼센트에 달한다. 기소가 되더라도 벌금형인 구약식이 전체의 반을 차지하므로 정식재판에 회부되는 사례는 극히 낮은 편이다. 회사의 공금을 개인적으로 쓰는 횡령, 회사의 이익에 반하는 결정을 함으로써 결과적으로 회사에 피해를 주는 배임도 이와 비슷한 추이를 보이고 있다.

　문제는 피해자가 명백히 존재하는 일반 사건에 비해 상장사에서 발생하는 횡령과 배임의 경우, 그 피해자는 불특정 다수이고 내부자가 아니면 사건의 실체에 접근할 수 없다. 그래서 전체 사기 사건 건수가 매년 30만 건에 육박하지만, 이 중 횡령은 10분의 1, 배임은 30분의 1에 불과하다. 사건이 없는 것이 아니라 횡령과 배임을 입증하지 못한 까닭이다. 특히 업무 관련 범죄인 배임은 밝혀내기가 특히 더 어렵다. "회사에 1000억 원의 피해를 입혀도 죄를 묻기 어렵다"라는 말이 있는데, 그만큼 외부인이 범죄 성립 요건을 규명하는 것은 쉬운 일이 아니다. 또 범법자가 치밀하게 준비하고 철저히 대비하므로 대응도 만만치 않다.

그래서 이를 지능형 범죄라고 부른다. 우리나라의 재벌들이 시도 때도 없이 저지르는 것이 바로 이것인데, 과거나 지금이나 최고 수준의 변호사들이 재벌을 감싸고 있어 그 보호막을 뚫고 처벌하기는 하늘의 별 따기다. 지분은 10퍼센트도 안 되면서 사내 자금을 마치 개인 돈인 듯 써대는 것이 범죄임을 이제는 알아야 한다. 창업주 경영에서 2세, 3세 경영으로 옮겨간 지금은 '한국 경제에 대한 기여도'를 외치면서 무조건 선처를 바랄 때가 아니다. 그런데 어른이 나쁜 짓을 하면 애들이 보고 따라하듯, 재벌들의 그런 행태를 코스닥 사주들이 그대로 따라하고 있다. 게다가 대한민국 경제에 기여하지도 그렇다고 고용 효과를 내지도 못하면서, 기업가의 탈을 쓴 채 재벌 흉내를 내는 사람들이 너무 많다.

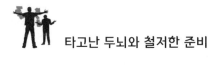

타고난 두뇌와 철저한 준비

이런 사람들은 머리도 좋다. 피해자 한 사람, 한 사람을 만나면서 한 얘기를 빠짐없이 기억하는 천재형 인간들이다. 수많은 경험을 통해 만에 하나 불리한 상황이 닥치면 그에 대처하는 능력이 뛰어나고, 생각을 많이 하므로 갑작스러운 변화에 임기응변이 탁월하다. 사전 준비도 철저해 웬만한 일에는 눈 하나 깜작하지 않는다. 정황이 아무리 불리해도 검사 앞에서도 조곤조곤 자신 있게 말을 이어가는 뻔뻔함도 있다. 공부도 많이 해서 다방면으로 지식이 아주 풍부하다. 특히 기업 관련 분야에서는 변호사 뺨친다. 법원의 업무 처리 절차에 관해서는 법원의 5급 공무원만큼 알고 있고, 경찰서 조사관 알기를 십 원짜리 동전 정도로 여긴다. 특히 경찰이 기소권을 갖지 않고 있다는 것을 잘 알기에 조사 날짜를 잡아도 두어 번 연기하면서 최대한 시간을 끌며, 형사가 윽박을 질러도 눈 하나 깜짝하지 않는 사람들이다. 진짜 조사는 검찰이 한다는 사실을 잘 알고 있기 때문이다.

학창 시절을 생각해보면 성적은 낮아도 두뇌 회전이 아주 빠른 친구들이 있다. 바로 이들이 그런 부류에 속한다. 마치 에디슨같이 남들 다하는 학교 공부에는 뒤처졌어도, 자기 전공 분야에서만큼은 타의 추종을 불허한다. 그리고 많이 아는 만큼 많이 벌 수 있고, 돈이 자신을 보호해준다는 것을 철저히 믿는 사람들이다. 돈을 버는 과정에서 남에게 피해를 입히더라도 털끝만치도 가책을 느끼지 않는다. 조직 폭력배는 자신들의 활동 무대가 따로 있어 눈에 잘 띄지 않지만, 불특정 다수를 상대로 사기 행각을 벌이는 기업형 사기꾼들은 조폭이나 마약 중개상보다 위험한 존재들이다. 보이스 피싱이나 불법 도박 사이트 운영자처럼 피해자 선정이나 피해 규모에서 사정을 봐주지 않는다. 또 일반인의 주위에서 범행 대상을 물색한다는 점이 더욱 위험하다. 그저 본인의 금전적 이익을 위해서라면 가족도 팔아먹을 사람들이다. 이들은 감옥에 가도 동료 재소자들에게 사기를 치고도 남을 인간 망종들이다.

 ## 피해 금원을 돌려받으려면

피해자가 소송을 하게 되면 모든 절차를 거쳐 판결이 확정되기까지 2년 이상 걸리고, 추가 자료나 증거 제출에 시간이 걸리면 언제 끝날지 모르는 지루한 싸움이 된다. 돈을 벌어놓은 피의자라면 유능한 로펌과 계약해 변론을 할 것이니, 범죄를 명백히 입증하지 못하면 검찰이 질 수밖에 없다. 브로커가 딜을 성사시키고 1억 원을 받으면 받은 사실이 아주 명백해 입증하기 수월하지만, 회사의 대표이사가 회삿돈 10억 원을 가져다 쓰면 상황은 좀 복잡해진다. 일단 이사회 결의를 통해 합법적인 절차를 밟아 투자 형태로 외부에 자금을 유출하면 의심을 받지 않는다. 그리고 투자받은 회사를 부도 처리하면 증거를 찾기도 어려우니, 이것까지 뒤지면서 소송을 할 사람은 없다. 기업 범죄는 내부자의 결정적 제보가 없으면 기소부터 처벌까지, 가는 길이 너무 길고 험난하다.

가해자들은 소송 진행 중에 유죄 판결이 확실시되면 배임·횡령한 돈을 회사에 반환해 선처를 호소하기도 한다. 또는 피해자에게 금원을 변제해 구제받기도 한다. 일반인들은 알 수 없고, 은행에서도 쓰지 않는 '금원'이라는 단어가 있는데 돈이라는 말이다. 주위에 금원이라는 단어를 쓰는 사람이 있다면 법조계 인사이거나 이쪽 물을 먹은 사람이다. 물론 형사 사건이므로 피해 금액을 원위치한다고 해서 죄가 없어지는 것은 아니지만, 정상참작이 되어 형량이 상당히 경감된다. 이런 사실을 잘 아는 선수들은 피해액을 변제할 때도 절대 다 주지 않는다. 극히 일부만 변상해 고소인이 소를 취하하게 하거나, 변제 노력을 하고 있다는 탄원서를 법원에 제출해 선처를 호소한다.

과정과 결과를 빤히 아는 전과자들은 이 바닥에서 굴러먹은 변호사들만 고용한다. 초기 단계부터 걸리지 않도록 만전을 기하고, 어느 시기에 피해자와 타협할지 전체적인 전략이 이미 머릿속에 들어 있다. 합의금을 결정하고 지급하는 시기는 피의자의 재산과 피해자의 다급함에 달려 있다. 피해자가 개인이고 돈에 쪼들리면 합의금을 최대한 낮춰 무마하는 것이 가능하다. 반대로 상대가 법인이면 장기전으로 갈 수 있어 얼마간 피곤하겠지만, 시간이 지날수록 말만 잘하면 적은 금액으로도 합의가 가능해진다. 그 법인이 금융기관이면 얘기는 끝났다. 이럴 경우 부실채권으로 분류한 뒤 가능한 한 빨리 전액 상각시키는 것이 은행의 관행이므로, 줄 필요가 없다고 생각한다. 피의자가 돈이 없다면 결론은 간단하다. 배상할 재산이 없으니 당연히 합의도 없고 그냥 법대로 가는 수밖에 없다.

이런 사람들이 가장 편하게 생각하는 것이 민사소송이다. 피의자가 형사범으로 들어가 몇 년을 산다면 피해자로서는 속이야 시원할지 모르지만, 정작 돈은 한 푼도 받지 못한다. 그러므로 형사소송에서 승리의 쾌재를 불렀던 피해자는 또다시 원위치로 돌아와 기나긴 민사를 통해 피해를 보상받아야 한다. 하지만 애초부터 본인 이름으로 된 재산은 모두 빼돌린 뒤라 받아낼 길은 없다. 지루하게 몇 년을 끌고 대법원까지 가서 승소한다 해도 피고소인에게 재산이 없으면 아무 소용이 없다. 게다가 더 중요한 것은 줄 마음이 애초부터 없다는 것이다. 피해액을 돌려받을 수 있는 단 한 가지 가능성은 사기꾼이 감출 수 없을 만큼 큰돈을 벌었거나 종교에 귀의해 죄를 뉘우쳤을 경우다. 한마디로 불가능하다는 말이다.

인터넷에 보면 민사소송을 부추기는 변호사들이 있는데, 그것은 가해자가 평범하고 정상적인 사람일 때 가능한 얘기다. 기업을 인수하는 사람들은 재산을 빼돌린 뒤 범죄를 저지르므로 처음부터 계획된 사기로 보아야 한다. 이들에게 돈을 받으려면 형사로 몰고 가야 한다. 그리고 유죄가 되도록 최선을 다하는 수밖에 없다. 물론 형사에서 진다면 민사는 할 필요도 없다. 이긴다고 해도 한 푼도 못 받을 민사를 위해 돈과 시간을 들이면 본인만 더 피곤해진다. 소송으로 몇 년을 보내고 나면 남는 것은 텅 빈 지갑과 찢어진 가슴뿐이다. 병을 얻어 재판의 끝도 보지 못하고 죽는 사람도 많다. 이런 과정에서 행복한 사람은 변호사뿐이다.

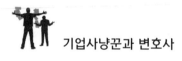

기업사냥꾼과 변호사

기업사냥꾼과 변호사는 대부분 합법과 불법을 교묘하게 넘나들면서 기업형 범죄에 도가 튼 사람들이다. 하지만 과거와는 다르게 불법적인 행위가 다양해지면서 현금만을 노리고 기업을 인수하는 사례는 많이 줄었다. 회사가 망가지면 범죄자가 되기 쉽고, 회사를 재매각할 때 프리미엄을 적게 받으므로 결과적으로 이익이 되지 못한다는 인식이 자리 잡은 탓이다. 지금도 없지는 않지만, 과거에 가장 애용되던 수법은 사내 자금 유용이었다. 유명 코스닥 게임회사를 인수해 회사의 부동산을 팔아 호주 광산에 투자한다면서 수백억 원을 보낸 뒤 모두 상각시킨 사례가 있다. 그런데 사주가 앞뒤를 재지 않고 대놓고 하는 바람에 몇 년간 철창신세를 지고 말았다.

횡령 금액이 600억 원이었는데 불과 3년을 살고 나왔으니 꽤 남는 장사였다. 변호사 비용으로 100억 원을 썼으면 무죄가 되었을 것이라는 소문이 파다했는데, 사주의 욕심이 아주 과했던 모양이다. 법 적용과 처벌이 엄격해진 지금도 해먹은 돈의 절반을 쓰면 최소한 집행유예로 나온다는 것이 업계의 속설이다. 이렇듯 돈이면 모두 해결된다는 의식에는 변호사들이 한몫했다. 변호사가 한 명일 때는 조용하던 미국의 어느 시골 마을이 또 다른 변호사가 개업을 하자 소송이 끊이지 않았다는 농담이 있는데, 일면 맞는 말이기도 하다.

로스쿨이 생기면서 변호사 수가 많아져, 변호사 사무실을 개업해도 수입이 넉넉지 않다. 오죽하면 어느 변호사협회장 선거에서 "점심을 굶는 변호사가 절대 없도록 하겠다"라는 공약이 나왔겠는가? 이런 와중에도 일류 로펌들의 형사 범죄 수익료는 나날이 올라가고 검찰과 재판부에 대한 로비는 더더욱 치열해진다. 피해자에게는 소송에서의 필승, 구속 수사 등 있을 수 없는 약속을 남발하면서 소송을 부추기는 변호사들이 늘고 있다. 또한 대법원 판례에서 이미 무효로 결판된 성공 보수를 형사 사건에서 공공연히 요구하는 변호사들도 있다. 수임을 할 때는 본인의 과거 직위를 이용해 쉽게 해결할 것처럼 말을 하지만, 막상 돈을 받고 나면 태도가 달라진다. 자기는 최선을 다했지만 담당 검사가 바뀌었다는 등 여러 가지 핑계를 대면서 일을 하지 않는다. 이들도 엄밀히 따지면 준사기꾼의 범주에 속한다.

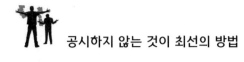# 공시하지 않는 것이 최선의 방법

회삿돈으로 무슨 짓(?)을 할 때는 일단 공시 의무를 피하는 것이 상책이다. 일단 공시가 되면 한국거래소는 물론이고 단 한 주라도 보유한 소액주주까지 내용을 알게 되니 감시의 눈이 많아지고, 그런 눈이 많을수록 발각될 위험은 높아진다. 거래소의 코스닥 시장 공시 규정을 정리하면 시설 투자, 담보 제공, 채무보증 등을 할 때 자기자본의 10퍼센트 이상, 유형 자산 취득은 자산 총액의 10퍼센트가 넘으면 공시 의무가 발생한다. 정상적으로 기업 활동을 하고 있다면 공시를 해도 무방하지만, 돈을 빼돌릴 목적이라면 공시를 피하기 위해 반드시 10퍼센트 이하로 금액을 맞춘다. 여기서 말하는 자기자본은 총자산에서 부채를 뺀 순 자산을 의미하므로, 대부분 규모가 크지 않다.

그럼에도 불구하고 개미같이 바지런히 노력해 상당한 금액을 제하는 기업가들이 많다. 자기자본이 100억 원이라면 시설 투자, 담보 제공, 채무보증의 한도가 각각 10퍼센트이므로, 각 항목당 9.9억 원씩 책정할 수 있다. 예를 들어 본업과 상관없는 시설 투자에 9.9억 원, 대주주 관련 담보 제공에 9.9억 원, 관계사 채무보증 9.9억 원씩 해서 29.7억 원을 설정해놓고, 4~5년 지난 뒤에 모두 상각하면 눈치챌 사람은 아무도 없다. 해외 현지법인을 세우는 것도 한 방법이다. 업무라는 명목으로 송금하고 이를 다시 현지에서 투자하는 방식으로 돌리면 된다.

보통 이런 식의 횡령은 내부자 고발이 있지 않으면 전혀 알 수가 없다. 특히 수년간에 걸쳐 상각하면 표시도 나지 않는다. 역사가 오래된 회사일수록 사주가 직원들과 가족같이 지낸다. 특히 임원이나 부장급들은 회사 내용을 잘 알고 있으므로 웬만해서는 내치지 않는다. 사주의 치명적인 약점을 알고 있기 때문이다. 그래도 한 보직에 너무 오래 두면 부패할 수 있고 사주의 약점에 관한 정보가 누적될 수 있으니, 보직을 자주 순환해 물갈이를 한다.

주요 인사를 해외로 보내 국내 기밀과 단절시키는 것도 한 가지 방법이다. 해외 파견은 가족들의 해외 생활의 꿈을 실현할 수 있고 아이들도 유학시킬 수 있으니, 누구나 환영한다. 하지만 현지에서 최고 경영자의 자산을 관리해야 한다. 또한 한국 언론에 보도가 나가지 않도록 목숨과도 같이 비밀 유지하는 것도 본인 몫이다. 가끔 조세 회피 지역에 한국인 유명 인사가 세운 법인이 폭로되는 것은 거의 전부가 내부자의 고발에 의해서다. 미국의 LA나 하와이 지역에 있는 재벌들의 별장은 외부인이라면 결코 알 수 없다. 내부 직원이 대주주의 비리를 폭로한다는 것은 본인이 더는 그 회사에 다니지 못할 상황이 되었음을 의미한다.

때로는 재벌가의 가신으로 있다가 우연치 않게 큰돈을 물려받는 경우도 있다. H 그룹의 한 계열사 부회장이 독신으로 지내다가 갑자기 병에 걸려 사망했다. 그러자 회사의 경리 담당 부장이 집으로 찾아가 개인 금고를 회사로 가져갔다. 유족들이 항의했지만, 그는 회사의 기밀이 유출되는 것을 방지하기 위한 조치라고 하면서 결코 내주지 않았다. 세상을 떠난 부회장의 재산을 차명으로 관리한 사람이 바로 그 부장이었다. 그는 금고 속의 비밀을 지키고 자신 명의로 된 재산을 보존하기 위해 그런 조치를 취한 것이다. 그로부터 몇 년 뒤 명예롭게 퇴직한 부장은 고향인 남해로 내려가 준재벌 행세를 하며 지금껏 잘살고 있다.

대주주 일가의 주식 일부를 임직원 명의로 보관하는 것도 흔히 사용되는 방법이다. 이렇게 은닉된 위장 지분은 회사에 호재가 있을 때 공시하지 않고 매매 차익을 노리는 수단이 되거나, 주주총회 시 주총꾼들의 대리 참석을 위한 목적으로 이용된다. 이와 같은 계좌의 주인들은 증권 카드와 도장을 회사에 맡기고 본인 소유가 아니라는 각서를 쓴다. 그리고 만약 퇴직을 하게 되면 반드시 다른 사람 명의로 옮겨 사고를 방지한다. 하지만 주식의 가치가 퇴직금보다 월등히 높으면 명의자가 카드를 분실했다 신고하고 본인이 소유한 재산이라고 주장할 가능성이 있다. 따라서 대기업의 차명 계좌는 반드시 회장 직속 비서실, 미래전략실, 구조 조정 본부 등 핵심 부서 직원들 명의로만 만든다. 이들에 대해서는 승진이나 성과급에서 최고의 대우를 해주는 것이 관례다. 기업별로 명칭만 다를 뿐, 어느 회사에나 있는 회장 직속 기구의 핵심 목표는 회장 일가의 지분 관리다. 외부에서는 그룹의 미래 전략 수립과 성장 동력 마련이 주된 역할이라고 알고 있지만, 그것은 오해다.

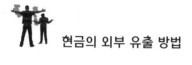

현금의 외부 유출 방법

자기자본에 부채를 더한 것이 자산 총액이고, 이 금액의 10퍼센트까지 비공개로 투자할 수 있는 유형 자산의 취득은 매우 매력적이다. 예를 들어 순 자산은 100억 원에 불과하지만 부채가 500억 원인 회사는 자산 총액이 600억 원이므로, 60억 원까지는 공시를 하지 않고도 자산 취득이 가능하다. 하지만 회계 법인의 감사를 받아야 하므로 무턱대고 가치 없는 자산을 취득할 수는 없다. 최근에는 출자에 관한 규정이 엄격해져 회사 마음대로 가격을 산정할 수 없다. 부동산이라면 감정가가 있어야 하고, 회사를 M&A 하기 위해서는 기업감정평가서를 첨부해야 한다. 이렇게 감정을 받을 때 금액을 부풀리는 것은 얼마든지 가능한데 미래의 수익가치에 대한 자료를 회사가 제공하기 때문이다. 물론 회계 법인이 이를 신뢰하지 않는다면 원하는 목적을 달성할 수 없으므로 철저히 준비한다. 실제 가치에 준하는 감정평가에 만족한다면 기업사냥꾼으로서 체면이 서지 않는다. 가치를 올릴 수 있는 길이 있다면 수단과 방법을 가리지 않고, 어느 정도 철저히 준비가 되면 공시를 통해 합법화한다. 이는 추후 회계 부정 소송에 빌미를 제공하기도 한다.

그렇지만 금액이 커야 하므로 지금도 '자원 개발 사업'과 같은 자산 취득이 자주 공시된다. 우리나라에서 자원 개발 관련 사업을 하려면 반드시 한국광물자원공사(구 대한광업진흥공사)의 평가를 받아야 한다. 설립된 지 40년이 넘었으니 광물에 관한 한 기술력과 노하우가 남다르기도 하지만, 정부 기관이므로 평가서의 공신력이 높다. 하지만 이 평가서의 단점은 '매장량이 이러하니 얼마 정도 금액이 될 것'이라는 추정에 불과하며, 채굴 비용, 판매 계약, 운송, 물류, 가격 전망 등의 내용은 아예 없다. 광물은 매장량 못지않게 채광의 판매 전략이 중요한데 그것은 채굴 당사자의 능력에 달려 있으므로, 누구도 그 부분을 평가할 수 없다. 그래서 자원 개발은 영원히 매력적인 아이템이다. 추정 매장 가치가 수천억 원이라 해도 현금 30억 원도 없는 회사라면 첫 삽조차 뜨지 못한다. 그런데도 일단 공시해 투자가들을 현혹시키고 주가를 조작하는 사람들이 기업사냥꾼이고, 이를 수수방관하는 곳이 금융 감독 기관이다.

이런 종류의 자산을 취득하는 데 평가 기관인 회계 법인의 역할은 절대적이다. 하지만 회계 법인은 정부 평가서를 토대로 단순히 돈을 받고 감정서를 발급해주는 것이므로, 손해 볼 일이 없고 기업가로서는 이보다 더 그럴싸한 유형 자산이 없다. 당장의 개발 계획도 그에 필요한 자금도 없지만, 공시를 통해 주가를 띄우기에는 안성맞춤이다. 정부 기관이 순수하고 객관적으로 내린 재산 평가를 범죄자들이 악용하는 것이다.

자원 개발 회사의 지분을 취득하고 이를 유상증자나 전환사채를 발행해 보상하는 것이 최근에 생긴 또 다른 유형의 범죄다. 자원의 개발권은 가치상으로는 천문학적인 숫자이지만, 실제로는 채광할 가치가 없는 것이 대부분이다. 특히 우리나라에는 여전히 상당 규모의 매장량이 보고되고 있지만 타산이 맞지 않아 폐쇄된 광산이 많은데, 이런 곳이 주로 악용된다. 예를 들어 매장량이 1000억 원으로 평가되는 광산의 개발권을 1억 원에 사고, 회사의 주식 10퍼센트를 100억 원 가치로 코스닥 상장사에 인수시킨다. 그리고 그 대가로 상장사는 100억 원의 전환사채를 발행한다. 이는 사모발행에 해당되므로 보호예수에 걸리지만, 1년 뒤 주식으로 전환을 하게 되면 상당한 차익을 얻을 수 있다. 이런 일련의 과정은 법률상으로는 모두 합법이다. 하지만 매장 가치가 반드시 수익성을 보장하는 것은 아니므로, 이와 같은 유형의 자산 취득은 불법으로 간주되어야 한다.

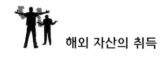

해외 자산의 취득

요즘에는 외국에서 공부를 하고 돌아온 유학파들도 많아져 M&A 시장이 좀 더 세련된 모양새를 보인다. 타 법인 출자 대상을 해외에 있는 자산으로 삼는다. 과거 많은 기업이 한국에서는 생소한 해외의 신재생 에너지, 자원 개발, 바이오 업체에 투자해 큰돈을 날렸다. 한국 증시 사상 해외에 투자해 성공했다는 얘기는 아직까지 들어본 적이 없다. 그만큼 해외 투자가 어렵기도 하지만, 애초부터 성공할 마음이 없기 때문에 결과가 그런 것이다. 지금도 선수들은 해외시장을 애타게 두드린다. 하지만 이들은 해외시장의 제도와 법규에 밝지 않고, 외국 사람들을 상대하는 데 부담을 느낀다. 교도소에 한두 번 다녀오면 엄청나게 교육을 받아 국내 '형사소송법' 전문가가 되지만, 낯선 외국법은 배우려 하지 않는다. 또 해외 법인을 관리하기 위해서는 현지 회계 법인의 도움을 받아야 하는데 일단 불편하다. 그리고 국내에 비해 송금, 재산 관리 등이 모두 어렵기 때문에 해외 경험이 많지 않다면 쉽게 다가가지는 못하는 전략이다.

그런데 해외 시장의 구조를 파악한 사람에게는 이처럼 편하고 안전한 곳이 없다. 일단 홍콩·싱가포르 등지를 잘 활용하면 한국에서든 현지에서든 세금 한 푼 낼 필요가 없다. 이것이 해외에서 자원 개발이나 선박·무역 등의 사업을 하는 기업가들이 쓰는 방법인데, 일단 1년의 반 이상을 반드시 외국에서 거주하는 편법을 쓴다. 그러면 모든 세금 추징에서 비거주자 자격으로 심사를 받기 때문에 상당히 유리해진다. 본인이 해외 거주자인 데다가 사업의 주 수익이 해외에서 발생하므로, 국세청에서 세금을 징수하는 것이 현실적으로 어려워진다. 선박왕 K의 사례가 바로 이것이다.

일단 외국으로 나간 자금이 법인으로 흘러 들어가서 회사의 운영자금으로 쓰인다면 큰 비용이 발생한다. 예를 들어 현지 공장의 운영자금으로 사용되면 임금, 자재 구입비, 임대료, 회계비 등이 발생하고, 담당자가 의도적으로 빼돌리면 막을 길이 없다. 그래서 해외로 큰 자금을 내보낸 기업가들은 현지에서 부동산을 구입하거나 금융 상품에 투자하는 방법을 활용한다. 부동산은 본인이나 개인회사 명의로 구입하므로, 가장 안전한 자산이다. 또 금융회사가 운용하는 뮤추얼펀드(mutual fund)나 헤지펀드(hedge fund), 사모펀드 등을 주로 구입하는데, 안전할 뿐 아니라 전 세계 어디서든 자산 운용 실태를 확인할 수 있다는 장점이 있다.

페이퍼 컴퍼니 명의로 사둔 부동산을 차액을 남기고 법인에 넘기는 것도 흔한 수법이다. 투자를 할 때 서류를 이중으로 작성하는 것도 한 방법이다. 예를 들어 해외 사모펀드에 투자하면서 다른 법인에 대한 대여금 형태로 서류를 꾸민다. 만약 펀드 투자에 실패하면 펀드 투자로 기장하고, 반대로 큰 수익이 나면 대여금으로 처리한다. 이렇게 하면 투자 활동으로 얻은 수익을 모두 개인 재산으로 빼돌려 해외 비자금을 마련할 수 있다. 오늘도 외국인 투자가의 탈을 쓰고 국내 증시를 교란시키는 '검은머리 외국인'의 정체가 바로 이들이다.

이런 자산을 해외 현지법인 명의로 구입하는 것은 이중의 안전장치가된다. 일단 다양한 해외 상품을 구입할 수 있으므로 또 다른 재산 증식 방법으로 활용된다. 다른 하나는 코스닥 상장사의 해외 현지법인이 취득한 자산이므로 사주의 횡령이 성립되지 않는다. 만에 하나 이 때문에 형사처벌이 임박했다면 재산 내역을 있는 그대로 제출하거나 모두 현금화해 한국으로 송금하면 된다. 코스닥 회사를 양도할 때 현지법인은 모두 상각하는 것을 조건으로 하고, 이후 3~4년이 지나도 국내에서 법률상 문제가 없는 것이 확인되면 이때부터 또 다른 본인 명의의 회사로 재산을 옮기면 모든 절차가 끝난다. 현지법인에서 벌어지는 이와 같은 자금의 흐름은 대한민국의 사법부가 조사하지 못하는 치외법권의 영역에 있다. 설사 혐의가 있어 현지 조사를 한다고 해도, 우리나라 감독 기관 사람들은 골프와 술을 대접받고 돌아올 테니 전혀 성과를 낼 수 없다.

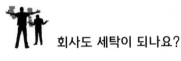 **회사도 세탁이 되나요?**

자금 세탁은 흔히 벌어지고 자주 듣는 말이지만, '회사 세탁'이라는 생소한 말은 M&A 시장에서만 쓰인다. 흡사 돈의 주인이 몇 번 바뀌면 원래의 주인을 찾을 수 없는 원리와도 같다. 기업은 살아 있는 생명체와 같아 그 근본을 토대로 환경 변화에 적응하며 살아간다. 그런데 상장 이후 한 차례 주인이 바뀌면 애초의 법인격은 물론이고, 생존과 성장 방식도 변모한다. 새 경영진은 기존 사업에 관심이 없으니 투자는 하지 않을 것이고, 최소한의 규모만 유지하면서 자연도태의 길을 선택할 것이다. 창업자가 이룩한 사업은 문외한에 의해 사라지고, 그 자리에는 전혀 새로운 형태의 기업이 등장한다. 이렇게 두 번, 세 번 새로운 사주가 등장하고 회사명과 사업 내용이 바뀌면 기업은 경영권 프리미엄의 대상이 되고, 주가조작을 기대하는 수많은 투자가들의 시선을 한 몸에 받는다.

물론 기업사냥꾼들도 돈 세탁을 자주한다. 마약 밀매, 매춘, 무기 거래, 정치인의 리베이트 등 불법으로 형성된 자금은 반드시 세탁을 거쳐야 하는데, 이들은 안정성 때문에 카지노를 가장 선호한다. 자금 추적에 따른 범죄의 노출 방지와 탈세 목적의 자금 세탁에는 카지노처럼 완벽한 수단이 없다. 개인이 이서한 수표로 적당히 게임을 즐기고 나올 때 카지노 수표로 받으니 완벽하게 추적을 피할 수 있다. 세계 어느 카지노에 가든 수십억 원을 테이블에 놓고 웃으면서 게임을 즐기는 사람은 90퍼센트 이상이 자금 세탁원이다.

이때 하는 게임이 바카라다. 플레이어(player)와 뱅커(banker)가 정반대의 입장에서 게임을 하므로 한쪽의 승률은 거의 50퍼센트이고, 두 사람이 매번 같은 금액을 양측에 베팅하면 뱅커가 이길 때 내는 수수료를 제하고 원금을 회수할 수 있다. 고객은 적당한 금액의 수수료를 지불하고 완벽하게 자금 세탁을 하니 좋고, 카지노는 안정된 수입원을 확보하니 누이 좋고 매부 좋은 셈이다. 조직도 이 게임을 제일 선호하는데, 한자리에서 모든 게임과 환전이 끝나므로 배달 사고의 위험이 없다. 또 플레이어의 컨디션에 따라 수익이 들쑥날쑥하는 불확실성도 없다. 카지노의 협조를 받으며 정당한 수수료를 지급하고 완벽히 세탁된 돈을 안전하게 받을 수 있다. 설사 불법 자금의 세탁인 것을 알아도 그런 데 신경 쓰는 카지노는 이 세상에 없다. 오히려 그런 자금을 유치하려고 유능한 마케팅 담당자를 고용하며, 때로는 고액 자산가를 위해 환치기도 서슴지 않는 곳이 바로 카지노다.

회사 세탁은 회사를 폐업하기 전에 자금 추적을 차단하고 범죄 흔적을 지우기 위해 의도적으로 쓰는 방법이다. 코스닥 회사를 인수한 다음에는 갖가지 방법을 동원해 주가를 올리고, 회삿돈을 빼돌려 최대한 많은 돈을 만드는 것이 목표가 된다. 하지만 주가가 충분히 올라 굳이 횡령을 할 필요가 없으면 바로 매각해 프리미엄을 받고 빠져나간다. 그러면 법적인 책임을 질 일도 없고 투자가들도 만족하므로, 그다음 인수 대상을 물색할 수 있다.

그런데 주가의 움직임이 마음대로 되지 않고 채무 상환에 시달리면 할 수 없이 회삿돈에 손을 대고, 그 규모를 감당하지 못하면 회사를 매각하게 된다. 이때 전혀 모르는 인수자가 나타나 정식 계약을 맺을 수도 있지만, 이조차 여의치 않으면 인수자가 모든 법적 책임을 지는 조건으로 헐값에 넘기기도 한다. 이런 상태에서 인수하는 사람은 대부분 전임자와 잘 아는 사이며, 회사 사정을 이미 파악한 상태에서 발을 들여놓는다.

마지막 단계에서 청소부로 등장하는 인수자는 회사의 경영보다는 남아 있는 마지막 떡고물을 챙기는 데 혈안이 된다. 이런 시기에 다다르면 임대료를 몇 년째 내지 못해 임대 보증금은 이미 사라진 지 오래고, 사무실을 비워주지 않아 명도 소송에 걸려 있는 곳이 많다. 회사 상태가 좋지 않은데 본점을 옮겼다는 공시가 나오면 바로 이 경우다. 돈이 될 만한 자산은 이미 전량 매각되었고, 직원들 급여나 외상 매입금, 차입금 등 줄 돈만 쌓여 있는 경우가 많다.

법인 청소부는 이런 회사에서 마지막으로 건질 수 있는 것은 다 건지는 대신 전임자에 대한 소송을 최대한 막아주고, 상장폐지 및 회사의 폐업 신고까지 마쳐준다. 이 단계에서 수차례 임시 주주총회를 열어 이사를 선임하는데, 이는 돈을 조금 받고 경영권의 전부 또는 일부를 또 다른 제삼자에게 넘긴다는 표시다. 주주총회 이후에는 새로운 대표이사가 나타나지만, 바지 사장이거나 또 다른 피해자다. 이들은 회사를 살리려고 노력은 하지만 부질없는 짓이다. 바지 사장은 바지 사장대로 마지막 남아 있는 썩은 고기라도 건지기 위해, 선량한 피해자인 대표는 그 나름대로 피해액을 줄이기 위해 안간힘을 다 쓴다. 이렇게 새로운 사람들이 나타나면 나타날수록 새로운 유형의 피해가 생기고, 확약서, 합의서 등 계약서도 남발된다. 시간이 흐르면 흐를수록 새로운 사람들이 유입되면 유입될수록, 진짜 범인의 흔적은 점점 사라지고 명백한 혐의의 책임 소재도 점차 불분명해진다.

이들의 기대 수익원은 의외로 다양하다.

첫째, 상장폐지가 거의 확실시되므로 줄 돈은 미루고 받을 돈은 수단과 방법을 가리지 않고 받아낸다. 그 돈은 외상매출금, 선급금, 대여금, 투자자산 등 회사의 채권이지만, 회수되는 즉시 개인들 주머니로 들어간다.

둘째, 찍기를 이용해 최대한 사모증자나 사채 발행을 한다. 찍기를 위한 대출에는 비용이 좀 들지만, 만에 하나 상장이 유지될 경우에는 어마어마한 이득을 얻을 수 있다. 가령 50억 전환사채의 사모발행을 발표하고 납입은 찍기로 대신한다. 발행된 전환사채는 삼자에게 배정된 사모이므로 1년간 보호예수에 걸린다. 하지만 상장폐지만 되지 않는다면 주가는 급등할 것이고, 50억의 사모사채는 주식으로 전환 시 150억 이상의 가치가 생긴다. 채산성이 없는 광산 회사의 주식을 취득하고 이에 해당하는 만큼의 주식을 발행하는 것도 마찬가지다. 상장폐지 전 실질 심사 대상이 되는 기업은 재무구조 개선 효과를 노리면서 이런 식의 증자를 주로 한다.

철저하게 준비된 배임과 횡령

상장사의 자금은 대주주의 것도, 경영진의 것도 아니다. 회사의 주식을 보유한 모든 주주의 재산인데도, 기업주 대다수는 마치 자신의 개인

돈인 양 쓰고 있다. 법인이라 하더라도 사주 한 명이 주식을 100퍼센트 소유하고 있다면 본인 개인 재산이므로, 세금 문제만 확실하면 본인이 다 쓴다고 해서 문제될 일이 없다. 하지만 상장사는 지분이 분산되어 있으므로 주식을 보유한 모든 투자가들의 공동 자산이다. 그런데도 경영권을 갖고 있으면 주식 한 주 없어도 사내 현금의 처분권을 행사하며, 아무리 주식이 많아도 일반 투자가는 회삿돈을 한 푼도 건드리지 못한다. 그래서 경영권에는 프리미엄이 붙는다.

회사를 인수한 다음 이들이 가장 용이하게 손을 댈 수 있는 돈은 회사에 있는 현금이나 상장주 같은 투자자산이다. 금융기관의 근저당이 설정되어 있지 않다면 대여금이나 투자 명목으로 돈을 빼내는데, 일부 회사에서는 사주가 출금하면 자금 담당 임원(CFO)이 알아서 서류를 만드는 일도 흔하다. 자사주도 아주 좋은 현금성 자산이다.

그다음은 줄 돈은 주지 않고 받을 돈만 받아 챙기는 수법이다. 제품을 만들기 위해 사오는 부품 대금은 지급을 최대한 미뤄 외상매입금 계정으로 잡고, 매출채권에 대해서는 할인을 해서라도 미리 당겨쓰는 것이다. 그런데 이 자금을 회사에서 갖고 있으면 문제가 없지만, 경영진이 근거 서류도 없이 빼돌리는 경우도 많다. 이렇게 횡령한 돈은 대부분 다른 기업의 인수나 단기 주가조작에 사용되는데, 소기의 목적을 달성하고 바로 메우면 문제가 없지만, 일이라는 것이 매번 잘될 리 만무하다. 대개는 몇 번 성공하다가도 마지막 한탕을 위한 격전에서 패해 장렬히 전사하는 사람들이 많다.

그렇게 쌓인 자금의 부족분이 누적되어 감당할 수 없는 수준에 이르면 사주는 회사의 매각을 신중히 고려하게 되고, 이와 같은 회사의 부실이 매매가격에 영향을 미친다. 시장에 싼값에 나오는 회사는 회계적으로 문제가 있다고 보면 틀림없다. 그런데 그렇게 해서라도 부족한 자금을 메우고 나오면 그나마 정상적인 사람이다. 그러나 이 책에서 다루는 사람들은 그런 정상적인 부류가 아니기 때문에 문제가 심각하다. 회사가 회생할 가능성도 없고 프리미엄을 받을 처지가 아니라면 이들은 유상증자를 받고 회사를 그냥 넘기기도 한다.

증자 대금을 반반씩 사용하기로 한 뒤 자신의 몫은 바로 **빼내** 사라지면, 앞으로의 모든 책임은 새로운 경영진이 질 수밖에 없다. 인수자가 이런 사실을 안다고 해도 사실상 전임자를 고소·고발하는 것이 쉽지 않다. 이미 망가진 회사라고 해도 인수자는 이를 회생시키기 위해 전력을 다할 수밖에 없고, 이를 위해서는 회사의 내용을 속속들이 잘 아는 전임자의 도움이 절대적으로 필요하다. 게다가 양·수도 계약서에는 "인수 이후에 민형사상의 책임을 절대 묻지 않겠다"라는 조항도 들어간다. 증자만 하고 경영권을 인수하면 프리미엄만큼 절약할 수 있으므로 이익인 것 같지만, 인수한 뒤에 들어가는 돈은 그 이상이다. 매도자가 바보가 아닌 이상 프리미엄을 포기할 리 없으니, 최소한 그만큼의 부실은 있다고 봐야 한다. 그러니 한번 증자를 해 입성한 뒤에는 들어간 돈이 아까워 나오지를 못하고 회사에 자금이 필요할 때마다 자금을 투입하는 악순환이 반복된다.

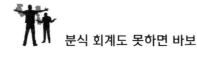

분식 회계도 못하면 바보

기업사냥꾼들에게 친숙한 또 하나의 단어가 '분식 회계'다. 분식 회계란 회사의 재무 상태를 인위적으로 조작하는 것을 말하는데, 회계 법인 모르게 회사가 주도할 수도 있고 양자가 합의해 하는 경우도 있다. 물론 이는 정상적인 기업 활동에서도 발생한다. 재고자산이 이미 못쓰게 되었는데 이를 모르고 정상 재고로 처리하는 경우가 있다. 그러나 이는 분식 회계 축에도 들지 못한다. 여기서 말하는 분식 회계란 알면서 의도적으로 하는 것을 의미하며, 실적을 부풀리는 일반적인 분식 회계와 의도적으로 실적을 축소하는 역분식 회계로 분류된다. 기업이 실적을 축소한다면 가치를 떨어뜨려 다른 이익을 추구한다는 의미인데, 통상 주가 하락을 유도해 상속세나 증여세를 줄이고, 이로써 하락한 주식을 싼값에 사들인 뒤 그 이듬해에 폭발적인 실적 확대를 발표해 차익을 노리는 것이다.

일반적으로 코스닥에서는 그 반대인 정상적(?) 분식 회계가 훨씬 더 많다. 사주가 돈 버는 데만 관심을 기울이고, 회사 경영을 등한시할 때 생기는 현상이다. 실적이 좋아져서 빼내 간 돈을 계속 메워준다면 주가도 건실하고 회사도 무탈하겠지만, 이는 희망 사항에 불과하다. 경영자가 경영을 하지 않는 기업이 잘 돌아갈 리 없고, 사주가 돈을 빼돌리는 것을 직원들이 아는데 열심히 일할 까닭이 없다. 이럴 때 구멍을 메울 가장 쉬운 방법은 숫자를 조작하는 것인데, 매출 단가를 조작해 매출을 올리거나 가짜 매출 전표를 만들어 마치 창고에 있는 재고가 판매된 것처럼 꾸민다. 또 상대 업체의 도산으로 받을 수 없는 외상매출금을 제대로 계상하지 않고 손실 폭을 줄인다.

이런 일이 코스닥에서 특히 빈번한 이유는 퇴출 요건 때문이다. 예를 들어 '4년 연속 영업 적자'가 되면 관리종목으로 편입되고, 주가가 크게 하락해 회사를 매각해도 프리미엄을 제대로 받지 못한다. 그러므로 3년 차나 4년 차가 되는 해에는 수단과 방법을 가리지 않고 영업 흑자를 만드는 것이 지상의 목표가 된다. 만약 재무상 별문제가 없어 보이는 데도 프리미엄 없이 경영권을 넘기려는 코스닥 회사가 있다면, 몇 년간 어마어마한 분식 회계가 있었다고 보면 틀림없다. 증자만으로 경영권을 양도하는 경우도 마찬가지다. 기존 경영진이 만든 부실 규모가 상당하고 재무제표에는 반영되어 있지 않은 부외부채가 있으니, 그것을 해결해주면 회사를 넘기겠다는 의미로 해석하면 된다. 회사가 더는 견디지 못하는 상태에 놓여 있다는 방증이다.

전액이 자본잠식 된 회사라면 증자를 한 투자가에게 경영권을 양도해 일단 회사를 살리고 보자는 의지가 강해진다. 이렇게 해서라도 회사가 살 수만 있다면 상장폐지가 될 경우 예상되는 고소·고발을 피할 수 있고, 기존 대주주의 주식 가치도 살아나기 때문이다. 과거에는 회계 법인과 짜고 재무제표를 조작하는 일이 흔했지만, 지금은 회계 부정에 대한 처벌이 강화되어 이에 적극적으로 가담할 회계 법인을 찾기 어렵다. 따라서 기업 가치를 유지하기 위해 경영진이 단독으로 기획하고 회계 법인을 속이는 경우가 훨씬 더 많다. 회계사가 기업 전체를 전수조사 하는 것은 불가능하므로, 어느 정도 부실을 감출 수 있다. 또한 부외부채를 모두 밝히고 재무제표에 반영하면 회계사들은 이를 그대로 인정해준다. 그런데도 감사의견 거절 같은 극단적인 의견을 낸다면 그 회사는 기업으로서의 가치를 벌써 상실했다는 의미다.

11
모든 것은 처음부터 계획되었다

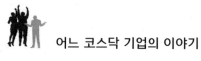
어느 코스닥 기업의 이야기

　상상할 수 없겠지만, 일부 코스닥 경영진 중에는 노골적으로 사기를 치는 사람들이 있다. 근래에 실제 일어났던 사건이다. K사는 약 1년 전 해외 전환사채 1000만 달러어치를 발행했는데, 중간에 회계 문제가 발생하면서 기한이익 상실(투자금의 만기 전 회수, 즉 투자가에 의한 강제 조기상환)에 걸렸다. 전환사채에 투자한 외국 펀드는 회사에 조기상환을 청구했지만 이미 돈을 다 빼돌린 사주는 이에 응하지 않았고, 연체이자도 내지 않은 상태에서 그저 주가가 올라 주식으로 전환되기만을 기다렸다. 주식이 올라 모두 전환이 되면 부채 계정에서 빠지고, 자본금으로 전입되므로 현금 상환 의무가 사라지는 점을 노린 것이다.

　당시는 중국 관련 주 열풍이 불던 때라 K사는 중국 면세점 진출을 허위로 발표했고, 주가는 며칠 사이에 네 배로 올랐다. 그러자 회사의 부회장과 대표이사는 외국 펀드가 소유한 전환사채를 살 수 있게 해줄 테니 수익의 40퍼센트를 자기들에게 돌려달라고 제의하며 투자가들을 모았다. 주가가 급등했으므로 수익의 60퍼센트만 가져도 큰돈이 되니 이를 마다할 사람은 없었다. 그런데 수십억 원을 챙긴 이들은 전환된 주식을 모두 빼돌려 이익을 챙기고 원금조차 돌려주지 않았다. 피해자들은 이들을 고소하고 금융감독원, 한국거래소, 국민신문고 등에 진정서를 냈지만, 피의자들은 1년이 지난 지금도 거리를 활보하고 있을 뿐만 아니라 다른 종목의 주가조작에도 계속 가담하고 있다.

이런 사기 사건이 종식되지 않는 가장 큰 이유는 인간의 끝없는 탐욕이 있기 때문이다. 주식 투자에 경험이 많은 사람은 공시 내용만 봐도 허위인지 금세 알 수 있지만, 단기적으로는 수익이 난다는 믿음이 있으므로 작전에 가담하게 된다. 결국 시세의 끝자락에서 일반 개인투자가들이 가담하고 폭락에 의해 대단원의 막이 내리는 악순환이 반복되고 있다. 이처럼 주식 사기가 계속되는 간과할 수 없는 이유는 수요가 끊이지 않기 때문이다. 대부분의 투자가는 돈을 벌기 위해, 돈을 번 사람은 투기가 주는 쾌락을 맛보기 위해 오늘도 작전 세력의 주위를 맴돈다. 그 배경에는 솜방망이 처벌이 있다. 이 사건의 피해자들은 피의자들을 사기죄로 고소했으나 재수사 등 천신만고 끝에 겨우 기소되었고, 배임죄 고발과 관련해서는 경찰 수사 단계에서 불기소 의견으로 검찰에 송치되어 결국 기각되고 말았다. 이런 솜방망이 처벌은 피의자들을 더욱 강하게 단련시키는 효과가 있다. 처벌 확률이 약하다는 사실과 대한민국 사법 체계의 허점을 잘 아는 이들은 또 다른 사기 사건을 일으켜 피해자를 양산하고 있으며 수법 또한 갈수록 대담해지고 있다.

I사, S사의 주식을 교부하기로 약속하고 주가가 예상보다 많이 오르

자 계약을 파기한 청담동 주식부자 L 씨 사건도 이와 같은 경우다. 일단 돈을 받고 주식을 주기로 약속하지만 원금에서 조금 오르거나 떨어지면 약속을 이행하고, 일정 수준을 넘어가면 주지 않는 것이 그들의 수법이다. 여기에는 일관된 전략이 있다. 주식을 사거나 아예 사지 않거나 둘 중 하나를 택한다. 주식을 산다면, 어느 종목이 1만 원일 때 매수를 한 것으로 계약해 5000원으로 빠지면 주식을 그대로 교부하고, 2만 원으로 오르면 주식을 못 샀다고 하면서 1만 원은 돌려주고 차액 1만 원의 이득을 취한다. 반대로 주식을 사지 않는다면, 5000원으로 떨어졌을 때 매입한 뒤 교부해서 5000원의 차액을 챙기고 올랐을 때는 같은 이유로 계약을 파기하는 방식이다. 상황에 따라 두 가지 방법을 섞어 사용해도 된다. 주가의 움직임에 따라 델타 헤징(delta hedging)을 하면서 주가의 등락에 따라 이익을 실현할 가능성도 있다. 어떠한 경우에도 손해를 볼 확률은 없는 반면, 이익을 볼 확률은 50퍼센트가 된다.

또 한 가지 시나리오는 투자금 전체를 5 대 5로 나누어 반은 매수하고 반은 매수하지 않는 전략을 취할 수도 있다. 또는 여러 방법을 복합적으로 섞어 사용할 수도 있다. 이렇게 하면 주가의 등락과 관계없이 어떤 상황에서도 이익을 얻을 수 있다. 계약 상대방이 계약을 파기해 계약금을 날렸다고 핑계를 대지만, 거짓말이다. 청담동 주식부자가 투자가들에게 써준 '주식보관확인증'도 상대방에게 책임을 떠넘길 경우 아무런 효력이 없다. 상장사의 경영진이 해외 기업과 천문학적인 규모의 계약을 딴 것처럼 발표한 후 상대의 귀책사유로 이행이 되지 않는 것처럼 둘러대는 것과 마찬가지다. 처음부터 시나리오를 정해놓고 그대로 실행한 것뿐이다.

부동산 시장에서도 이런 사건은 반복된다. 저렴한 아파트 공급을 미끼로 서민을 울리는 지역주택조합이 바로 그 원흉이다. 중간 마진과 과정을 줄이면 공급가격이 내려간다는 설명은 이론상으로는 가능하지만 쉬운 일이 아니다. 특히 시행업자의 실체가 검증되지 않은 상태에서 이들이 추진하는 사업의 내용은 물론이고 자금 관리는 더더욱 믿어서는 안 된다. 그런데 일단 계약을 한 뒤 파기를 하면 막대한 업무 추진비를 받지 못하고, 그마저도 초기가 아니면 받지 못하는 구조로 되어 있다. 이들이 토지 대금의 10퍼센트를 계약금으로 지불하는 것도 실제 계약이 아니다. 중도금과 잔금을 지불하지 않는 것으로 지주와 사전에 합의하고 계약금을 나누어 먹는 것이다.

이런 곳에 수천만 원을 맡기는 사람들은 모두 유명 건설사가 시공사로 참여한다는 말에 안심해 착각에 빠지고 만다. 사업의 주체는 분명 시행사이며, 아파트 건설을 담당하는 시공사는 시행사에게서 돈을 받고 집을 지어주는 역할만 한다. 사람들은 시공사가 건설부터 입주까지 책임을 지는 것으로 오해를 한다. 또 대형 건설사와 맺은 건설 계약서, 보증서, 사업 추진 의향서에 큰 의미를 두지만, 표현만 다를 뿐 그것은 모두 '돈을 주면 집을 지어주겠다'라는 약속에 불과하다. 투자가들이 돈을 받기 위해 찾아가면 만나는 사업 시행사, 조합장, 업무 대행사, 추진 위원장이 모두 같은 사람들이고 한 팀이다. 이렇듯 조직적이며 역할 분담이 체계적이고 철저한 준비 끝에 실행되는 부동산 사기는 코스닥 시장에서 벌어지는 사기 행각과 내용이 아주 유사하다.

등기 이사에서 물러나기 신공

주가 조작 피해자들의 원성이 높아지면 일단 등기 이사에서 물러나는 모양새를 취하지만, 실제로 이들 대부분은 그대로 경영에 깊숙이 관여한다. 현직에서 물러나는 이유는 대표이사 자격으로 기소가 되면 법인에도 영향을 미치기 때문이다. 최근 코스닥 상장사를 인수하는 사람들은 처음부터 등기 이사로 들어가지 않고 회장, 부회장 직함의 명함만 파서 들고 다닌다. 이들의 행태는 일부 못된 해외 교포들의 행태와도 흡사하다. 불리한 상황이 되면 한국말을 못하는 척하고, 여성을 꼬일 때는 귀여운 척하며, 한국 사람들의 불합리한 점을 발견하면 외국인의 시선으로 신랄하게 비판하는 등 시시때때로 유리한 쪽에 붙는 경향이 있는데, 코스닥 사주들도 그렇다. 등기 이사를 맡지도 않으면서 회사 경영권은 실제로 행사하는데, 특히 자금줄에 대해서는 눈에 불을 켜고 철저히 통제한다.

등기 이사로 등재되지는 않았지만 이사 전원이 자신의 측근이고 그들의 사임서를 보관하고 있으므로 사실상 회사를 빼앗길 위험은 없다. 게다가 일이 틀어져 사법부의 조사를 받게 되면 외부인이라고 강조하면서 빠져나가면 그만이다. 이런 수법은 죄질이 경미하거나 배임·횡령의 금액이 적을 때 유효하다. 하지만 처음부터 회삿돈을 빼돌리기로 작정을 한 사람들이기에 결과적으로는 모두 유죄를 받는다. 특히 내부 고발자가 있으면 도망갈 길이 없다. 단기간에 팔자를 고치려는 욕심을 자제하지 못해 그렇다.

그런데 일반인이 이들과 돈거래를 하면서 실체를 파악하는 것은 불가능하다. 회사 명패가 걸려 있는 사무실에서 미팅을 하고 회장 명함을 건네면서 회사가 돌아가는 내용을 유창히 설명하는 사람을 의심할 투자가는 없다. 행여 사업보고서를 보고 등기 이사가 아닌 것을 알아도 "자신은 회사의 실소유주지만 실제 경영에는 관여하지 않기 때문에 등기 이사가 아니다"라고 말하면 믿게 된다. 게다가 돈을 받은 다음에는 법인 인감증명서가 첨부된 서류를 교환하기 때문에 당시에는 절대 의심을 사지 않는다. 하지만 약속은 지켜지지 않고 시간이 지날수록 말에 허점이 생기기 마련이니 그제야 실체가 드러난다.

이들과 약정한 거래가 문제가 되어 소송으로 가더라도 이들은 유유히 빠져나간다. 처음에 자기가 준 명함은 회사를 돕기 위해 임시로 만든 것이며, 본인은 절대로 실소유주가 아니라고 하면서 오리발을 내미는 수법을 쓴다. 이렇기 때문에 조금이라도 의심스러우면 모든 미팅의 일지를 작성하고 녹음도 해야 한다. 녹음은 그대로 제출하면 증거 효력이 없다. 반드시 속기 사무실에서 녹취록으로 작성해 제출해야 하는데 비용은 본인이 부담해야 한다. 후일 고소라도 하게 되면 증거를 제출해야 하는데, 이런 증거물은 조사 과정에서 절대적으로 중요한 역할을 한다. 만약 아무 증거도 없다면 사기꾼은 교묘하게 당시 상황을 자신에게 유리하게 꾸며 진술할 것이고, 이렇게 되면 조사관으로서는 누구의 말이 옳은지 알 길이 없다. 게다가 같은 편인 회사 임원들까지 가세하면 이 소송은 피해자는 있을 뿐 가해자는 없는 사건으로 변질되어버린다. 상대방은 상장사를 등에 업고 있으므로 이런 소송은 법인과 개인의 싸움이 되고 법인이 존속하는 한 절대 이기지 못한다. 만약 회사가 상장폐지 되어 그동안 경영진이 저지른 비리가 객관적으로 입증된다면 피해를 본 투자가들과 한편이 될 수 있으니, 이럴 때는 이길 확률이 높아질 수 있다.

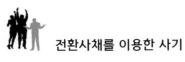

전환사채를 이용한 사기

일반 상장사로서는 상상도 못할 일이지만, 최근 한 기업에서 실제로 벌어진 일이다. 거짓 공시로 주가가 폭등하자 전환사채를 보유한 투자가가 전환 신청을 했다. 그런데 회사가 실제 신청자가 아닌 제삼자를 수익자로 내세운 것이다. 주가는 작전에 의해 일시적으로 급등한 것이고 곧 하락할 것이 예상되므로, 일단 전환 청구가 들어온 것은 자기들이 먼저 챙겨 이익을 실현한다. 그리고 실제 투자가에게 교부할 주식은 다른 투자가의 전환 청구가 들어오면 그것으로 대체하는 것이다. 이에 투자가가 항의를 하자 행정 업무에 착오가 있었다고 둘러대고는 한국거래소와 예탁원 핑계를 대며 계속 주식 교부를 미루다가 주가가 원위치로 돌아오자 주식을 입고시킨 사례가 있었다. 회사의 거짓말이 너무도 명백했지만 투자가는 어디에도 하소연할 곳이 없었다. 금융감독원, 한국거래소에 전화를 해도 이런 일에 관심을 보이는 사람이나 책임자는 없었다. 결국 하루 종일 이리저리 전화를 해봐도 회사에 얘기하라는 말만 듣고 돌아서야 했다. 이 단계에서 도움을 줄 만한 감독 기관은 대한민국에 한 곳도 없다. 모든 사건이 종결된 후 피해자와 피해 규모가 확정되면 그때부터 경찰서와 검찰을 오가며 고소·고발을 하는 것이 전부다. D 그룹 사태처럼 사회적인 이슈라도 되면 사정은 좀 낫겠지만, 일반적인 코스닥 회사의 범죄에는 아무도 관심을 기울이지 않는다.

사모로 발행한 전환사채를 추가로 인쇄해 중복 교부한 사례도 있었다. 코스닥 상장사의 대표이사는 개인의 채무를 본인이 갚지 않고 회사의 전환사채로 대신 교부했다. 즉, 이미 50억 원어치의 전환사채를 발행했는데도, 나중에 같은 일련번호의 채권을 50억 원어치 추가로 발행해 채무 상환을 요구하는 투자가들에게 교부했다. 그리고 전환 시기가 도래해 전환 청구가 중복되자 신주 교부를 하지 못하면서 사태가 심각해졌다. 일부 투자가가 금융감독원과 거래소에 진정을 하는 상황이 되자, 대표이사는 자신의 측근을 마치 채권 보유자인 것처럼 위장해 채권단 회의를 소집했고, 중복되는 금액만큼 모두가 양보하는 안을 제시했다. 이것을 수용하게 되면 10억 원의 전환사채를 보유한 투자가는 50퍼센트를 양보해 5억 원어치만 받게 되는 것이다. 누구도 이런 제의를 받아들이려 하지 않았지만 자금 사정을 핑계 대는 회사의 술책에 말려들어 결국 모두 수용하고 말았고, 사기꾼인 대표이사는 개인 채무 50억 원을 무상으로 변제하는 쾌거를 올렸다.

물론 고소·고발을 하지 않는 것을 전제로 주식을 교부했으므로, 대표이사는 유가증권의 중복 발행과 관련해 어떠한 처벌도 받지 않았다. 이 두 사례는 전환사채의 전환 청구가 발행 회사를 통하도록 되어 있는 점을 악용해 대표이사가 부당 이익을 취한 것인데, 나중에 투자가가 진정을 해도 보상받을 길이 없다. 전환 신청에 관한 서류가 회사에 있고 모든 절차는 회사의 결정에 따르도록 되어 있으므로 투자가는 철저히 을의 위치에 있다. 따라서 내부자의 협조가 없으면 증거를 제시할 수 없는 투자가로서는 일단 주식을 받기 위해 회사의 타협안을 수용할 수밖에 없었다. 이런 협의가 이루어지는 채권단 회의도 대표이사의 측근이 주도했는데, 채권단 회의로부터 5억 원 정도의 전환사채를 보너스로 받았다. 그 측근은 여기서 반을 양보해도 2억 5000만 원의 현금을 챙기게 되므로, 사주는 돈 한 푼 보태지 않고 보너스 지급과 자신의 채무가 관련된 전환사채 사태를 단번에 해결하는 쾌거를 이룬 셈이다.

이런 변칙적인 이윤 추구는 철저히 법의 테두리 안에서 자행되고 있어 이런 경영진을 처벌하기란 사실상 어렵다. 내용을 세세히 살펴보면 어마어마한 사기에 해당하지만, 고소를 해도 채권자들의 실체 파악이 어렵고 시간도 너무 오래 걸린다. 채권단에 참석하는 사람들이 모두 순수한 피해자라면 하나로 뜻을 모을 수 있겠지만, 사주의 측근도 포함되어 있어서 규합이 불가능하다. 또 일부 투자가들은 절반을 받는 한이 있어도 하루빨리 이런 회사와 연루된 것을 끊고 싶어 한다. 나중에 형사적으로 해결이 된다고 해도 이는 범죄자에 대한 형사처분을 의미하는 것이지, 투자가에 대한 보상과는 아무런 상관이 없다. 이런 사건이 흔하지는 않지만, 이미 발생한 사례가 있고 앞으로도 계속 생길 것이다. 투자가로서는 주가에 따라 수익이 시시각각 변하므로 초조한 마음뿐이지만, 감독기관에서는 관심이 없고 모든 칼자루는 채권을 발행한 회사에서 쥐고 있으니 앞으로가 더 큰 문제다.

 배후의 조직 폭력배

법을 잘 알고 법을 조롱하며 빠져나가는 이들은 주먹 세계와 가까울 수밖에 없다. 이들은 조직폭력배도 깡패도 아니지만 그쪽 사람들을 자주 만난다. 사채시장과 긴밀한 관계를 맺기 때문이다. 평소에도 불법을 자행하고 피해자들과 접촉하는 경우도 빈번하기 때문에 필요할 때 도움을 요청할 수 있는 끈을 만들어 유사시에 대비해놓는다. 자주 드나드는 경찰서에도 친한 수사관들을 만들어둔다. 범죄 사실이 모호한 사건에 대해서는 무마를 청탁하고, 그 밖에 다른 연루된 사건의 진행 사항을 알아보기 위해 절대적으로 필요한 끈이다. 게다가 이들은 이른바 전국구로 알려진 조직폭력배의 이름을 입에 달고 다닌다. 자신에게 위해를 가하지 말라는 뜻인데, 사실 비용이 아까워서 그들을 동원할 마음조차 없다. 그저 협박용으로 쓰는 카드일 뿐이다.

몇 년에 한 번씩 조직폭력배가 코스닥 회사를 인수했다는 뉴스가 언론에 나오는데 이들은 엄밀히 말하자면 전문 기업사냥꾼은 아니다. 일을 벌이다 보니 이쪽이 더 좋아 보여 발을 들여놓았는데, 전문 분야가 아니다 보니 결과적으로 꼭 일을 그르치는 편이다. 이들이 저지르는 잘못 중 하나가 주먹 사용이다. 기업 M&A 시장은 머리 좋은 지능 범죄의 달인들이 즐비한 곳이라서 함부로 주먹을 쓰면 안 된다. 기업 인수를 전문으로 하는 선수들은 충분한 명분을 갖고 있을 때만 주먹을 활용한다. 예를 들어 주식과 경영권을 담보로 돈을 빌려 쓴 사주가 회사를 절대로 내놓지 않으려고 한다면 물리적인 방법을 써서라도 회사를 탈취한다. 이런 경우에는 공증받은 계약서, 대화 녹취록, 증인 등 증거물을 확보한 상태에서 하는 것이므로 경찰이 제재하기는커녕 오히려 도움을 주기도 한다. 이해 당사자의 당연한 권리 행사이기 때문이다.

주주총회에서 조폭이 동원되는 것도 같은 이유에서 출발한다. 경영권을 양도하기로 한 사주가 약속을 지키지 않으려고 어깨를 동원하면 상대방도 같은 수단을 강구하므로 주주총회 현장은 난장판이 된다. 여기에는 금전대차, 계약서, 주식담보, 경영권 양도 등 많은 사연이 함축되어 있고, 어느 한쪽에서 약속을 지키지 않아 발생한 결과의 일단이다. 이렇듯 확실한 명분이 없으면, 이 분야의 선수들은 사소한 일에 폭력을 행사하다가 감옥에 들락거리는 짓은 절대로 하지 않는다. 채권자가 때리면 오히려 맞는 쪽을 택한다. 이들은 주먹 한 방에 수십억 원을 갚을 수 있다면 기꺼이 맞고, 돈을 갚기보다 감옥에 가는 길을 택한다. 어떤 행동이 자신에게 유리한지 잘 알고 있고, 늘 현명한 선택을 하는 영리한 사람들이 있는 곳이 바로 이 시장이다.

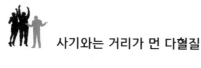

사기와는 거리가 먼 다혈질

지금까지 만나본 수많은 업계 선수 중 다혈질인 사람은 없었다. 대부분 성격이 차분하고 말을 잘한다. 남을 설득하기 위해 말을 조리 있게 하고 한번 문 먹이는 절대 놓치지 않는 집요함도 있다. 아는 것도 많아 남들로부터 많은 문의를 받고 업계 현황에도 밝다. 현재 어느 회사가 매물로 나와 있고 누가 인수하려고 하는지 정도는 훤히 꿰뚫고 있어야 명색이 선수다. 처음 듣는 회사도 이름만 듣고 10분만 검색하면 어느 정도 수준의 회사인지 금세 파악할 수 있는 실력도 있어야 한다. 이에 더해 업계에서 고수 반열에 들기 위한 절대적이며 중요한 조건이 있다. 바로 인상이다. 얼굴에 사기꾼의 'ㅅ'이라도 쓰여 있다면 이미 자격을 상실한 셈이다. 이 바닥에 자격 심사가 있는 것은 아니지만, 어느 정도 역할 분담은 되어 있는 편이다.

어느 분야에서나 마찬가지겠지만, 일단 돈이 있는 사람은 먹이사슬의 최상위에 포진한다. 본인의 돈이든 남의 돈을 끌어오는 재주가 있든 상관없다. 규모가 클수록 여러 사람의 돈을 모아 관리하는 구조가 되는데 대부분 제도권 안에 있다. 이 중 가장 위에 있는 기관이 국민연금을 비롯한 연기금이다. 그다음에 은행, 보험사, 사모투자전문회사가 있고 그 아래로 증권회사, 캐피털, 저축은행, 창업투자회사 등이 있다. M&A 시장과 접점에 있는 기관들이 바로 이 최하위층 금융기관들인데 주로 사모사채 인수 또는 유상증자에 여러 형태로 참여한다. 이 밖에 코스닥 상장사에 투자하는 주체는 모두 개인투자자다. 최근에는 이런 개인들이 투자조합을 결성해 기업을 인수하는 사례가 늘고 있다. 이렇게 해서 규모의 경제를 이루는 동시에, 만일의 경우에 있을지 모를 법적인 책임을 면하려는 신종 투자 형태다.

무엇보다 돈이 먼저인 이곳에서, 돈은 없으나 인상 좋고 말재주가 있으면 중간 매개체인 브로커 역할을 맡거나 돈 있는 사람들의 얼굴마담 역할을 한다. 그러나 인상도 썩 좋지 않고 남을 설득시킬 재주도 없는 사람은 전대를 옆에 차고 주로 잔심부름을 하는 역할을 맡게 된다. 하지만 10년 뒤 이들의 운명이 어떻게 바뀌어 있을지는 아무도 모른다. 실제로 지금 지하경제의 자금을 운영하는 사람들 대부분이 젊은 시절 돈 심부름을 하던 이들이다. 나이트클럽 웨이터가 성공해 룸살롱을 몇 개 운영하며 외제 차를 타고 다니는 것과 마찬가지다. 과거는 초라했지만 성공한 이들은 업계에서 실세 회장으로 통한다.

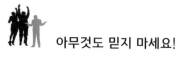

아무것도 믿지 마세요!

정상적으로 직장 생활을 해온 사람들은 좀처럼 남을 의심하지 않는다. 과장은 있을지언정 거짓은 없는 환경에서 살아왔기 때문이다. 법과도 거리가 멀다. 기껏해야 고성방가나 주차 위반 같은, 경범죄에도 미치지 못하는 위반 사례가 아주 가끔 있을 뿐이다. 눈에 보이는 모든 것이 진실인 세상에서 사는 사람들은 남들도 모두 자신과 같을 것이라고 믿는다. 하지만 영화에서나 볼 수 있는 일이 사채시장에서는 아주 흔하게 일어난다. 일단 이름도 본명이 아닐 수 있다. 많은 사람들이 가명이나 차명을 쓴다. 전과가 있거나 사기 피해자에서 신분을 노출하지 않기 위해 그렇게 한다.

이름과 마찬가지 이유로 전화번호도 자주 바꾼다. 삶의 연속성을 차단해야 법의 추적에서 멀어질 수 있다고 판단하기 때문이다. 명함에는 주식회사로 쓰여 있지만, 그저 아무 내용도 없는 페이퍼 컴퍼니다. 법인 등기와 사업자 등록만 되어 있을 뿐 사업은 해본 적이 없다. 세무사에게 기장료 내는 것도 아까워 이미 휴업 상태인 경우가 많다. 명함을 다시 주문할 때는 회사 이름도 바꾸는 것이 이 바닥에서는 상식으로 통한다. 유일한 공식 연락 수단인 전화번호 외에는 모든 것이 가상현실이다. 영화 007 시리즈에서 주인공 제임스 본드가 여러 개의 여권을 갖고 다니면서 첩보 활동을 하는 것과 같다고 보면 된다.

법을 잘 지키고 두려워하는 사람들의 공통점은 가진 것이 공개되어 있어 감출 수 없다는 점이다. 유리알 지갑을 가진 직장인이 그렇고, 성공한 사업가도 마찬가지다. 이에 반해 기업사냥꾼은 실제로는 돈이 많아도, 문서상 자기 명의로 된 재산이 없다. 고가의 차는 빌린 것이고, 집도 월세다. 수백억 원을 벌어도 신용 불량인 사람이 있는데, 부동산 같은 거액의 재산은 반드시 직계가족 명의로 해놓고 그 밖에는 주식, 무기명채권, 금괴 등을 선호한다. 그들은 실물로 인출해 은행 대여금고에 보관하는 것을 좋아한다. 세금은 내지도 않고 환급받는 것도 원하지 않는다. 신분 노출 때문에 카드 사용은 되도록 자제하는 경향이 있다. 백화점에서 고가의 명품을 현찰로 사는 사람들은 일단 정상적인 수입원을 가진 사람들이 아니라고 보면 맞다. 기업사냥꾼도 현금을 많이 보유한 이런 부류의 사람으로 보면 된다.

 현금보관증을 받을 수 있을까?

기업 인수와 같이 큰 계약은 반드시 변호사가 중간 역할을 하므로 어느 정도 위험을 줄일 수 있다. 하지만 양자 간에 개인적인 계약을 할 때는 차용증이나 확약서 같은 서류를 주고받는다. 상대방이 대표이사나 회장 명함을 갖고 있고 상장사의 큰 회의실에서 돈을 주고받으면 개인적으로 적어주는 차용증을 받게 되는데 이것은 전혀 효력이 없다. 그야말로 사적인 채권·채무 관계가 성립할 뿐이다. 빚을 갚지 않아도 민사로 넘어가므로, 배상 판결을 받아도 돈을 받지 못한다. 물론 법적으로는, 돈을 빌릴 당시 채무자가 변제할 능력이 없고 상환할 의사가 없었다면 사기죄가 성립된다고는 하는데, 상대방이 이를 입증하는 것은 불가능에 가깝다.

특히 상장사의 경영진이라고 하면 사회 통념상 어느 정도 재력이 있다고 판단되며, 자금표를 들고 와 돈이 있었다는 증거라고 제시하면 반박하기 어렵다. 또 본인은 지속적으로 빚을 갚으려 했다고 주장하면, 이 역시 넘기 어려운 벽이다. 실제로 일부를 상환했다면 모든 상황이 채권자 편이 된다. 그래서 이런 지능범들은 소송이 제기되기 전 조금이라도 상환해 노력은 했으나 사정이 여의치 않아 변제를 다 하지 못했다고 말한다.

이들에게 현금보관증을 요구하면 절대로 해주지 않는다. 이는 채권자의 돈을 일시적으로 보관한다는 증서이므로 차용증과 다르고, 변제하지 않을 경우 바로 형사범으로 입건이 된다. 현금보관증을 받지 못한다면 변호사의 공정증서라도 받는 것이 돈을 받을 수 있는 최소한의 안전장치다. 공정증서는 법원의 판결과 동일한 효과가 있으므로, 신속히 채무자의 재산을 압류할 수 있다. 그런데 이것도 채무자의 재산이 있다는 전제에서만 효력이 있다. 민사를 통한 피해금의 회수는 상대방이 개인이든 법인이든 재산이 있을 경우에만 가능하다. 채무자의 재산 내역을 파악하는 것도 큰 장벽이다. 이미 재산을 다 빼돌린 사람의 재산은 경찰이라도 찾지 못한다.

지하철이나 고가도로 기둥에 가끔 "떼인 돈 받아드립니다"라는 명함이나 현수막이 걸려 있다. 대부분 채권 추심 회사에서 내건 것이다. 상호가 'ㅇㅇ신용정보'인 회사들인데, 나라에서 인가받은 추심 회사여서 불법적인 행위는 하지 않는다. 이들은 일정한 강도로 전화하고 부드럽게 협박하지만, 선수들에게는 턱도 없다. 또 은행예금처럼 등록된 재산을 제한적으로 파악하는 정도지 은행 대여금고에 있는 순도 99.99퍼센트의 금괴를 찾아낼 재주는 없다. 이들은 착수금을 받고 회수 금액의 20퍼센트 정도를 성과급으로 요구한다. 하지만 M&A 시장에서 사기당한 피해자의 돈을 결코 보상해줄 수 없는 업체다.

 ## 유체동산의 강제집행에서 얻을 수 있는 것

피의자가 강남의 고급 빌라에 살고 있고, 그 빌라의 시가가 15억 원이라고 안심하면 오산이다. 이런 사람들의 집은 대부분 근저당이 설정되어 있고, 설정 금액이 시세보다 훨씬 크므로 집에서는 한 푼도 건질 것이 없다. 집이 그런 상태라면 나머지 부동산도 마찬가지라고 생각하면 틀림없다. 그다음 단계에서 채권자가 떠올릴 수 있는 것이 집기 압류다. 본인의 집이 아니어도 실제 거주하고 있다면 집 안에 있는 유체동산(또는 동산, 가재도구)을 강제집행 할 수 있는데, 일반적으로 고가의 그림이나 도자기는 물론이고 금고 하나 정도는 있으리라 생각하기 쉽다. 그것도 틀린 생각이다. 기껏해야 소파, 골프채 정도 압류가 가능하고 생활필수품으로 분류되는 식탁, 냉장고는 압류 대상에 포함되지 않는다. 아이들의 책상, 가방, 아내의 명품 핸드백도 건드릴 수 없다. 즉, 남편의 소유물이 확실시되거나 부부 공동소유로 인정되는 재산에 한해서만 집행이 가능하다.

눈에 보이는 것 몇 가지를 압류해 경매에 들어가면 배우자 우선 원칙에 따라 당사자의 아내가 입찰 금액의 절반으로 재매수할 수 있으므로, 모든 집기는 그 자리에 그대로 남는다. 결국 몇백만 원을 받기 위해 법원을 오가며 시간을 낭비하고, 법원 직원들과 압류·경매 현장을 따라다니다 보면 건지는 것보다 잃는 것이 더 많다. 집이 비어 있어 못 들어갈 경우를 대비해 근처 열쇠 전문가를 부르는데, 그들의 말이 더 가관이다.

"지난 10년간 이런 일에 많이 따라다녀 보았는데 돈 되는 것을 건지는 사람은 못 보았습니다."

드라마에서 압류 현장을 묘사하는 것을 보면 집행관에게 울며불며 매달리는 아내가 나오는데, 실제로는 그렇지 않다. 사기꾼 가족은 이미 한두 차례 경험이 있고 사전 송달로 마음의 준비를 하고 있으므로, 채권자가 의도하는 정신적 타격도 기대하기 어렵다. 선수들의 아내들도 선수급인지 모든 절차를 덤덤하게 지켜본다. 결국 근저당이 넘쳐나는 집에서 유체동산을 강제집행 하면 잃는 것은 시간이요, 남는 것은 허탈감 뿐이다.

 확약서와 공정증서의 남발

남의 재산을 가로챈 사람이 가장 흔쾌히 써주는 것 중 하나가 바로 확약서다. 약속한 내용을 이행하겠다는 각서인데, 이 서류의 주체가 공공 기관이나 금융기관은 아닐지라도 실체가 있는 법인이나 개인이라면 그 효력이 있다고 보인다. 물론 공공 기관이나 금융기관에서는 어떤 형태로든 문서화된 약속을 절대로 하지 않는다. 하지만 등록된 재산이 없는 누군가 이런 서류를 써준다면 그 효력에 의문을 품을 수밖에 없다. 본인의 인감을 날인하고 인감증명서가 첨부되면 그럴싸한 서류가 완성된 것처럼 보이는데 그저 외형만 그렇다. 약속이 이행이 되지 않으면 채권자는 법에 호소하겠지만, 채무자가 약속을 이행하는 중이라고 하면 한 발자국도 앞으로 나가지 못한다. 결국 민사로 가지만 재산을 빼돌린 뒤에는 받을 길이 없다.

이를 보완하기 위한 장치로 공증을 받는 방법이 있다. 공증은 특정한 사실 또는 법률관계의 존재를 공적으로 증명하는 것으로 사서증서와 공정증서로 나뉜다. 사서증서는 문서를 작성해 공증을 받는 것이고, 공정증서는 신분증과 도장을 준비하고 양측의 계약관계에 관해 공증 사무실에서 공증인이 작성하는 것을 말하는데, 사서증서는 법정 집행력이 없기 때문에 소를 제기한 후에 승소 판결에 따라 집행력이 발생한다. 반면 공정증서는 공증인이 법률행위 또는 기타 사건에 대한 사실을 작성하는 증서로 이 공증의 효력은 강력한 증거력이 있으며 강제집행에서 법원의 명령과 같은 권한이 있다. 물론 사서증서에도 '일정 기간 안에 돈을 갚지 않거나, 약속을 지키지 않을 경우에는 채무자의 재산을 강제집행 해도 좋다'라는 인낙 문구를 넣는다면 같은 효력을 얻을 수 있다. 하지만 이 둘 모두 채무자가 변제 의사가 있는 경우에만 가능하다. 본인 명의의 재산이 없으면 받지 못한다는 의미다. 법원의 판결문과 같은 효력의 서류를 갖고 있어도 돈을 돌려받기 어려운데, 아무런 강제력이 없는 확약서는 그저 종이 쪼가리에 불과하다. 그래도 없는 것보다는 마음에 위안이라도 되니 가능하면 받아두는 것이 낫다.

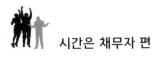

시간은 채무자 편

축복받은 사람만이 평생 송사에 얽히지 않는다고 한다. 지루하고 돈도 많이 드는 과정이라 원하는 결과를 얻는다면 다행이겠지만, 확률적으로 승소의 비율이 낮다. 고소인은 항상 자신이 옳다고 생각하지만 지능 범죄를 저지르는 부류의 사람들은, 이에 철저히 대처하는 편이어서 이기는 것이 그리 녹록지 않다. 사건이 발생하고 피해자의 돈이 가해자의 손으로 넘어간 다음에는 가해자의 돈이 더 많아지므로 힘의 불균형이 생기고, 상황은 더욱더 불리해진다. 다단계를 통해 수천억 원을 손에 넣은 사기꾼이 최고의 법무 법인을 고용해 일을 교묘하게 민사로 끌고 가면 돈받기는 아예 글렀다고 봐야 한다. 마치 상대를 잡아먹을수록 강해지는 만화 속 등장인물과 같다. 이는 기업체의 경우에도 마찬가지다. 강한 기업이 약한 곳을 합법적인 방법으로 인수하거나 우월한 가격 경쟁력을 통해 상대를 도산시킨다면 업종 안에서의 힘은 더욱 강해질 수밖에 없다.

소송을 당한 피고소인이 쓰는 1단계 전략은 시간 끌기다. 경찰 조사도 날짜가 임박해 일주일씩 연기하고, 고소인과의 대질심문도 최대한 늦춰 진이 빠지게 한다. 검찰로 송치된 다음에도 합법을 가장해 모든 일정을 계속 연기하는데, 여기에는 변호사의 조력이 절대적으로 필요하다. 여차하면 괘씸죄에 걸릴 수 있으므로 법의 테두리 안에서만 한다. 기업가의 탈을 쓴 뒤에는 출장 핑계를 많이 댄다. 회사 명의의 출장 명령서를 그럴싸하게 꾸며 법원에 제출하면 공판도 연기가 된다. 피해 금액이 크면 피해자에 대한 주위의 시선도 곱지 않은데, 이것도 문제다. 우리나라

사회에서는 피해자가 돈이 많을 경우 "저렇게 돈이 많으면서"라며 가해자와 피해자를 한통속으로 보는 경향이 있다.

특이한 사례지만 이태원 살인 사건을 해결하는 데 20년이 걸렸다. 가해자와 피해자가 명백한 살인 사건조차 그러할진대 서로 논리의 공방이 있을 수밖에 없는 사기 사건은 어떤 변수에 의해 시간이 늘어질지 모른다. 초조한 것은 피해자뿐이다. 조사 인력은 부족하고 날로 발전하는 사기 수법을 제대로 이해하지 못해 시원한 해결을 기대할 수 없다. 그러는 동안 피해를 입힌 사람은 대형 로펌을 들락거리며, 전직 판사 출신 변호사와 우아하게 사건에 대처하니 미칠 노릇이다. 시간은 온전히 가해자의 편이다.

 피해자도 자기편으로 만드는 시나리오

잊힐 만하면 터지는 금융 다단계 사건은 피해 규모가 엄청나다. 수천 명에게 수천억 원을 갈취하고 자취를 감추거나 조희팔처럼 죽어서야 나타난다. 하지만 대부분은 잡혀 실형을 산다. 금액도 금액이지만 피해자가 많아서 그렇다. 일단 가해자는 한 명인데 피해자가 여러 명이면 조사 과정에서 수사기관은 부담감이 클 수밖에 없다. 이미 사회적인 문제가 된 상태라면 언론에서 주시하고 있기 때문에 아무래도 피의자에게 불리한 상황으로 전개되기 쉽다. 또 다단계에 걸리는 사람들 대부분이 저소득층이어서 상대적으로 피해가 더 커 보이고, 사회적으로는 피의자를 엄벌에 처해야 한다는 여론이 형성된다.

과거에는 단순히 높은 이자율을 미끼로 피해자를 꾀었다면 최근에는 범죄 수법도 다양해져, 선진 금융 기법과 컴퓨터 프로그램을 활용한 수익률 제시로 투자가의 관심을 끈 사건도 발행했다. 최근의 한 사례를 보면 홍콩에서 가짜 외환 선물 투자 프로그램을 시현해 보이고, 실제 수익이 나는 것처럼 속였다. 이 프로그램은 업계에서 많이 쓰는 것이어서 전문가들도 속았다는 후문이다. 이런 사기꾼이 쓰는 전형적인 수법은 수익률 조작이다. 과거 데이터를 가지고 얼마 수익을 냈다는 것은 가공의 자료일 뿐 모두 만들어낸 것이다. 이 자료를 회사 로고가 들어간 고급 종이에 컬러로 그럴싸하게 인쇄해 배포하면 투자가들은 쉽게 속아 넘어간다. 따라서 객관적으로 검증할 수 없는 숫자를 무턱대고 신뢰하는 것은 위험하다. 특히 월등하고 우수한 투자 성과를 장기적으로 보이는 펀드는 의심해볼 필요가 있다.

이 사건의 피의자는 2심에서 15년 형을 선고 받았다고 하는데 대법원에서의 최종 결과는 사실 알 수 없다. 범인이 자금을 연결해준 브로커에게 지불한 커미션만 수천억 원이고 피해 금액은 조 단위라는데 돌려막기를 하다가 결국 막히면서 사달이 난 모양이다. 그러면 이런 사람들은 결국 잡힐 것을 알면서 왜 이런 일을 벌이는 것일까? 여러 사유가 있겠지만, 그들이 돈에 대한 욕심이 지나쳐 사리 분별을 못하는 것은 결코 아니다. 해외의 유명 선물 프로그램을 조작할 만한 수준이면 이 바닥에서 난 사람일 테고, 주 활동 무대가 홍콩이었다면 영어에도 능통한 업계 전문가가 분명하다. 일단 가용 자금이 커지면서 범인은 국내외 대형 로펌의 변호사들과 접촉했을 것이고, 그 과정에서 일을 해결할 수 있다고 확신했을 것이다. 이렇게 된 데는 변호사들의 책임도 크다. 범죄가 확실한데도 피의자를 보호하고 성과 보수를 챙기려는 변호사들의 의도가 사태를 더욱 악화시켰다.

피의자는 일부 자금을 변제하는 과정에서 잡혔는데, 피해자로서는 일부라도 변상받아야 하니 그가 교도소 밖에 있는 상황을 원하게 된다. 25년을 감옥에 있으면 돈을 받을 길이 막막해지니 탄원서라도 써서 나오기를 바라는 심정일 것이다. 사회적으로는 지탄받고 악의적 범죄가 확실하지만 상황은 묘하게 사기꾼 편이 되어버렸다. 또 변제를 하는 과정이라면 최종 판결에서 어느 정도 정상참작이 될 것이다. 이렇게 처음부터 계획된 지능 범죄 피의자들은 결과적으로는 중형을 받지 않는다. 여기저기로 빠져나갈 수 있는 논리와 증거를 많이 확보해놓고 모호한 상황 논리로 변론하며 자기 방어를 한다. 또 나머지 돈도 모두 갚을 테니 고소를 취하해달라면서 피해자를 자기편으로 만드는 기술도 뛰어나다.

이미 수천억 원의 돈도 갖고 있으므로 최고의 변호사를 고용해 변론하고, 심지어 담당 검사·판사에게까지 금전적 파상 공세를 취하는 것이 일반적이다. 그러면 시간이 지날수록 모든 것이 피의자 쪽으로 기울게 된다. 처음에는 피해자들도 '돈을 갚겠다'라는 말을 믿지 않지만, 사실상 별도리가 없다는 것을 곧 깨닫는다. 사회적 파장이 큰 사건이라면 최종심에서 실형을 사는 것이 불가피하지만, 형량을 최대한 줄이면 실상은 그리 오래 살지도 않는다. 또 추징금이라고 해봐야 꼬불친 돈의 10분의 1도 되지 않을 테니 기꺼이 낼 것이다. 감옥에서의 시간은 지루하고 길겠지만 몇 년 옥살이하고 나오면, 그는 회장님 소리 들으며 남들이 부러워하는 삶을 누린다. 사기꾼은 처음부터 이런 시나리오를 환히 꿰고 모든 것을 기획한다. 감옥에 갈 것을 각오한 사람에게 이길 방도는 없다.

사기꾼과 동고동락하는 변호사

　요즘에는 변호사들이 모여 대형 로펌을 만들고 이들이 모여 더욱더 큰 규모로 확장한다. 범죄의 종류가 다양하고 복잡해져 몇 명의 변호사가 모여 변론을 하는 것으로는 턱없이 부족한 세상이 되었다. 변호사 외에도 변리사, 회계사, 공인중개사, 금융인과 같은 전문가가 있어 서로 협업하며 문제를 다루어야 해결이 빠르고, 의뢰인은 의뢰인대로 한곳에서 원 스톱 서비스(one stop service)를 받을 수 있으니 대형 법무 법인을 선호하는 추세다. 또 최근에는 한 나라에만 국한되었던 범죄 유형이 국제화되면서 다른 나라의 변호사와 공조해야 하는 사건이 많아졌다. 필리핀에서 자주 발생하는 한인 살해 사건이나 국제 조세 회피 등이 이에 해당하는데, 동네 변호사의 경우 정보에 접근하는 것조차 불가능하므로 강남에 있는 대형 법무 법인을 찾을 수밖에 없다.

　대형 로펌 내의 변호사들도 모두 전문 분야가 있다. 이제는 개인 사무실을 차리는 변호사들도 자기가 어떤 분야에 전문가인지 홍보하고, 주로 해당 분야의 고객을 유치하는 추세다. 대형화되는 변호사 시장에서 개인 변호사가 살아남을 수 있는 하나의 방법이다. 최근에는 연예계, 이혼, 의료 부문에서도 전문 변호사들이 등장해 맹활약하는 것을 흔히 볼 수 있다. 이 중 인물이 출중한 사람들은 텔레비전에 나와 연예인 못지않은 인기를 누리는데, 방송 출연으로 들어오는 일감은 사무실에 있는 동료 변호사들이 업무를 분장해 진행한다. 물론 필요하면 법정에서 변론도 하지만, 방송 출연으로 바쁜 몸이라 사건을 제대로 훑어볼 시간이 없을 테니 변론에는 별 도움이 되지 않는다. 그저 고객 상담이 주 업무다. 텔레비전에서 보던 잘생긴 변호사를 만나 상담하면 일이 술술 풀릴 것으로 착각하지만, 그저 기분일 뿐이다. 요즘 의료계와 함께 일거양득을 노리는 대표적인 전문 직종이 이런 법조계다.

기업사냥꾼이 활약하는 곳의 변호사들도 특화되어 있다. 이들은 치열한 M&A 시장에서 잔뼈가 굵은 사람들로 이 시장의 생리에 대해서는 여느 대형 법무 법인의 변호사보다 더 잘 안다. 서울대학교에 수석으로 입학하고 로스쿨을 나와 1등으로 변호사 시험에 합격한 사람도 이들에게는 못 당한다. 사실 대형 법무 법인에 속해 있는 변호사들은 아주 우아하게 성장한 사람들이다. 대기업이나 정부 기관이 고객이어서 사건의 규모가 크고 법리를 철저히 따져야 하는 업무가 대부분이다. 이렇게 돈도 잘 벌며 지내다가 정치권에서 유혹하면 국회의원으로 한자리하는 것이 메이저리그라면, 기업 M&A 시장은 마이너리그에 해당한다.

이곳의 변호사들은 이 책의 첫 장부터 맨 뒷장까지 나오는 치사하고, 더럽고, 치졸하고, 얍삽한 내용의 사건을 담당하는 사람들이다. 이 중 일부는 사채업자에게 본인 명의의 계좌를 빌려주고 돈세탁을 돕는 사람도 있고, 범죄자들과 같은 배에 타고 있다가 결국 실형을 살고 나온 전과자도 있다. 변호사가 실형을 받게 되면 일단 자격이 정지되고 최악의 경우는 박탈당하기도 하지만, 변호사협회에서 모든 것을 주관하므로 사안에 따라 자격증을 반납하지 않을 수도 있다. 하지만 박탈당한 뒤에도 명함으로는 사무장 신분이면서 변호사로 불리며 같은 일을 계속하기도 한다.

공증과 에스크로는 얼마나 안전할까?

법을 잘 모르는 사람일수록 변호사를 통하면 모든 것이 안전할 것이라고 착각한다. 대표적인 것이 공증이다. 쉽게 설명하자면 공증은 그저 공증인이 당사자의 신원이 맞는지, 그 서류를 직접 작성했는지를 확인하는 절차에 지나지 않는다. 예를 들어 100억 원의 투자 확인서에 공증을 한다면 공증인은 투자가의 신분증을 보고 본인이 맞는지, 그 문서를 본인이 작성했는지 확인하고 공증료를 받는다. 다시 말해 투자의 자금 능력이나 향후 집행 여부와는 전혀 무관하다. 물론 공정증서처럼 법원의 판결문과 같은 효력을 발휘하는 것도 있고, 사서공증이라고 해도 나중에 법적인 다툼이 생겼을 때 결정적인 증거로 제출되기도 한다. 하지만 M&A 시장에서는 계약서에 공증을 받는다고 해도 추후 법적인 문제로 다툼이 생기면 결국 법원에서 판단할 수밖에 없으니, 그저 일방적으로 불이익을 당하지 않기 위한 최소한의 장치일 뿐이다.

기업의 M&A 계약을 할 때 계약금을 변호사에게 에스크로를 하는 경우가 있다. 매도인과 매수인이 처음 만나 기본 계약서를 작성하고 계약금을 지불하는데, 통상 거래 대금의 10퍼센트를 지불한다. 계약서상에는 계약금을 지불한 뒤 기업에 관한 실사를 하고 최초 받은 자료와 실사 내용에 차이(통상 10% 내외)가 있는 경우 거래 대금을 그만큼 조정하거나 매수인이 자의로 거래를 취소할 수 있도록 합의하고 시작하는 것이 관례다. 그런데 매수인이 실사 후 회사 내용에 관해 무리한 트집을 잡고 가격을 깎아내리면 매도인으로서는 딜레마에 빠진다. 그것이 어느 정도 합리적인 수준의 협상용 카드라면 몰라도, 아무래도 트집이라는 느낌이 들게 되면 협상 전체를 되돌리고 싶겠지만 진퇴양난인 경우도 있다.

특히 경영권 양·수도 계약을 공시했다면 이미 직원들도 다 알고 있을 테니 더욱더 결정하기 어려워진다. 그렇다고 상대방이 공연히 트집을 잡는다고 주장하면서 계약금 10퍼센트를 몰취하려고 해도 그게 또 만만한 일이 아니다. 얼마 되지 않는 계약금을 가지려다가 더 큰 봉변을 당하기 쉽다. 그래서 상대방이 정상적인 기업이고 불가피한 사정에 의해 협상을 중단하는 것이 아니면 대부분 돈을 돌려준다. 반대로 상대방에게 직접 돈을 건네야 하는 조건이라면 선수들은 반드시 이에 상응하는 주식을 실물로 받거나 계약을 파기할 수 있는 내용을 계약서에 집어넣어 만일의 사태에 대비한다. 설사 어느 한쪽 때문에 계약이 깨지고 계약금을 받지 못한다고 해도 받아놓은 주식을 팔고 나가면 큰 위험은 없다고 판단한다. 계약서에 어떤 문구를 넣는다고 해도 매도측이 이를 지키지 않았을 때 대항력이 없다고 생각되면 매수측은 절대 계약금을 지급하지 않는다. 한번 건넨 돈은 돌아오기 어렵다는 생리를 이들은 잘 알고 있다.

에스크로는 그저 '돈이 있다' 정도의 의미밖에 없다. 계약서가 절대적으로 딜을 확정시키는 것도 아니고 불가항력의 예외 조항 때문에 어느 한쪽에서 계약 파기를 선언하면 모든 것이 원위치 된다. 그래서 코스닥 기업의 M&A에서는 에스크로 서비스를 하지 않는 법무 법인이 많다. 일도 많고 탈도 많아 그렇다. 그런데도 이런 일에 적극적인 변호사가 있다면 이 분야의 전문가다. 만약 개인 변호사 사무실을 통해 이런 일을 추진한다면 조심할 필요가 있다. 그들은 변호사 면허증이 있는 개인사업자일 뿐이므로 사고 위험을 완전히 배제하지 못한다. 특히 금액이 크다면 양측이 각자 법무 법인을 지정하고 정식 절차를 밟아 진행하는 것이 좋다. 비록 비용은 많이 들겠지만 그 방법이 훨씬 안전하다.

이보다 더 위험한 것은 중간에 변호사 없이 상대방에게 직접 계약금을 건네는 방식이다. 앞의 경우와는 반대로 매도인이 이상한 트집을 잡아 계약을 파기하고 계약금을 돌려주지 않으면 일은 꼬이기 시작한다. 이 경우 트집이라는 말은 돈을 돌려주지 않겠다는 의지의 표현인데, 대개 이런 일이 벌어지면 기업체의 명의가 다른 사람에게 넘어가 있고 매도인의 재산도 모두 은닉되어 있을 가능성이 높다. 이는 상장사보다는 비상장사 M&A에서 흔히 벌어지는 일인데, 대부분 민사소송으로 가는 경우가 많아 지루한 싸움이 된다.

매도인의 그런 행위가 불법이라고 판단되면, 민사적으로는 사해행위 취소소송을 할 수 있고 형사적으로도 강제집행 면탈죄로 고소할 수 있지만, 이론상으로만 그렇다. 바보가 아닌 이상 계약금을 떼어먹으면서 본인 재산을 그대로 두거나 뻔한 방식으로 명의를 바꾸는 짓은 하지 않는다. 누가 봐도 분명한 재산 빼돌리기지만, 피의자가 계약서에 의한 양도를 법정에서 주장하면 승소는 생각처럼 쉽지 않다. 또 형사 고소는 처벌이 목적이므로 피해 보상과는 전혀 상관없다. 결국 민사로 가서 돈과 시간을 낭비하고 가정 파탄 상태가 되고 싶지 않다면 계약금은 절대 직접 건네면 안 된다.

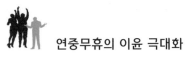

연중무휴의 이윤 극대화

결혼을 한 뒤에도 끊임없이 바람을 피우는 사람들에게는 공통점이 있다. 아주 부지런하다는 점이다. 알리바이를 빈틈없이 만들고, 휴대전화에 있는 애인은 거래처 이름으로 바꾸고, 문자는 바로바로 지우는 등 스파이 작전을 방불케 한다. 그러면서도 만약 걸릴 경우 어떻게 대처할지에 관한 전략도 여러 단계로 세워놓는다. 이 바닥에서 성공한 사람들도 이와 유사하다. 열 명의 채권자를 만나면 열 명 모두에게 변제하지 못하는 각기 다른 이유를 대고 지키지 못했을 때도 다단계 전략을 수립해놓는다. 그러는 중에도 새로운 투자가를 만나 투자를 받는 한편, 돈을 주지 않고는 도저히 못 견딜 만한 지독한 채권자의 돈 일부를 갚는다. 결국 돌려 막기와 같은데 줄 돈보다는 훨씬 적은 금액을 주고 일을 무마하는 재주가 뛰어나다.

이런 사람들에게는 휴일이라는 것이 없다. 설날에도, 추석에도 일당과 만나 작전을 수립하고 대책을 논의한다. 그렇게 인생을 살면서 종교를 믿는 사람들도 일부 있는데 그 머릿속에 들어가 보지 않았지만 미루어 짐작이 가능하다. 교회에서는 하나님에게, 절에 가면 부처님에게 자신이 하는 일이 잘되게 해달라고 빌 사람들이다. 그리고는 죽어서도 염라대왕에게 사기 치고도 남을 인간들이다. 자신의 부를 위해라면 남이 어떤 피해를 입어도 눈 하나 깜박이지 않는 냉혈 인간이 바로 이들이다. 본인들은 그렇게 행동하면서 자식 교육은 어떻게 시키는지 정말 궁금하다. 영화 〈대부(God Father)〉에서 이권을 위해서라면 남의 조직원은 떡 먹듯이 죽이면서, 자기 가족이 죽으면 눈물을 흘리며 복수를 다짐하는 마피아와 다를 것이 하나 없다.

만절필동(萬折必東)이라는 말이 있다. 황하(黃河)가 수없이 꺾여 흘러가도 결국은 동쪽으로 간다는 말인데, 결국은 본래 가야 할 곳으로 돌아간다는 의미로 자주 인용된다. 이들의 행태가 바로 그렇다. 천부적인 뻔뻔함과 후천적인 노력으로 무장해 수많은 사람을 속여 피눈물을 흘리게 만들어도 절대 미안해하지 않으며 죽을 때까지도 그 버릇을 고치지 못할 족속이다. 이들은 말년에 자식에게 버림받으면 양로원에서, 탑골 공원에서 다른 노인에게서 돈을 뜯으며 살 인간 망종들이다.

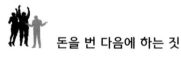

돈을 번 다음에 하는 짓

영화 〈마스터〉의 모델이 된 범죄 조직의 일원이 있었다. 조직 안에서 전산실장 역할을 맡고 있었던 그 사람은 고시텔에 살면서 외제 차를 몇 대 번갈아 타고 다녔다. 이것이 바로 사기꾼들이 열망하는 목표 직전 단계의 모습이다. 비록 월세라도 강남 도곡동에 있는 타워팰리스에서 살아야 하고, 차는 기사가 모는 벤츠500이 기본 공식이다. 어느 검사가 "한국에서 벤츠500 타고 다니는 놈들 중 99퍼센트가 범죄자"라고 한 적이 있는데, 조금 과장되기는 했지만 어느 정도 맞는 말이기도 하다. 코스닥 시장에서 돈 좀 벌었다는 사람은 최고급 외제 차에 기사가 있지만, 집은 거의 전세 아니면 월세다. 물론 전세 계약도 아내 명의로 해서 혹시 모르는 압류에 대비한다. 개중에는 신용 불량자도 있어 본인 명의의 재산은 전혀 없고, 본인 명의의 신용카드도 없다. 숨긴 돈이 수십억 원이 있지만 당장은 이렇게 살다가 훗날 모든 피의 사실에서 완전히 자유로워지고 돈도 충분히 모았다고 판단되면 본격적으로 신분 세탁을 하기 시작한다.

그때부터는 과거와 단절하기 위해 가명을 주로 사용하고 명문대 최고위과정(AMP)에도 다니면서 학벌과 신분 포장에도 신경을 쓴다. 차명계좌에서 본인 명의 계좌로 서서히 재산을 옮기는 것도 이런 시기다. 그러면서 조강지처를 버리는 족속들도 많다. 어려운 시절에 만나 결혼했지만 현재의 자기 신분과 맞지 않다고 생각하니 돈이 어느 정도 모이면 새로운 배우자를 맞을 준비도 한다. 문제는 고생을 같이해온 아내는 금융에 문외한이고 남편이 얼마나 많은 돈을 가지고 있는지도 모른다. 그러니 위자료로 50억 원을 줄 것도 5억 원으로 때우고 나서, 모든 것을 바꾸고 영화 같은 새로운 삶을 영위하기 시작한다.

신분을 세탁하기 직전에 범행이 발각되어 구속되면서 땅을 치고 후회하는 사람이 하나 있다. 최근 수천 명으로부터 1700억 원 상당의 부당이득을 취한 혐의를 받고 있는 청담동 주식부자 L 씨다. 그가 쓴 수법은 일본의 전설적 사기꾼 요자와 쓰바사를 모방한 것으로 알려져 있는데 내용이 거의 흡사하다. 요자와는 이미 돈을 많이 벌었으니 회비를 내면 그 방법을 알려주겠다고 했다. 자신의 부를 확인시키는 수단으로 집과 자동차, 방송가 인맥 등을 활용했지만 허구가 많았다. 집은 월세, 슈퍼카는 중고로 구입해 눈속임을 한 것인데도 그가 쓴 책은 서점가에서 베스트셀러가 되었고, 결국 한 해에 100억 원 이상을 버는 부자가 되었다.

청담동 주식부자는 이런 수법에 한국적인 요소를 가미해 발전·승화

시켰다. 이미 시장에 잘 알려져 있고 지금도 자칭 주식 전문가라는 사람들이 주로 행하는 방법이다. 먼저 증권방송에 돈을 내고 출연해 본인도 수백억 원을 번 자산가이자 성공한 투자가라고 홍보한다. 그 뒤 자신이 운영하는 투자클럽에 유료 회원을 모집하는데, 회원 등급에 따라 무료 회원부터 연회비가 수천만 원에 달하는 VVIP 회원까지 유치한다. 그는 SNS에 자신이 사는 200평 규모의 청담동 고급 주택과 수십억 원대의 외제 차를 공개하면서 재력을 과시하고 투자가들을 현혹했다.

그는 자신이 미리 인수해놓은 비상장주를 투자가들에게 중개하면서 원금 보장 등 유사 수신 행위를 한 것이 적발되었다. 게다가 가치가 없는 회사를 과대 포장해 부당이득을 취했다고 고발되었다. 이런 일련의 행위는 모두 사해행위에 해당하므로 처벌이 불가피해 보인다. 그런데 서른 살에 불과한 그가 더욱 괘씸한 이유는 본인의 투자 유치 행위가 불법인 것을 알고 있었다는 점과 실형을 살고 나온 뒤에 살아갈 돈을 미리 준비해놓았다는 점이다. 그가 살았다던 집은 모두 월세였고 벤츠 한 대를 뺀 고급 스포츠카도 모두 리스 차인 것이 바로 그 증거다. 또 그가 설립한 법인이 소유하고 있다던 빌딩 두 채도 담보대출을 받아 근저당이 최대로 설정되어 있었다. 직접 중개한 장외 주식도 모두 거액의 차익을 남기고 처분했는데, 이익을 극대화하기 위해 먼저 매수한 것이었다. 일본 사기꾼의 수법을 그대로 모방한 부의 과시를 통한 대중 현혹은 현재도 인터넷상 광고로 계속되고 있다.

주식 투자로 성공했다고 인정받는 사람들은 모두 제도권 안에서 자산운용사나 투자자문사를 설립해 직접 운영한다. 그런 사람들은 주식으로 성공한 투자가라고 인터넷에 홍보하지도 않고 원금이나 수익률을 보장하지도 않는다. 시장 수익률이나 채권수익률을 넘어섰던 과거의 실적을 보여주거나 미래의 투자 전략을 홍보할 뿐이다. 주식으로 본인이 수백억 원을 버는 재주가 있으면 조용히 혼자 살면 되지, 굳이 언론에 나와 떠벌릴 이유가 없다. 그것은 결코 사실이 아니며 단지 일반인들을 현혹하기 위한 방편에 불과하다. 주식 투자로 수백억 원을 벌었다는 사람이 불쌍한 개미들을 위해 자신의 노하우를 알려주겠다며 자신이 운영하는 투자클럽에 회원을 모집한다면 이 역시 같은 사기로 보면 된다.

"탐욕은 사기꾼을 깨운다"라는 말이 있다.

수요가 있는 곳에 공급이 있듯이 시장에 탐욕이 넘쳐날수록 사기꾼은 머리를 짜내 작전의 그물을 던진다. 여기에는 작전에 들어가 곁다리로 수익을 내고 나온 사람, 투자 실패로 괴로워하며 구원의 손길을 원하는 사람, 은행 금리나 채권수익률에 도저히 만족하지 못하는 사람들이 걸리게 되어 있다. 사기꾼의 이런 돌출 행동을 마치 스타라도 발견한 것처럼 열광하는 언론도 문제다. 그의 집과 차의 소유권을 한 번이라도 확인했다면 실체에 접근했을 텐데, 사회적 문제가 되고 난 뒤에야 호들갑을 떤다. 그의 성공적인 사기 행각 뒤에 언론의 지원이 있었다는 것은 주지의 사실이다.

이런 사기 사건이 벌어지면 피해자들은 본인이 얼마나 보상받을 수 있을지 궁금할 수밖에 없다. 이 정도의 피해자 수와 피해액 규모로 볼 때 실정법 위반에 의한 실형은 불가피하다. 추가로 벌금이나 추징금이 부과될 텐데 기획 범죄를 꾸민 사람에게는 큰 효과가 없다. 현행법상 벌금형은 재산형 중에서 가장 중한 형벌이고, 30일 안에 납부하지 않을 경우 노역장에 유치된다. 하지만 노역장 유치 기간은 최장 3년에 불과하다.

과거 이건희 회장이 1100억 원의 벌금을 선고받은 적이 있다. 이 금액을 최장 기간인 3년으로 나눠보면 일당 1억 1000만 원이라는 수치가 나온다. 그 뒤 전두환 전 대통령의 아들 전재용이 일당 400만 원의 황제 노역으로 논란을 일으키기도 했다.

벌금의 납부는 액수에 따라 피의자가 판단할 문제다. 본인이 감당할 정도의 액수라면 노역 대신 납부할 것이고, 돈이 아까우면 몸으로 때우는 것을 선택할 수도 있다. 이 밖에 판결에 의해 결정되는 추징금이 있지만 3년의 추징 시효가 있어 재산을 빼돌린 피의자에게는 종이호랑이에 불과하다. 게다가 이렇게 환수된 재산은 모두 국고에 귀속되므로 피해자에게 돌아갈 몫은 없다. 다만 유죄가 인정되면 피해 보상을 위한 민사소송에서 유리한 위치를 점할 수 있다. 그러나 민사에서 배상 판결을 받아도 가해자가 주지 않으면 받을 수 없다. 특히 청담동 주식부자의 사례처럼 의도적으로 재산을 은닉했다면 민사소송 자체를 포기하는 것이 나을지 모른다. 국가에서 명령한 벌금과 추징금도 내지 않는 사기꾼이라면 처음부터 피해를 보상할 마음이 없다고 봐야 한다.

 갈수록 증가할 지능형 범죄

2015년 기준으로 우리나라에서 발생한 범죄(검거 기준)는 약 200만 건에 달한다. 그중 절도, 사기, 배임 등이 포함되는 재산 범죄는 62만 건으로 전체 범죄 건수의 30퍼센트를 조금 넘는데, 수치로 보면 지난 10년간 약 30퍼센트가 증가했다. 반대로 강력 범죄는 매년 지속적으로 감소하는 추세에 있다. 이는 한국 경찰의 수사 기법이 발달하면서 흉악범의 검거율이 높아진 덕분이다. 특히 폭력의 경우 사회적으로 용인되는 분위기가 아니고 결국에는 가해자가 무조건 손해를 본다는 인식이 확산되면서 앞으로도 꾸준히 감소할 것이다. 그런 반면에 재산 범죄를 포함한 지능형 범죄는 계속 증가하고 있는데, 이를 잡아내는 것이 용이하지 않다는 점이 더 큰 문제다. 통계에 잡히지 않는 동종의 범죄는 훨씬 더 많으리라 추산된다.

경찰·검찰 조사관들이 피의자들을 너무 신사적으로 대하는 것도 한몫한다. 바람직하지는 않았지만 예전 같으면 형사의 폭언이나 폭행으로 쉽게 해결했을 문제도, 지금은 어렵게 풀어갈 수밖에 없다. 형사들도 빵을 훔친 절도범에게는 수갑을 채우지만, 100억 원을 횡령한 전문 사기꾼에게는 존댓말을 써가며 질의응답을 하니 피해자가 보기에는 답답한 노릇이다. 엉뚱한 범죄자를 만들지 않으려는 노력도 필요하고 인권도 중요하지만, 이런 사회 분위기의 변화는 지능형 범죄자들을 더욱 당당하게 만들고 있다. 자신이 횡령한 회삿돈으로 벤츠를 몰고 와서는 경찰서 주차장에 버젓이 주차하고, 심문이 끝나면 기사가 열어주는 문으로 차에 몸을 싣고, 호사로운 저녁 식사를 하기 위해 오늘도 호텔 식당을 누비고 있다.

특히 증권과 관련된 범죄는 피해자를 특정하기 어렵고, 피해액의 산정은 더더욱 힘들다. 예를 들어 어느 시점에 한 코스닥 회사가 상장폐지되었다고 해도, 투자가의 매수·매도 시점과 투자금 등이 상장폐지와 어떤 인과 관계가 있는지 규명한다는 것은 사실상 불가능하다. 또 모든 회사에 적용되지는 않지만, 주식을 빌려 파는 대주 제도를 이용해 돈을 번

투자가도 있을 수 있으므로, 모든 사람을 피해자로 규정할 수도 없다. 금융감독원의 관리·감독을 받는 자산운용사의 펀드에 가입했거나 투자자문사에 일임을 한 계좌에서 상장폐지 종목이 나왔다면 분쟁의 소지가 있고, 궁극적으로 자산운용사의 과실이 입증되면 피해 보상을 받을 수도 있다. 하지만 본인이 직접 투자 결정을 내린 결과에 대해서는 피해 보상을 받지 못한다. 주식 투자는 결국 본인이 책임져야 한다는 것이 원칙이기 때문이다.

재산형 범죄의 발전과 수사력의 한계

최근 들어 재산형 범죄가 늘면서 경찰에서도 이를 전담하는 경제 팀과 지능범죄수사대를 신설해 가동하는 중이다. 또한 검찰에서도 서울중앙지방검찰청이나 서울남부지방검찰청 등이 눈부신 활약을 벌이고 있다. 담당 수사관들도 이제는 ELS, ETF, 선물·옵션 등 파생 상품에 대한 지식을 상당히 갖추고 있다. 그렇지만 범죄자들을 겨우 따라가는 정도에 그치고 있다. 더군다나 신종 상품이 쏟아져 나오고 구조가 더 복잡해지면서 전문가가 아니면 이해하는 것도 어렵다. 예를 들어 신주인수권부사채에서 분리된 신주인수권(일정 가격과 일정 기간 동안 특정 주식을 매입할 수 있는 권리증서)의 매매가격(프리미엄)과 행사 가격에 대해 아무리 설명을 잘해도 일반인 대부분은 돌아서면 바로 잊어버린다.

그런데 이런 상품이 주식·채권에서 석유·신용·탄소배출권 등으로 확대되고, 여기에서 다시 스왑(swap), 옵션으로 파생되는 이종 상품이 생겨나고 있다. 따라서 금융 투자회사나 은행에서는 최근 FICC(fixed income, currency, commodity) 팀을 가동하면서 외환, 금리, 원자재 등과 관련한 현물과 파생 상품을 전문적으로 취급하는 추세에 있다. 이렇게 일반인이 이해하기 어려운 상품이 범죄와 연관되면 처벌이 쉽지 않다는 데 문제가 있다.

실제로 몇 년 전 만기일의 장 마감 직전에 외가격(out of the money)에 있는 옵션 10억 원어치가 거래된 적이 있었다. 금융감독원에서는 이를 이상하게 여기고 국세청에 제보했고, 국세청은 이를 증여세 포탈을 노린 거래로 의심하고 조사에 착수했다. 이 거래는 동일인이 두 개의 계좌를 이용해 매매해서 손익이 정확히 플러스마이너스 0이었으므로; 세금 문제가 아니라면 이런 거래를 할 이유가 없었다. 그런데 조사 팀의 상품 이해와 윗선의 의지 부족 때문에 결과적으로는 세금을 추징하지 못했다. 이것이 현실이다. 목적을 갖고 실행한 매매가 분명한데, 조사관이 이를 규명하지 못하면 아무런 벌도 내리지 못한다. 매매 자체에는 불법행위가 없기 때문에 그럴 수밖에 없다. 하지만 일반적이지 않은 금융 상품의 거래가 있다면 비록 불법이 아니어도 그 사유를 본인이 해명하고 상속이나 증여가 아니라는 것을 증명하도록 제도를 바꾸어야 한다.

 전문가의 셀프 비과세

일본에서는 '꿈에는 세금을 매길 수 없다'라는 정책 때문에 로또에 당첨되면 세금을 내지 않는다. 로또 한 장을 사면서 당첨의 꿈으로 하루하루를 살아가는 서민을 고려한 좋은 정책이다. 하지만 파친코나 경마 같은 사행성 오락은 도박으로 간주해 세금을 부과한다고 한다. 그런데 우리나라에는 스스로 비과세 제도를 만들어 세금을 한 푼도 내지 않는 사람들이 있다. 기업사냥꾼들이다. 모든 거래는 지하에서 진행되고 일절 신고하지 않는다. 이들이 내는 세금은 물품을 사면서 내는 간접세뿐이다. 이들이 본인 명의로 직접세를 내기 시작하는 것은 스스로 만족할 만큼 돈을 모아 제도권에 모습을 드러내는 시점부터다.

이들이 가장 신경을 쓰는 세금은 경영권을 양도하면서 내는 양도세다. 기업을 인수하면 대개 최대 주주로 올라서는데, 매각 시 차익이 있으면 주식 지분과 관계없이 양도소득세를 내야 한다. 코스피 시장에서는 최대 주주가 아니라도 발행주식 수의 1퍼센트 또는 시가 25억 원, 코스닥 시장에서는 발행주식 수의 2퍼센트 또는 시가 20억 원 이상이면 대주주로 간주되어 한 주를 팔아도 양도소득세를 내야 한다. 지분율 기준은 본인 명의의 주식뿐만 아니라 특수 관계인까지 모두 포함이 되며 1년 중 어느 한 시점이라도 최대 주주 요건이 충족되면 과세 대상이 된다. 하지만 평가액 기준은 시점에 따라 유동적이므로 12월 말 평가액으로 판단한다. 주식의 양도 차액에 대해서는 보유 기간과 시장(코스피, 코스닥)에 관계없이 22퍼센트의 대주주 양도세율을 적용하고 있다. 양도소득세는 차익에 대해 내는 세금이므로 계산만 잘하면 절세할 수 있는 방법이 여럿 나온다. 이것은 경영권 양·수도를 수반하는 주식거래에 한정된다.

첫째, 매수 가격을 최대한 높인다. 매수가가 높으면 매각 시 차액이 작아지므로, 기업의 원주인이 동의하면 가격을 올리는 방법을 쓴다. 이런 경우는 원주인이 매수 상대에게 약점을 잡혔거나, 아니면 원주인에게 다른 식의 보상을 약속했을 수 있다.

둘째, 인수 지분을 가능한 한 줄인다. 경영권 양·수도에 수반하는 주식이 반드시 매도자가 보유한 주식 전체일 필요는 없으므로 일부만 인수하고 경영권을 가져오면, 추후 매각할 시점에 세금 부담이 줄어든다. 이 경우에는 또 다른 절세 효과가 있다. 프리미엄을 포함한 전체 인수 금액을 주식 수로 나누면 주당 단가가 올라가므로, 매도 시 세금을 덜 내게 된다.

셋째, 차명 계좌로 주식을 보유한다. 대주주에는 특수 관계인이 포함되는데, 여기에는 친족은 물론이고 사실상의 경영 지배 관계도 포함된다. 그러면 이사회에 차명 인사를 한 명 포함시키고 이 사람 명의로 인수한 주식에 대해서는 세금을 내지 않는다. 우리나라 상장사의 사주들은 거의 전부가 차명 계좌를 두고 있고 수시로 내부자거래를 통해 수익을 올린다.

넷째, 매도 가격을 최대한 낮춘다. 이렇게 해서 절약되는 세금은 인수자와 나누어 갖는다. 부동산 거래에서 흔한 '다운 계약서'와 같은 성격인데, 경영권 양·수도에 프리미엄이 포함되므로 이를 별도로 받기로 하고 주식만 시가 매매로 계약하면 거래 금액을 낮출 수 있다. 회사가 건실해 인수 희망자가 많다면 이런 제안을 수용할 가능성이 높다.

다섯째, 인수 주체를 법인이나 투자조합으로 하고 전혀 모르는 제삼자를 바지 사장으로 앉힌다. 매도 시 법인이나 투자조합을 폐쇄하거나 해산하고 세금 신고를 하지 않는다.

양도소득세는 국세에 해당하므로 체납을 하게 되면 강한 처벌을 받지만, 애초부터 세금을 낼 생각이 없던 이들로서는 세금을 내지 않는 것을 당연시한다. 국세의 납부 기한이 5년인 것도 알고, 국세 체납 전문 세무사를 고용하면 얼마의 금액을 깎을 수 있는지도 잘 안다. 그런데도 '조세범 처벌법'에 의해 형사처분이 될 것 같으면 감옥에 가지 않을 만큼만 내고 만다. 이들의 특별한 세계에서는 어떤 종류의 세금도 납부하지 않는 것을 당연하게 여긴다.

 ## 연기의 달인

어느 업종에서나 사기꾼의 공통된 면모 중 하나가 연기에 능하다는 점이다. 채권자를 만나 설득할 때나 검사의 조사를 받을 때도 타고난 연기력으로 상대방을 감동시키는 재주가 있다. 그것은 수십 차례 투자를 받거나 돈을 빌리면서 자연스럽게 배양된 실력인데, 경력이 쌓일수록 날로 발전하는 모습을 보인다. 이들을 보고 있으면 마치 사이비 종교의 교주가 신도를 설득시키는 장면이 연상된다. 이들이 하는 사업은 곧 수천억 원의 매출로 이어지는 황금알로 보이고, 지금 투자를 하지 않으면 영원히 후회할 것 같은 착각에 빠진다. 단순한 말뿐만 아니라 근거 서류, 프레젠테이션 자료, 사진, 동영상 등 상당한 근거를 제시하기 때문에 전문가가 아니면 속기 십상이다.

누군가 고소해 조사 기관에서 심문을 받게 되면 현란한 말솜씨로 자신의 행위를 포장하고 거래 구조를 최대한 복잡하게 만들어 수사관의 머리를 어지럽힌다. 그러면서 마치 본인은 죄가 없는데 억울한 처지에 있는 것처럼 자필로 탄원서를 보내기도 하는 실로 고단수들인 자들이다.

인수한 회사에서 수백억 원의 돈을 횡령해 회사가 상장 실질 심사 대상이 되고 존폐 위기에 빠지면 가짜 인터넷 카페를 만들어 투자가들을 동원하기도 한다. 사실 일반 투자가들은 회사가 상장폐지 되면 투자금의 대부분을 날리게 되는 선의의 피해자다. 그래서 이들의 절박함을 이용해 법원, 한국거래소, 금융감독원에 상장폐지의 부당함을 호소하는 탄원서를 내게 만들어 위기를 탈출하기도 한다. 실제로 파산 신청 심사를 하는 법원에 일반 투자가의 탄원서가 다수 제출되어 파산 신청이 기각된 사례도 있다.

이들은 연기는 연기대로 하면서 법적인 대비책도 그 나름대로 세련되게 준비하는 선수들이다. 남의 돈을 가로채 유용하는 경우에는 반드시 변제를 하겠다는 확약서를 작성하고 약속에 따른 담보를 제공한다. 그런데 그 담보가 얼핏 보면 가치가 있는 듯하지만, 실제로는 아무런 효력이나 환금성이 없는 것이 대부분이다. 예를 들어 1000억 원어치의 금이 매장된 것으로 평가받지만, 현재는 폐쇄되어 있는 금광의 주식 1퍼센트를 담보로 제공한다면 이는 쇼에 불과하다. 1000억 원은 단순히 매장된 금의 가치만을 평가한 것일 뿐이며, 실제 채굴하는 데 2000억 원이 들지 3000억 원이 들지는 알 수 없는 노릇이다. 또 지분 1퍼센트를 갖고 있는 사람에게 직접 채굴을 할 권리가 있을 리 없으므로 아무런 가치가 없다고 봐야 한다. 이런 식의 담보 제공은 때에 따라서 의도된 사기가 아닌 것으로 판결을 유도할 수도 있다.

앞의 사례는 형사법에 저촉되는 범죄지만 민사에 해당하는 채권·채무 관계에서는 더 확실한 대비책을 마련해야 한다. 비록 돈을 빌리더라도 당시 상환 능력이 전혀 없었다면 의도된 사기로 간주되어 형사처벌을 받을 수 있으므로 이들은 상황을 봐서 피해 금액의 일부를 상환한다. 그러면 변제 의사가 있으며 지금도 상환 노력을 하고 있는 것으로 간주가 된다. 이런 건은 결국은 민사재판으로 이어지고, 최종적으로 승소해도 피해자는 나머지 잔금을 영원히 받지 못하게 된다.

순진한 피해자는 민사소송에서 이기면 모든 것이 해결될 것이라고 믿지만 그것은 아무것도 받지 못한다는 사형선고와 같다. 이렇기 때문에 사기는 수많은 피해자를 만들고 죽음보다도 더한 상처를 남긴다. 사람을 믿었던 잘못으로 오랜 기간 고통을 받는 피해자에게는 결코 용서받지 못할 잘못이다.

"사기로 얼룩진 과거는 잊힐 수 있지만, 결코 용서받을 수는 없을 것이다."

12
독이 든 성배, 코스닥 투자

국내 증시가 개장한 1956년에 상장된 12개 회사 중 여덟 개 회사가 사라지고, 현재는 경방, CJ대한통운, 한진중공업홀딩스, 유수홀딩스 등 네개 회사만이 남아 있다. 개장 후 60여 년의 세월이 흐른 지금 약 2000여 상장사(2017년 3월 현재 코스피 776개사, 코스닥 1208개사)의 주식이 거래되고 있다. 숫자로는 코스닥 시장이 커 보이지만 시가총액(상장주 수×주가)으로 보면 코스피 시장은 1340조 원 규모인 데 비해 코스닥 시장은 203조 원 규모로 7분의 1에 못 미친다. 코스닥은 1996년 7월 1일 개장해 역사도 일천하다. 하지만 우리나라 자본시장에서 차지하는 비중이 낮다고 해도 수많은 우리의 이웃이 여기에서 일희일비하고 있으니 영향력이 작다고 할 수는 없다. 증권시장에서 발생하는 피해도 결코 작지 않다. 물론 D 그룹 사태처럼 코스피 시장에서 한번 일이 터지면 규모가 엄청나기 때문에 코스닥과 비할 바 아니지만, 코스닥 역시 작은 상처로 수많은 사람을 좌절과 파멸로 몰고 가는 시장이다.

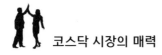 코스닥 시장의 매력

• 주가의 눈부신 변동성

이렇게 역사도 짧고 규모가 작은 시장에 왜 개미들이 몰리는 것일까? 거기에는 여러 이유가 있지만 한 가지만 들자면 '큰 변동성' 때문이라고 할 수 있다. 여기에서 변동성이란 불규칙성을 말하는데, 폭등, 대박, 상한가 등 밝은 측면과 폭락, 쪽박, 하한가, 상장폐지 등 절망적인 측면을 모두 포함하고 있다는 의미이기도 하다. 나쁜 측면도 있지만 사람들은 대개 좋은 추억만 간직하려는 경향이 있고, 한 방에 큰 수익을 올리려는 욕구가 강하기 때문에 이 시장을 떠나지 못한다. 남자든 여자든 연애할 때 성질은 까칠하지만 매력 있는 사람에게 잘 빠지는 것과 같다고나 할까. 코스닥 시장은 공시 위반이 많고 사건, 사고도 잦아 피해가 많이 발생하지만, 반대로 주가가 서너 배로 뛰는 경우도 많으니 소액 투자가로서는 매력을 느끼지 않을 수 없다. 그래도 구조적으로 돈을 잃을 수밖에 없는 하우스나 카지노에 비하면 투자가 모두가 돈을 벌 수도 있으니 그나마 나은 편이다.

• 횡행하는 내부자 거래와 작전

투자 금액이 적은 사람들은 대부분 코스닥 종목을 선호한다. 최대 주주, 주요주주, 경영진 등에 견주어 이들을 소액주주 또는 개미투자가(또는 개미)라고 표현한다. 한국거래소의 코스닥 시장 공시 규정을 보면 소액주주를 "대주주와 특수 관계인이 아닌 주주로서 상장 주식 수의 1퍼센트 미만을 보유한 자"로 정의하고 있지만, 실제로는 대주주가 아닌 투자가 모두가 소액주주다. 그리고 정보의 비대칭 때문에 비교 열위에 있는 투자가 모두가 이에 해당한다.

정보의 비대칭(information asymmetry)이란 시장에서 각각의 거래 주체가 보유한 정보에 차이가 있을 때 그 불균등한 정보 구조를 일컫는데, 우리나라에서 특히 심하다. 내부자 거래와 작전이 만연하지만, 이를 적발하고 처벌하는 데 시간이 너무 오래 걸린다. 모든 내부자 거래를 적발할 수는 없겠지만, 적발 건수 자체가 너무 적다. 미국처럼 처벌 수위를 한참 높여야 그나마 조심할 텐데, 정작 여기에 연루된 사람들은 아무도 신경 쓰지 않는다.

또 은행을 통한 계좌 개설과 온라인 매매 및 온라인 입출금이 보편화되면서 내부자 거래를 색출하기가 점점 더 어려워지고 있다. 대주주가 차명으로 여러 개의 증권 계좌를 만들고 이를 통해 통정매매, 허수 주문으로 주가를 조작하면서 기존 계좌 폐기와 신규 계좌 개설을 반복하며 빠져나가지만, 현재의 감독 시스템으로는 그저 쫓아가기에 급급할 뿐이다. 때로는 제보로 고발이 접수되어도 감독 기관이 조사에 너무 많은 시간을 허비하기 때문에 뒷북을 치기 일쑤다. 지금도 도처에서 벌어지는 내부 정보를 이용한 작전 때문에 소액 투자가들의 피해를 추산할 수 없을 정도인데, 앞으로는 그 피해가 더욱 커질 전망이다.

이 시장에서 잔뼈가 굵은 투자가는 작전인 줄 뻔히 알면서 투자를 한다. 작전이 시작되면 오르는 것이 분명하고, 나만 물리지 않으면 된다는 자신감으로 매매한다. 이런 전략은 작전 초기에 기회를 잡으면 100퍼센트 성공이다. 어느 정도 기다려도 오르지 않으면 팔고 나오면 그뿐이니,

밑질 것이 없다. 하지만 대부분의 투자가들은 주가가 어느 정도 오른 뒤에 매수 여부를 판단해야 하므로 어려운 결정일 수밖에 없다. 나름대로 차트 분석도 하고 주주 토론방에서 정보를 얻기도 하지만, 사실 작전 세력들도 주가가 언제 고점을 찍을지 모르는 경우가 다반사라, 결과는 대개 운에 좌우된다.

작전 종목에는 증권사 데이 트레이더(day trader: 장 마감 전에 포지션을 정리하는 투자가)나 스캘퍼(scalper: 초단타 투자가)들도 다수 참여한다. 거래가 활발하고 변동성이 크므로 기회가 많다고 생각한다. 사실 작전 종목에 들어가는 것은 우리가 프로레슬링이나 마술을 보고 즐기는 것과 별반 다르지 않다. 쇼라는 것을 알고 보면 상황이 어떻게 전개될지 예측할 수 있고, 방어 전략도 세울 수 있다. 정도의 차이는 있어도 작전은 영원히 근절되지 않을 것이니 거기에 참여할지 말지는 투자가 본인이 판단할 문제다. 작전 종목에 들어가면서 장기 투자를 생각한다면 그것은 바보짓이다.

코스닥의 꿈: 양날의 검

이런 사실을 모르는 개미들은 대기업의 주식을 몇 주 사기보다 코스닥 주식을 선호한다. 일단 주가가 낮으니 보유 주식 수가 많아 흡족하고, 공시가 잦아 투자가에게 막연한 기대감도 준다. 개중에는 코스닥 종목에 수십억 원씩 투자하는 사람들도 있다. 이들은 코스닥으로 돈을 벌었기 때문에 이곳을 떠나지 못한다. 그만큼 코스피 시장에 비해 코스닥 시장은 큰 꿈을 안겨준다. 그 꿈이 비록 허황되고 비현실적이라는 것을 알아도 그 자체가 희망이어서 버릴 수 없다. 경기가 나쁠수록 복권 판매가 늘고 가진 게 없는 사람들이 로또를 선호하듯, 투자금이 적은 사람들의 무대는 역시 코스닥이다. 천당과 지옥이 공존하지만, 천당이 있다는 사실 하나만으로도 투자가에게 꿈을 주는 곳이니 카지노와 별반 다르지 않다. 그런 까닭에 코스닥 시장에서 큰돈을 벌더라도 웬만해서는 코스피 시장으로 가지 않는다. 투자 형태, 방식, 전략이 코스닥과 다르다는 것을 잘 알기 때문에 본인이 익숙한 시장에서 투자의 정점을 찍으려고 한다. 강북에서 병원을 개업해 큰돈을 벌다가 강남으로 확장 이전한 후 실패한 의사들이 많다. 식당을 해서 돈을 번 사람은 은퇴할 때까지 식당 일을 하는 것이 효율적이듯이, 돈 좀 벌었다고 주 무대를 옮기는 것은 사실 위험하다. 그래도 출구 전략은 꼭 필요하다. 어느 정도 벌었으면 만족하고 물러설 때를 알아야 하며, 투자액의 규모가 커지면 거기에 적합한 투자 전략을 세워야 한다.

물론 반론도 있다. 주식으로 수백억 원을 번 '목포 세발낙지', 선물에서 수천억 원을 번 '압구정 미꾸라지' 모두 자기가 돈을 번 시장에서 쪽박을 차고 사라졌다. 그들 모두가 한 시대를 풍미했고 한국 투자 분야에서 한 획을 그었지만 결국 실패하고 말았다. 초기에는 자신감이 과도했고, 나중에는 손실을 만회하기 위해 지나치게 오기를 부렸다. 옵션 매매를 통해 수익을 추구할 때도 매수하는 사람은 항상 매수만 하고, 매도하는 사람은 항상 매도만 한다. 전략이 달라서 그렇다. 그것은 옳고 그름의 문제가 아니라 매매하는 시기, 포지션 관리 등의 전략에서 180도 다른 전략이 필요하기 때문이다. 특히 옵션에서 매수와 매도는 전혀 다른 상품이라고 해도 과언이 아니다. 코스피, 코스닥 투자도 정도의 차이는 있지만 어느 정도 다른 전략으로 임해야 한다는 점에서는 같다. 주식시장에서의 성공 전략은 기본적으로 동일하다. 그리고 어떤 상품, 어떤 시장에서든 간에 투자를 언제 접을지 판단하는 것은 누구에게나 어려운 일이다.

그러므로 코스닥 시장에서의 변수를 고려해 염두에 두어야 할 남다른 전략이 있다.

 ## 코스닥 시장에서의 특별한 투자 전략

• 장기 보유는 금물

코스닥 종목을 매수하게 되면 포지션 관리가 특히 중요한데, 절대로 투자 종목을 방치해서는 안 된다. 우량 종목을 사서 몇 년씩 묵혀두면 종종 큰 수익이 나기도 한다. 특히 시세가 오랫동안 저점에서 정체된 자산주나 역사와 전통은 있지만 주가가 잘 움직이지 않는 비인기 우량주가 그렇다. 하지만 그런 종목은 당연히 코스피 시장에 많다. 이와 다르게 코스닥 시장에서는 새롭게 부상한 신흥 산업 종목이 많으므로 당장은 수익성이 좋다고 해도 그것이 얼마나 지속될지 알 수 없다.

개중에는 장기 보유를 해도 무방한 종목이 있지만, 지속적으로 경영 내용을 파악해두지 않으면 언제 '상장폐지'의 철퇴를 맞을지 모른다. 매년 봄 상장폐지가 시장을 휩쓸고 지나갈 때 사라진 종목을 보면 대부분이 코스닥 회사다. 코스피 시장의 퇴출 요건이 관대한 이유도 있지만, 그만큼 코스닥 시장에서 노골적인 법 위반이 만연한 탓이다. 코스닥 종목을 보유하고 있다면 공시 내용을 수시로 살피면서 투자 전략을 수정해나

가야 한다. 그렇지 않으면 큰 위험에 빠질 수 있다.

• 움직이는 종목에 편승

코스닥 종목은 한번 움직이면 거액의 시세 차익을 얻는 경우가 흔하다. 거래가 갑자기 늘면서 주가가 움직이기 시작하면 많은 사람들이 내용도 모르고 사는데, 이를 밴드 웨건(band wagon) 효과라고 한다. 밴드를 태운 마차가 소란스럽게 연주하며 마을을 지나가면 사람들은 무엇 때문에 떠들썩한지 궁금해 모여들기 시작한다. 몰려드는 사람들을 지켜보던 더 많은 사람들이 틀림없이 무언가 있다고 생각해 영문도 모른 채 뒤따라가기 때문에 군중은 더욱 불어난다. 한마디로 말해 군중심리인데, 초기에 편승하면 사실 크게 위험하지는 않다. 거래가 늘어난 다음 빠져나갈 기회가 있으므로 장기적으로는 물릴 위험도 없다. 작전인 것을 안다고 해도 초기에만 들어갈 수 있다면 충분히 보상받을 수 있다.

설령 작전이 진행 중인 종목이라고 해도 작전 세력이 모든 것을 좌지우지하지는 못한다. 바로 곁다리로 붙은 투자가 때문인데, 여기에 적절한 테마가 있으면 의도한 것 이상으로 주가가 오르기도 한다. 그러면 더 욕심이 생겨 목표 주가를 상향 조정하게 되고, 그러다가 매도 타이밍을 놓쳐 작전 세력이 물리기도 하는 것이 증권시장이다. 따라서 작전 초기에는 상한가에 주식을 사더라도 웬만해서는 물리지 않는다는 것이 정설이다. 단, 작전의 어느 단계에서든 과도한 욕심은 금물이다.

• 물타기는 안 하는 것이 상책

우량 종목에 투자할 때는 이른바 '물타기' 전략이 주로 사용된다. 애버리지 다운(average down)이라고도 하는데, 주식을 산 다음 주가가 큰 폭으로 하락하면 추가로 매수해 보유한 주식의 평균 매입 단가를 낮추는 전략이다. 그런 뒤 반등 추이를 살펴 팔고 나오거나, 상승하는 이유를 파악해 보유 기간을 늘릴 수도 있다. 이런 방식은 주가의 하락 요인을 정확히 알고 있을 때 쓸 수 있다. 종목에는 전혀 악재가 없는데 시장위험 탓에 지수가 전체적으로 밀리면서 주가가 하락했다면 추가 매수를 생각해볼 수 있지만, 개별 종목의 내용을 모르면서 추가 매수를 하는 것은 독약이다. 특히 코스닥에서는 일반인이 알지 못하는 다양한 상장폐지 요인 때문에 하락할 위험이 있어 극도로 조심해야 한다.

2016년에 상장폐지 된 A사는 영업은 잘했지만 영업 외적인 요인 때문에 추락한 경우다. 기술력도 인정받고 수출도 잘되던 회사였는데 2015년 발생한 경영진의 횡령·배임 때문에 회계 법인이 감사보고서에 '의견거절'을 표시해 바로 상장폐지 되었다. 사내 감사가 경영진을 고발한 것이 가장 큰 요인이었다. 감사보고서의 의견거절은 즉시 상장폐지 요인이다. 경영진이 횡령·배임 사실을 모두 인정하고 빼돌린 돈을 회사에 일부 반환했지만, 담당 회계 법인은 추가 비리나 부외부채가 없음을 확신할 수 없다는 이유로 받아들이지 않았다. 과거와 달리 지금은 회계감사권을 가진 회계 법인의 입김이 상당히 세졌다는 것을 보여주는 사례다.

상장폐지 된 후 경영진 대부분이 구속되었고, 현재 재판이 진행 중인데 모두 실형을 선고받을 것으로 보인다. 이 회사는 상장폐지 후 오히려 실적이 호전되고 있다. 이런 추세라면 몇 년 뒤 재상장도 가능할 것으로 예측된다. 지금의 대주주가 회사의 상장 유지와 폐지 중 어느 쪽을 더 선호했는지 궁금하다. A사의 경우 내부 직원을 통해 사내 정보를 얻어 주식을 산 투자가라면 회사의 영업이 순조롭다는 것을 알고 물타기를 하기 십상이다. 그러나 안에서 벌어지는 경영진의 돈놀이를 꿈에도 짐작하지 못해 크게 손해를 본 특이한 사례다.

• 정리매매 참가는 최후의 도박

최근 상장폐지 된 종목들을 보면 마지막 정리매매 기간에 거래가 활발히 이루어졌다. 특히 정리매매 첫날은 폭락 직후 두세 배까지 폭등하는 경우가 많아 투자가들이 몰리는데, 이는 매우 위험하다. 앞서 언급한 A사는 아주 높은 가격에 정리매매를 마쳤다. 새로 인수한 대주주가 번듯한 정상 기업이었고, 사내 영업이 잘되는 상태였으므로 그럴 만했다. 예비 대주주가 지분을 확보할 호기로 삼았을 테니 확실한 매수세가 있었고, 회사 내용을 보면 몇 년 뒤 부활할 가능성도 있어 주가가 움직였다. 하지만 이 회사는 아주 특별한 사례에 해당한다. 코스닥 상장폐지 신청, 코스피 시장 상장, 피흡수 합병 등 상장폐지에 정당한 사유가 있는 경우라면 상관없지만, 나머지는 모두 휴지나 다름없다. 한국거래소에서 발표하는 상장폐지 사유 중 '기업의 계속성 및 경영의 투명성 등을 종합적으로 고려해 상장폐지 기준에 해당한다고 결정', '최근 5사업연도 연속 영업 손실 발생', '감사의견 거절', '자본 전액 잠식' 등에 해당한다면 기업 가치는 0으로 봐야 한다.

그 어떤 기업이라도 거래의 최저 단위인 10원에 거래를 마치는 경우는 없다. 아무리 상장폐지가 되었어도 기업 가치가 최소한 그보다는 더 높으리라는 기대감이 있어 그렇다. 또 비상장인 상태에서도 기업이 정상적으로 운영된다면 언젠가는 재상장되리라는 희망을 품기도 한다.

그렇게 되려면 어느 한 사람이 회사의 가치를 정확히 파악해, 정리매매 기간 중에 지분의 51퍼센트를 살 수 있어야 한다. 비상장사의 주주총회는 세간의 관심을 끌 만한 행사가 아니어서 과반수의 지분을 보유하지 않으면 회사를 통제할 수 없다. 그게 아니면 현 경영진과 잘 아는 사이여서 상장폐지 즉시 이사회를 넘겨준다는 약정을 받고 일을 진행해야 한다. 대주주가 된다고 해도 이사회를 장악하지 못하면 회사 경영에 한 발짝도 다가갈 수 없다. 상장사도 적대적 M&A가 불가능한데, 비상장사라면 주주총회를 소집하는 것 자체가 힘들다. 법원의 명령을 받는다고 해도 기존 대표이사가 적당한 이유를 대면 주주총회는 얼마든지 연기될 수 있다. 가령 주주총회 당일 장소 변경, 위임장 허위 작성 등을 통해 대주주의 경영진 변경 시도를 방해할 수 있다.

　　모든 주식회사는 주주총회의 위임을 받은 이사회가 전권을 쥐고 있으니 경영권 장악의 1단계는 이사회 장악이다. 이러한 이사회를 선임하고 구성할 수 있는 주주총회는 보유 주식 수에 의한 표결의 장이므로, 지분이 중요하다. 하지만 주식의 51퍼센트를 보유했다고 해서 그 회사가 내 것이라 생각하면 큰 오산이다. 상장폐지 즉시 제삼자 배정 증자를 하여 이를 경영진이 인수하면 그뿐이다. 아니면 기존에 발행한 전환사채를 전환한 것으로 서류를 꾸미면 신규 자금의 투입 없이도 얼마든지 증자 등기가 가능하다. 따라서 상장폐지 뒤에 회사를 인수해 직접 경영하겠다는 생각은 금물이다. 사전에 임원들의 사임서를 받아놓고, 임시 주주총회를 통해 새 임원진의 선임 등 M&A를 위한 모든 법적 조치가 완비되지 않았다면, 정리매매를 통한 인수 시도는 무위에 그칠 가능성이 높다.

　　주식을 빌려서 파는 대차거래도 이 시기에는 어렵기 때문에, 오르는 부분에서만 이익을 내야 한다. 따라서 정리매매 기간 중에 수익을 낸다는 말은 어차피 빠질 종목이 순간적으로 오를 때 수익을 낸다는 의미인데 성공할 확률이 낮다. 그것은 카지노나 동네 도박장에서 거액의 수수료를 물며 돈을 따는 것보다 나은 선택이 아니다. 만약 절박한 심정으로 이 기간에 매매에 들어간다면, 미다스의 촉으로 첫날 들어갔다가 바로 빠져나와야 한다. 여기에서 물리면 평생 장롱에서 썩을 종이 쪼가리 주권만 들고 있어야 한다. 상장사로서의 마지막 날 종가로 계산된 회사의 시가총액은 글자 그대로 상장사였을 때만 가치가 있다. 주식의 유동성, 대주주 및 경영진의 신뢰도, 부외부채, 영업 부진, 직원 이탈 등의 사유 때문에 비상장이 된 뒤에는 그 가치를 크게 에누리해야 한다.

1170원을 마지막으로 8개월간 거래가 정지된 후 바로 정리매매에 들어간 K사는 첫날 320원에서 580원으로 급등하기도 했으나 결국 마지막 거래를 27원에 마감했다. 그것도 회사가 의도적으로 호재성 공시를 발표해 수차례 반등을 시도했지만, 결국 수많은 투자가들에게 피해만 남기고 사라졌다. 앞서 언급한 A사와 함께 P사도 특이한 주가 움직임으로 주목을 받았다. 이 회사는 '최근 5사업연도 연속 영업 손실 발생'을 사유로 정리매매에 들어갔다. 거래 정지 이전의 종가가 920원이었는데 정리매매 첫날 5100원까지 급등해, 이후에도 등락을 거듭하다가 거래 마지막 날 451원을 종가로 사라졌다. 그래도 920원의 절반 정도에서 끝났으니 예외적으로 선방한 경우다. 이 회사는 여러 가지 특징이 있는데, 일단 거래 정지 기간이 4년이었다. 회사는 상장폐지 사유가 발생한 즉시 거래소를 상대로 '상장폐지 무효 확인 청구의 소'를 제기했다. 하지만 2017년 2월 13일 대법원에서 상고가 기각되면서 상장폐지로 최종 결정되었다. P사는 영업 적자가 장기간 이어지다가 2013년에 소폭의 영업이익을 냈으며, 그 뒤로는 영업 적자의 규모가 줄어 회생 가능성을 보이기는 했다. 하지만 상장폐지가 결정되면 이런 실적이나 잔존 가치는 기존 경영진의 잔칫상에나 오를 제물일 뿐 투자가들의 몫은 아니다.

 ### 재무제표는 참고용으로

대주주가 자주 바뀌는 회사, 호재성 뉴스가 자주 나오고 주가가 급등락을 거듭하는 회사, 신사업에 열중하는 회사, 회사 규모에 비해 너무 큰 사업을 벌이는 회사의 재무제표는 그저 참고하는 수준으로만 봐야 한다. 주가가 재무 상태에 비해 월등히 높고 미래 가치, 즉 기대감에 의해서만 움직이는 것이 가장 근본적인 이유다. 하지만 더 큰 이유는 신뢰의 문제다. 내실을 다지지 않고 주가 부양에만 신경 쓰는 회사라면 재무 상태가 건전할 수 없다. "Too good to be true"라는 표현이 있다. '너무 좋은 것은 사실일 수 없다'는 뜻인데, 상장사 분석에도 들어맞는 말이다.

재무제표라도 진실을 담고 있다면 발표가 설사 과장되어도 본전은 하겠지만, 문제는 '갖고 있다는 자산의 내용이 얼마만큼 실체와 일치하느냐'이다. 엄청나게 좋은 사업을 발표하는 회사가 있다면 사업 내용뿐만 아니라 자산 내역도 의심해볼 필요가 있다. 숱한 코스닥 기업들의 재무제표가 과장이 많고, 때로는 허위로 작성되기도 한다. 그렇다면 감사를 맡은 회계사가 이런 부분을 어느 정도까지 잡아낼 수 있을까? 유감스럽게도 경영진이 작정하고 덤비면 쉽지 않은 것이 현실이다.

지금은 회계감사가 아주 냉정하고 철저하게 진행되므로 과거에 비해 개선된 것이 사실이다. 하지만 이것도 회사에서 제출하는 기본 데이터가 정상적일 때 얘기다. 물론 예전과 달리 같은 사안을 좀 더 냉정히 판단할 뿐 아니라 돈을 받고 부실 회계를 눈감아주지 않는다. 그래도 인간이 하는 일이어서 오류나 부정이 전혀 없다고는 할 수 없다.

회계사는 제조업체의 세부 업무에 관한 실질적인 지식이 없으므로 서류에 의한 감사를 기본으로 한다. 그런데 회사가 제출한 근거 자료가 허위로 작성된 것이라고 해도, 이를 직접 검증할 물리적 시간이 없고 인력도 부족하다. 예를 들어 회사가 투자한 비상장사의 지분을 매각한 후에도 계속 보유한 것처럼 장부에 기재해놓았다면, 회계감사 기간 중에 회계사가 피투자회사를 접촉해 진위를 확인하는 것이 쉽지 않다. 특히 피투자회사가 해외 법인이고 현지의 회계 자료를 제출하면 적발이 아예 불가능하다. 국내로 진출한 외국 기업들에 대한 회계감사는 이런 면에서 갈 길이 멀다. 특히 중국에서 작성된 회계장부는 신빙성이 없고, 한국 회계사가 현지에 가서 짧은 일정으로 벌이는 감사는 수박 겉핥기에 불과할 수밖에 없다.

 외국 기업의 국내 상장은 당장 중단되어야 한다

2017년 2월까지 코스닥에 상장된 외국 기업은 모두 18개로, 시가총액이 거의 3조 원에 육박한다. 이렇게 많은 외국 기업이 상장된 것은 세계화를 지향하는 한국 금융권의 열망과 이에 부응하려는 한국거래소의 욕심이 낳은 결과인데, 내용을 보면 사실상 참혹하다. 문제의 본질은 저 멀리 있는데, 거래소에서는 주식 분산, 시가총액 미달 기준의 완화 등에만 손을 대는 등 근본적으로 외국 기업의 상장 문턱을 낮추는 데 초점을 맞추고 있다. 즉, 외국 기업의 국내 상장이 안고 있는 근본적인 문제점은 도외시하고, 모든 책임과 피해를 투자가들에게 떠넘기고 있는 셈이다. 거래소로서는 이것도 하나의 실적이며 국가의 발전을 위한 것이라고 생각하겠지만, 준비가 너무 소홀한 상태에서 일을 저질렀다고 볼 수 있다.

외국 기업이 국내 증시에 상장하는 것은 우리나라로 봐서는 국제화에 한 걸음 다가선 것이라고 할 수 있으니 나쁜 것만은 아니며, 이런 시도를 통해 우리의 제도나 규정을 정비하는 데도 도움이 될 것으로 생각된다. 하지만 이런 일은 완전히 준비되어 있지 않으면 모든 피해는 투자가에게 돌아가기 마련인데, 지금이 바로 그런 상태다. 실제로도 중국 기업 G사가 상장되자마자 부도가 나면서 주간사인 D 증권이 처벌받았지만 가벼운 벌금형에 그쳤고, 투자가에 대한 피해 보상은 전혀 없었다. 그리고 상장의 직접적인 당사자인 거래소 역시 어떠한 책임도 지지 않았다. 이 같은 피해는 지금도 진행형인데, 현재 외국 기업의 국내 상장이 안고 있는 문제를 정리하면 다음과 같다.

• 분쟁이 발생하면 대책이 없다

상장을 하게 되면 국내 투자가, 특히 개인투자가들에게서 자금을 조달해 해외로 반출하는데, 만약 양측 간에 분쟁이 발생하면 최소한 2개국 내지 3개국의 법률이 상충하게 된다. 그런데 이런 다국 간의 법률문제에 대한 대응책이 전혀 없는 상태에서 마구잡이로 상장만 시켜놓은 상태다.

실제로 많은 중국 기업이 사업은 중국 본토에서 하면서 상장 주체인 모회사(holding company)는 홍콩 법인으로 되어 있다. 그러면 법률 분쟁 시 3개국의 법규가 인용되어야 하고 각국의 법규가 상충되면 어느 쪽을 따를지도 규정이 있어야 한다. 하지만 한국거래소에서는 이를 고려한 적이 없으니 당연히 규정도 없다. 피해자가 생겨도 거래소에서는 아무 기준도 대책도 없으니 속수무책이고, 사건을 법원으로 끌고 가야 하는데 이런 문제는 돈을 받고 일하는 변호사들조차 힘들어 한다. 현재 우리나라에서는 대형 로펌이라도 국내에 상장된 외국 법인의 각종 문제에 대해 해결책을 내놓을 수 있는 곳이 하나도 없다.

중국계 기업인 E 홀딩스의 경우 자사의 정관에서 제삼자 배정 유상증자를 금지하도록 규정하고 있다. 만약 회사에서 이를 집행하려면 주주총회에서 정관을 변경한 뒤 이사회에서 집행하면 된다. 하지만 이 회사는 정관 규정을 따라야 한다는 상법을 위반하고, 이사회에서 제삼자 배정 증자를 결의한 바 있다. 그러자 이에 반대하는 투자가가 국내 법규 위반을 이유로 신주의 발행과 상장을 금지하는 가처분을 국내 법원에 신청했다. 하지만 회사는 이 과정에서 법인의 소재지인 홍콩에서 증자 등기를 마쳤다. 투자가는 이에 대해 거래소와 금융감독원에 이의를 제기하고 시정해줄 것을 요청했지만, 아무런 조치가 없었다. 그런데 홍콩에 등기된 주식의 수와 거래소에 상장된 주식의 수에 차이가 났으므로, 금융 당국이 이와 같은 내용을 인지한 이상 법원의 판결이 날 때까지 증자 등기를 취소하도록 조치해야만 했다.

당시에는 해외 현지에서 증자 등기를 하면 매매를 통해 주주의 변경이 얼마든지 가능했다. 이 경우 한국과 본점 소재지의 발행주식 수가 다르고 명의 주주도 다를 수 있다. 특히 홍콩에서는 무액면주 제도를 시행하고 있으므로, 주식 수를 마구 늘려 등기해도 아무런 제재가 없다. 우리나라 상법처럼 액면가와 납입자본금을 중시하는 것과는 근본적인 차이가 있다. 이런 차이는 상장폐지가 될 때 큰 문제로 불거진다. 예를 들어 정리매매 기간 중에 한국의 투자가가 주식을 100퍼센트 매입해 전적으로 소유하게 되면, 그다음에는 본사가 있는 홍콩이나 싱가포르에서 등기를 해야 한다. 그러나 본인은 할 수가 없다. 설사 등기를 마치고 이사회를 장악하더라도 중국 본토에 있는 기업을 소유하려면 한 차원 높은 단계의 걸림돌을 넘어서야 한다. 한마디로 대주주가 된다고 해도 현지 공장의 나사 하나도 소유하지 못하는 것이 현실이다.

• 등기상 법인 소재지와 상장 지역이 이원화되어 있다

이런 사항은 주주총회 표결에서도 문제가 된다. 상장을 우리나라에서 했으므로 주주총회도 우리나라에서 하고 표결의 결과에 따라야 하는데, 회사의 협조가 없으면 의미가 없다. 예를 들어 주주총회에서 현행 이사진을 모두 해임하고 신규 임원을 선임했다고 하면 이것이 홍콩 법인의 등기부등본에도 적용되어야 하지만, 이는 또 다른 절차의 시작을 의미할 뿐이다. 정관 변경도 마찬가지다. 즉, 상장 지역인 대한민국에서 취한 법률행위를 해외에 있는 본사에 적용하는 것은 별개의 문제다. 그렇다면 주주총회의 의결과 본사의 등기는 별 관련이 없다는 말이 된다. 해외 기업이 우리나라 증시에 상장한 것은 자금을 조달하기 위함이고 이에 수반되는 한국의 규정은 따르지 않겠다고 표명한 것과 마찬가지다. 따라서 우리나라 금융감독원과 한국거래소는 이를 알고도 묵인한 것에 지나지 않는다. 이 감독 기관들은 도대체 무슨 대책을 갖고 있는지 의문이다.

한국 안에서도 투자가와 상장사 간의 법률 분쟁은 서로 체급이 맞지 않는 게임이다. 대부분의 사례에서 투자가 피해자가 되고 피해 보상의 당사자는 기업이 되는데, 인력·비용·시간의 측면에서 개인투자가가 기업을 상대하는 것은 불가능하다. 하물며 외국 기업은 본사가 해외에 있으므로 국내에 대리권자가 없으면 소송을 하는 데 훨씬 더 많은 비용과 시간이 필요하다. 소를 제기할 경우 소장이 해외 본사에 당도해야 하는데, 현지에서 송달을 거부(폐문부재)하면 소송 자체가 진행되지 않는다. 송달 등의 기본적인 법률 조치는 국내에서 이루어지도록 한 다음 상장이 허가되었어야 했다.

또 대부분의 외국 기업이 홍콩 등지에 페이퍼 컴퍼니 형태로 본사를 만들어놓고 현지 회계 법인이 관리하는 식이므로, 실제로는 운영되지 않는다. 상장을 허용하기 전부터 한국에 법률 대리인을 지정하도록 하고 분쟁 시 국내법이 우선되도록 법으로 정했어야 했다. 상장된 대부분의 외국 기업들은 기업 IR 담당만 있을 뿐 법률 대리인은 지정하지 않았다. 이는 시급히 시정되어야 한다.

• 실적과 재무제표를 믿기 어렵다

우리나라에 상장된 외국 기업 대부분은 상당히 높은 수익성을 자랑한다. 그런데도 PER, PBR이 낮은 것은 발표된 수치에 대해 투자가 크게 신뢰하지 않는다는 것을 의미한다. 특히 중국 회사들은 매출에 비해 상당히 큰 규모의 이익을 발표하는데도 근본적으로 시장의 신뢰를 받지 못하고 있다. 예전부터 중국 기업들은 감사용, 관리·회계용, 세무용 등 여러 용도의 재무제표를 작성한다고 알려져 있다. 감사보고서를 작성하기 위해 한국의 회계사가 현지를 방문해 조사하지만, 외국에서 제대로 된 검증을 하기란 사실상 불가능하다. 현지 회계 법인과의 협업도 어렵고 회계기준도 달라 1년 내내 감사를 해도 실질적인 내용을 제대로 파악할 수 없다. 이런 문제는 회계사가 단순히 중국어를 잘한다고 해결될 수 있는 것이 아니어서 근본적인 대책이 필요하다.

외국 기업들은 대체로 실적의 변동성이 큰데, 이것도 문제점으로 지적된다. 매년 제대로 파악·검증·보고되는 실적이 아닌 만큼 어느 해에 갑자기 악화될 개연성이 높고, 그런 문제는 투자가들에게 항상 근심거리로 남아 있다. 회사가 저평가되었다는 데는 누구나 공감하지만, 미래의 불확실성 때문에 장기 투자는 어렵다고 많은 사람들이 토로한다. 이 문제와 관련해서 한국거래소는 상장을 허용하기 전에 충분히 검토하고 제도를 정비했어야 하지만, 그렇게 하지 않았다. 이와 관련해 지금도 여러 외국 기업의 주주 동호회에서 이의를 제기하고 지원을 요청하고 있지만 묵묵부답인 실정이다.

많은 중국 기업들이 절대로 현금을 배당하지 않는 것에도 의혹이 제기되고 있다. 매년 결산기가 되면 수백억 원의 순이익을 발표하면서 현금 배당은 절대로 하지 않고 꼭 주식 배당을 한다. 이들은 한국 투자가들의 자금을 가져갈 의사는 있지만 자신들이 번 돈을 배당의 형태로 되돌려줄 생각은 없다. 그런데 주식 배당은 주식 수만 지속적으로 늘려 회사의 주당 가치를 떨어뜨리는 효과가 있다. 또 배당락이 되어 신주를 받지만 주주총회를 거쳐야 하고 결국 세금을 내야 하기 때문에 손해를 본다. 이는 현금 배당도 마찬가지지만, 기업이 창출한 수익을 현금으로 돌려주는 것과 주식으로 주는 것에는 차이가 있다. 일부 중국 상장사의 대주주들은 우리나라에 상장되어 있는 자신들의 지분 가치를 크게 의식하지 않는다. 어차피 중국 본토에 회사가 있고 본인들이 100퍼센트 통제할 수 있는데, 당장 팔지도 못하는 먼 나라에 상장된 주식이 무슨 가치가 있겠는가라는 위험한 생각을 하고 있다.

• 한국 증권시장을 단순한 자금줄로 인식한다

일부 외국 기업은 국내에서 채권을 발행해 자금을 조달한 뒤 본국으로 송금해 운영자금으로 사용했다. 그 후 상환 기일이 도래해 투자가에게 채무를 변제해야 하는데도 이에 응하지 않았고, 중국에서의 송금 규제를 핑계로 댔다. 물론 본국에서 자본거래에 대한 규제가 일시적으로 생긴 것은 어쩔 수 없는 일이지만, 이 기업은 나중에 규제가 풀렸을 때도 빚을 갚지 않았다. 이 문제도 한국거래소에 제기되었고 거래소 측은 관련 사항을 의무 공시로 정하는 등 규정을 개정하고 제도를 개선하겠다고 했으나, 이후 아무런 조치가 없었다. 또 이런 사항에 대해 해당 회사에 조회공시를 요청한다고 해도, 회사가 진실을 말하지 않으면 거래소로서도 별 대책이 없는 것이 현실이다. 그러므로 조달한 자금을 본국으로 송금할 때는 회사의 자금 부족이 아닐 시, 반드시 재송금하도록 제도를 보완해야 한다.

배당을 사전에 공시하면 연말에 권리락이 되지만, 이미 발행된 전환사채나 신주인수권부사채의 전환가 또는 행사가가 주주총회에서 결의된 뒤에 가격이 조정되는 제도는 개선되어야 한다. 외국 기업은 회계장부의 정리, 번역, 감사에 더 많은 시간이 소요되므로 통상 4월 말에 주주총회를 하는데, 주식은 이미 권리락이 된 상태여서 주주총회 이전에 전환을 신청하면 조정되지 않은 이전 전환가를 적용받게 되므로 투자가만 피해를 본다. 일부 중국 기업은 주주총회 이전에 전환된 사채에 대해서는 주주총회에서 결의가 되면 사후에 조정된 가격만큼 주식을 추가로 교부하도록 정관에 규정하고 있으나, 지켜지지 않았다. 이에 대해 배당락만큼 손해를 본 투자가가 피해 보상을 요구한 바 있으나 해당 상장사는 응하지 않았다.

한마디로 외국 기업들이 자금 조달만을 위한 목적으로 대한민국의 자본시장을 활용하면서 지켜야 할 법과 질서를 무시하고 있다. 사실 선진국이 아닌 국가의 기업을 우리나라 증시에 상장시킬 때는 사전 준비를 철저히 하여 개인투자가의 보호에 만전을 기했어야 한다. 법률, 제도, 회계, 감사 등 거의 모든 부분에서 우리나라와 해외 현지의 금융 감독 기관이 긴밀히 공조해 사전에 대책을 마련했어야 했지만 그러지 못했다. 이런 절차를 이행하기 어려웠다면 북미나 유럽 기업들의 상장을 먼저 시도하고 제도가 웬만큼 정착이 된 뒤에 국가별로 확대했어야 했다.

이런 사태에는 실적 쌓기에만 급급하고 책임은 지지 않는 금융감독원과 한국거래소가 한몫을 하고 있다. 외국 기업의 국내 상장은 지금도 증가하고 있으므로 증권시장에서의 비중도 점점 커질 것이다. 하지만 지금의 제도와 대응 방안만으로는 국내 투자가를 보호할 방도가 없다. 상장한 지 2개월 만에 부도가 난 중국계 E 홀딩스 사태를 비롯해 감사의견 거절과 허위 공시에 의한 관리종목 편입 등 외국 기업이 일으키는 사고가 끊이지 않고 있다. 책임을 지지 않는 감독 기관과 수수료 수입을 위해 기업에 유리하게 실사 보고서를 제출하는 주관 증권사가 공범이다.

이런 사고는 우리나라 기업에서도 흔히 발생하지만, 외국 기업의 경우 누구의 감독도 받지 않고 검증도 할 수 없다는 점에서 질적으로 다르다. 시간을 두고 노력한다면 얼마든지 훌륭한 외국 기업을 유치할 수 있는데도, 거래소와 증권사들이 가기 쉬운 길만 택하는 바람에 그 피해는 개인 투자가들에게 고스란히 전가되고 있다.

지은이 | **임우택**

1960년 서울에서 출생했다. 한국외국어대학교 중국어학과를 졸업한 뒤 우리투
자증권, 바클레이즈증권, 앤도수에즈증권 등 금융기관에서 25년간 근무했다. 국
세청 국제금융자문위원을 지냈고 현재는 (주)앤트컴 대표를 맡고 있다. 그동안
지은 책으로는 『코스닥 X파일』(2013), 『한 걸음만 더』(2013)가 있다.
wootlim12@naver.com

주식시장 X파일
사기가 판치는 세상

ⓒ 임우택, 2017

지은이 | 임우택
펴낸이 | 김종수
펴낸곳 | 한울엠플러스(주)
편   집 | 조일현 · 최진희

초판 1쇄 인쇄 | 2017년 10월 17일
초판 1쇄 발행 | 2017년 10월 25일

주소 | 10881 경기도 파주시 광인사길 153 한울시소빌딩 3층
전화 | 031-955-0655
팩스 | 031-955-0656
홈페이지 | www.hanulmplus.kr
등록 | 제406-2015-000143호

Printed in Korea.
ISBN 978-89-460-6383-9 03320

* 책값은 겉표지에 표시되어 있습니다.